复旦卓越

应用型经管核心课系列

会展项目管理

主编｜杨顺勇　邓 逊

复旦大学出版社

本书系统地介绍了会展项目管理理论的基本框架和内容,详细阐述了会展项目管理的最新理论及其发展实践。其主要内容包括:会展项目管理导论,会展项目识别与启动,会展项目组织管理,会展项目计划管理,会展项目的财务管理,会展项目的实施与控制,会展项目合同管理,会展项目危机管理,会展项目评估。在体系与内容上,注重理论与实践的紧密结合,涵盖了近年来会展项目管理理论的新观点,具有实践的可操作性,表现出了内容详实、观点新颖、视野广阔、方式灵活的特点。因此,本书既注重理论的系统性和规范性,又突出了应用的实用性和灵活性;在内容上既体现了战略的国际化,又体现了策略的本土化。本着全面客观的原则,尽可能翔实客观地将目前会展项目管理的不同观点展示出来,以便于教学和自学使用。

本书的编者团队是在学术研究方面很有建树同时又在撰写教科书方面颇具有经验的学者和老师。在编写过程中,参考了大量的相关教材、著作及论文,采用了许多资料和观点,书后参考文献均已列示,但更多的则因为教材编写的特殊性而无法详细加以注明,在此向这些作者表示衷心感谢。由于编者学识所限,书中难免会有错误和不当之处,恳请不吝赐教和批评指正,我们将在修订中认真吸取,使本书不断完善。

全书共分9章:第1、3章杨顺勇编写,第2章刘飞跃编写,第4、5章施谊编写,第6章王佩良编写,第7章张万春编写,第8章孙琴编写,第9章李智玲编写,最后由杨顺勇、邓逊统稿和修订。感谢复旦大学出版社罗翔老师、郭峰老师的大力协助。

编者
2023年8月于上海

第一章　会展项目管理导论 ··· 001
第一节　项目概述 ·· 001
第二节　项目管理 ·· 004
第三节　会展项目管理 ·· 009
本章小结 ·· 018
复习与思考 ·· 019
案例分析　会展项目管理的创新思考 ·· 019

第二章　会展项目识别与启动 ··· 022
第一节　会展项目的立项与报批 ··· 022
第二节　会展项目需求分析与选择 ·· 029
第三节　会展项目的可行性研究 ··· 032
第四节　会展项目的经济评价 ·· 038
本章小结 ·· 044
复习与思考 ·· 044
案例分析　广交会给广州带来了什么？ ·· 045

第三章　会展项目组织管理 ··· 046
第一节　会展项目组织 ·· 046
第二节　会展项目团队 ·· 050
第三节　会展项目经理 ·· 054
第四节　会展项目人力资源管理 ··· 059
本章小结 ·· 066
复习与思考 ·· 067
案例分析　国际四大会展强国的"会展运作模式" ··· 068

第四章　会展项目计划管理 ··· 071
第一节　会展项目计划概述 ··· 071

第二节　会展项目范围计划管理 …………………………………………… 074
第三节　会展项目进度计划管理 …………………………………………… 079
第四节　会展项目资源计划管理 …………………………………………… 087
本章小结 ………………………………………………………………………… 093
复习与思考 ……………………………………………………………………… 094
案例分析　2008年北京奥运会大型活动项目工作分解结构（WBS） ………… 094

第五章　会展项目财务管理 …………………………………………………… 098
第一节　会展项目财务管理概述 …………………………………………… 098
第二节　会展项目财务预测 ………………………………………………… 102
第三节　会展项目预算管理 ………………………………………………… 107
第四节　会展项目的资金筹集 ……………………………………………… 111
本章小结 ………………………………………………………………………… 118
复习与思考 ……………………………………………………………………… 118
案例分析　2008年北京奥运会是否盈利？ …………………………………… 119

第六章　会展项目的实施控制 ………………………………………………… 121
第一节　会展项目控制概述 ………………………………………………… 121
第二节　会展项目质量控制 ………………………………………………… 125
第三节　会展项目成本控制 ………………………………………………… 128
第四节　会展项目进度控制 ………………………………………………… 131
第五节　会展项目变更控制 ………………………………………………… 134
本章小结 ………………………………………………………………………… 139
复习与思考 ……………………………………………………………………… 139
案例分析　展览项目管理的要点 ……………………………………………… 140

第七章　会展项目合同管理 …………………………………………………… 142
第一节　会展项目合同概述 ………………………………………………… 142
第二节　会展项目合同的签约与履行 ……………………………………… 145
第三节　会展项目合同纠纷的处置 ………………………………………… 152
本章小结 ………………………………………………………………………… 161
复习与思考 ……………………………………………………………………… 161
案例分析　安徽首起会展合同纠纷案 ………………………………………… 162

第八章　会展项目危机管理 …………………………………………………… 164
第一节　会展项目危机 ……………………………………………………… 164

第二节　会展项目危机识别 …………………………………………………… 167
　　第三节　会展项目危机评价 …………………………………………………… 174
　　第四节　会展项目危机应对 …………………………………………………… 178
　本章小结 …………………………………………………………………………… 182
　复习与思考 ………………………………………………………………………… 182
　案例分析　新冠疫情之下，会展业如何应对危机？ …………………………… 182

第九章　会展项目评估 …………………………………………………………… 185
　　第一节　会展项目评估概述 …………………………………………………… 185
　　第二节　会展项目评估的内容 ………………………………………………… 190
　　第三节　会展项目评估程序及评估报告 ……………………………………… 196
　本章小结 …………………………………………………………………………… 200
　复习与思考 ………………………………………………………………………… 201
　案例分析　第十届中国北京科技产业博览会的总体评价 ……………………… 201

主要参考文献 ……………………………………………………………………… 205

第一章

会展项目管理导论

 学习目标

学完本章,你应该能够:
1. 了解项目、项目管理的概念与特征;
2. 掌握会展项目、会展项目管理的概念与特征;
3. 理解会展项目管理过程;
4. 熟悉会展项目管理的发展趋势。

 基本概念

项目　项目管理　会展项目　会展项目管理

第一节　项目概述

什么是项目? 项目的特征有哪些?

一、项目的概念与特征

"项目"一词的应用十分广泛。大到一个国际集团(如世界银行)或者一个国家、一个地区,小到一个企业、一个职能部门,都会参与或接触到各类项目。

我国经济高速发展的显著标志之一就是到处都在上项目:国家有许多重点工程项目,如八纵八横高铁网络、三峡工程、国道主干线等;各个地区都有区域性项目,如高技术开发区项目、高速公路项目等;各种形式的社会项目,如希望工程、申办和举办奥运会等;国家和地方的各种科技和发展项目;各种军事和国防工程项目;各种企业的新产品开发项目等等。所以,项目的应用领域十分广泛,当今社会的任务与工作越来越具有项目的特征。

"项目"有很多定义,最常用的是1964年的定义:"项目为一个具有规定开始和结束时间的任务,它需要使用一种或多种资源,具有许多个为完成该任务(项目)所必须完成的互相独立、互相联系、互相依赖的活动"。但是,这个定义还不能将项目与人们常见的一些生产过程相区别。所以还需要对项目的特征描述予以定义。例如ISO 10006定义项目为:"具有独特的过程,有开始和结束日期,由一系列相互协调和受控的活动组成。过程的实施是为了达到规定的目标,包括满足时间、费用和资源等约束条件。"

德国国家标准DIN 69901将项目定义为:"项目是指在总体上符合如下条件的具有唯一性的任务(计划):具有预定的目标,具有时间、财务、人力和其他限制条件,具有专门的组织。"

根据上述定义及其他资料,我们对项目的定义是:项目指某种一次性的任务。它具有一个明确的目标,包括数量、功能和质量标准;要求项目执行者按照限定的时间和财务预算完成项目所规定的目标。因此,项目具有如下特征:

(1) 项目的一次性(单件性)。

也就是说,没有与此项目完全相同的另一项任务,因此要针对性地根据项目的特殊情况和要求进行管理。

(2) 项目成果性目标和约束性目标的明确性。

成果性目标是指项目的功能性要求,如一条公路的设计车速、通行能力及其技术指标。约束性目标是指限制条件,如施工工期、承包单价或总价、质量要求等方面的限制条件。

(3) 项目作为管理对象的整体性。

一个项目,在按其需要配置生产要素时,必须以总体效益的提高为标准,做到数量、质量、结构的总体优化。由于内外环境是变化的,所以管理和生产要素的配置应是动态的。

工程项目是最为普遍,也是最为重要的项目类型。例如公路工程项目属于工程项目的一种,它通常必须经过项目构思、批准立项、设计、招标、施工和运营(使用)这样的全过程。

二、项目的分类

如图1-1所示,项目可以作以下分类:

(1) 按照项目的应用领域进行划分。

按照项目的应用领域进行划分可以分为工程项目、信息技术项目、高科技项目、软件开发项目、金融项目、农业项目,制造业项目等等,不同应用领域的项目有各自不同的特点。

(2) 按照管理特点进行分类。

① 工程建设项目:以有形产品——技能、工艺活动为主。
② 业务运作项目:以无形产品——技能、工艺活动为主。
③ 新产品开发项目:以有形产品——智力活动为主。
④ 技术研究开发项目:以无形产品——智力活动为主。

在实际工作中,不同类型的项目对项目管理提出了不同的要求。

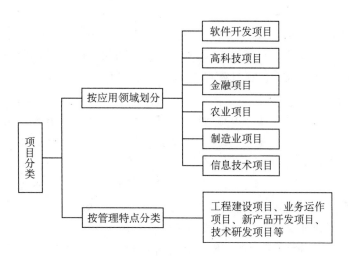

图 1-1　项目分类图

三、项目的要素

企业内部开展的工作可以分为两部分：一个是日常运作，一个是项目。日常运作和项目的主要区别在于：日常运作是连续不断和重复的，而项目是一次性和独特的。那么，怎样判定哪些是项目，哪些是非项目？如提高产品质量，建设一流大学，团队建设，提高劳动生产率等等，所有这些任务都不是项目。项目和非项目的关联是：一些非项目工作可以由多个项目构成。

一个项目无论大小、特点如何，一般包括下列要素：
(1) 具体的结果(产品或结果)。
(2) 明确的开始与结束日期(项目工作开始日期和它的结束日期)。
(3) 既定的预算(包括人员、资金、设备、设施和资料总额等)。

成功项目经理人的秘诀

1. 不断协调

项目经理没有固定的团队组合，在没有项目的时候更没有实权，有项目的时候需要从别的部门借调人力，最后得到的资源未必一定是项目所需的，借调的往往是经验不足，或者是技术不到位的次等人员。

同时，项目的范围在接收的时候往往含糊不清，需要跟客户和业务人员确认，又或者项目范围太广，远远超出项目的财务和时间预算，这一切都要不断地跟项目赞助人，各部门的主管和客户协调，这样才能够建立可交付的项目指标和有资源来进行项目的交付。

在项目进行的过程中，还是需要不断地跟客户，主管，或者是组员的领导进行协调来有效地管理项目范围变更的要求，或延长组员借用的时间等工作。能够有效地跟各方面进行协调是成功的项目管理中很重要的一环。

2. 不要做老大

很多项目经理认为在进行项目的时候，有全权去进行项目有关的决策。于是把自己放在项目组织架构的最上、最大的位置上，害怕别人不知道自己是这个项目的经理。其实这是最大的误解。当你接收项目的时候，每一个项目涉及人都已经知道你是项目经理，成功地完成项目当然是最理想的情况，但历史告诉我们有些项目的失败率达到百分之七十，所以当失败的时候，你也将负全责。

聪明的项目经理会借助领导的权力来达到自己的目标。让客户的领导和自己的领导来做整个项目的监管，有重要决定的时候让他们去替你作主，替你去推动你要推动的工作或目标。项目成功的时候，你还是那个众所周知的项目经理。万一失败的时候，也有这帮领导替你分担一部分的责任，何乐而不为呢？

3. 让组员投入而不是参与

有一头母鸡和一头猪走过一家孤儿院，看到里面的小孩瘦骨垒垒，好像多天没有好好地吃一顿的样子，那母鸡和小猪便起了恻隐之心，互相商量如何提供一些帮助。想了一会儿，母鸡对小猪说："我们让那些可怜的小孩好好的吃一顿吧，我可以生些鸡蛋来让他们做炒蛋，你也可以从大腿上割一块肉来让他们炒肉丝，你说可好？"小猪看着母鸡一会儿，然后对母鸡说："能够帮助那些小孩是一件好事，你生一些鸡蛋，对你来说是'参与'、我要从大腿上割一块肉出来，那可是全面的'投入'哪！"

换句话说，要能够让组员和项目涉及人全面投入，才能够让项目成功。这当然不能用恐吓的手段来鼓励，而是让项目涉及人理解到项目对他们将来业务和运作上的重要性，提升组员的信心和能力，让大家能够同心协力地去完成项目，有效利用这一策略能提高士气和团队的结合力，减低组员和各方面的纷争和指责，共同为目标而努力。

资料来源：https://www.jianshu.com/

第二节　项　目　管　理

什么是项目管理？项目管理有哪些特征？

一、项目管理的概念与特征

有些人认为，项目管理就是完成工作，项目管理就是按计划进行管理。也有人说，项目管理就是目标管理,项目管理就是风险管理。这些说法都有一定的道理,但都不全面。

英国建造学会编写的《项目管理实施规则》对项目管理的定义是:"为一个建设项目进行从概念到完成的全方位的计划、控制与协调,以满足委托人的要求,使项目得以在所要求的质量标准的基础上,在规定的时间内,在批准的费用预算内完成"。所以项目管理的目标有三个最主要的方面:专业目标(功能、质量、生产能力等)、工期目标和费用(成本、投资)目标,它们共同构成项目管理的目标体系。

需要特别指出的是,由于项目的一次性,项目只能成功,不许失败,这要求项目管理具有程序性、全面性和科学性,要运用系统工程的观念、理论和方法进行管理。管理学的一般原理在项目管理中也是适用的,项目管理的目标就是项目的目标。该目标界定了项目管理的主要内容,即"四控制、二管理、一协调",即进度控制、质量控制、安全控制、费用控制,合同管理、信息管理和组织协调,以及与上述"四控制"相适应的配套管理工作(如物资、设备、技术、劳务等方面的管理工作)。

项目管理主要是基于目标开展管理,它是把项目从大项目分解到子项目,再分解到每个工作包,依据不同层次的工作包来制订各自的目标,来实施目标管理。

目标管理是一个范围更大,更抽象的管理模式,而项目管理本身是针对具体的一个项目。项目管理可以采用目标管理模式。

项目管理和企业管理不同,企业管理的范围更大。企业的很多工作都可以看成一个个子项目,按照项目来进行管理,而项目管理的系统较小,它是当前企业管理当中的一种新的管理模式,它所指的系统是一个项目,而企业是一个整体,在企业管理当中可以按照项目管理模式进行企业管理。

因此,我们对项目管理的定义是:项目管理就是将各种知识、技能、手段、技术应用到项目中,以满足或超过项目干系人的要求和期望,它是指导你的项目从开始、执行,直至终止的过程。

项目管理与其他管理活动相比具有以下显著特征:

(1) 项目经理是项目管理的核心。

在项目实施过程中,要建立以项目经理部为主要组织管理形式的生产管理系统,实行项目经理负责制;项目管理要求实行企业内部承包制,用以确立项目承包者与企业、员工之间的责、权、效、利的关系;企业总经理一般要授予项目经理较大的权力,以便处理项目同社会各方面的关系。

(2) 项目管理对象是一次性的。

项目管理组织是临时的,按项目的任务设置项目管理机构,组建队伍;项目完成后,其组织机构随之撤销。

有效地推行项目管理

许多跨国公司都认为,企业的成功在于有效地推行项目管理。IBM 公司指出:掌握和使用项目管理是对其未来发展起关键作用的因素,它计划在未来五年内,将整个企业的运作管理变成基于项目的管理。摩托罗拉（中国）公司是我国唯一一家通过CMM五级评审的企业，CMM五级评审实际上反映了这个企业在项目管理方面的能力和成熟度。

除此之外，其他的跨国公司像朗讯、诺基亚、惠普等在其公司运营的核心部分都采用了项目管理模式进行运作。

20世纪90年代末期以来，美国的一些金融组织，包括花旗银行、摩根斯坦利、美国国家储备银行、美国国家税务局等，也在大力开展关于项目管理的培训。这些项目管理培训和过去人们观念上的投资项目管理完全不同。这些项目管理完全随着信息技术的变化而变化，它们是基于信息技术的变化而产生的一系列大大小小的项目，是整个企业运作中的一个重要构成部分。

越来越多的企业要引入项目管理，一些跨国企业也把项目管理作为自己主要的运作模式和提高企业运作效率的解决方案。由此可见，项目管理在当今经济社会中的重要性不容忽视。

资料来源：http://www.mypm.net/

二、项目管理的基本职能

1. 计划职能

计划是对未来活动的一种事前安排。它包括确定未来活动的目标和方向，行动的程序和工作步骤，有效的执行方法，完成的时间，人、财、物、资源的合理分配和组织等。计划的要求在于把握未来的发展，有效地利用现有资源，以获得最大的经济效益。

2. 组织职能

组织是把生产的各要素、各个环节和各个方面，从劳动分工和协作上，从生产过程的空间和时间的相互联结上，科学地组织成一个有机的整体，从而最大限度地发挥它们的作用。组织职能所要解决的问题主要包括：确定科学的管理组织，建立合理的生产结构，正确配备人员以及规定他们之间的相互关系，使组织机构得以协调运转。组织是把生产的各要素、各个环节和各个方面，从劳动分工和协作上，从生产过程的空间和时间的相互联结上，科学地组织成一个有机的整体，从而最大限度地发挥它们的作用。组织职能所要解决的问题主要包括：确定科学的管理组织，建立合理的生产结构，正确配备人员以及规定他们之间的相互关系，使组织机构得以协调运转。

3. 管理职能

重新确认人员所期望的工作、所采取的监督行为和所取得的结果、应付所遇到的各种问题、与有利害关系的人共享信息。

在企业组织和政府部门中，经常遇到的问题均涉及：组合项目，群项目（项目群），多项目计划管理。

项目有时涉及资源数量巨大，范围很广。例如：三峡工程、西部大开发、上海世博会和北京奥运会,这些大的项目都可以看成一个项目组的管理。

在企业的运作过程中,一个企业里经常同时进行着多个项目。企业运作也可以划分成一系列的项目,企业管理可以按照项目管理模式来开展,也就是说,用项目管理来取代过去的运作管理,这样就形成一套所谓基于项目的管理。这种基于项目的管理模式,不仅适用于大的项目,同时也可以被应用到企业的运作当中。

那么,项目管理包括哪些因素?如图1-2所示,项目管理主要包括外部的和内部的因素,即包括人和物的因素。项目管理离不开人,离不开项目团队、人的激励、团队建设、沟通以及领导艺术、谈判等等。人的作用发挥的好坏对项目的成功至关重要。

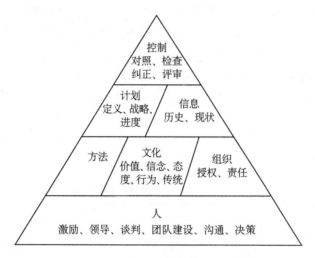

图1-2 项目管理系统图

在人的基础上,还有项目的管理方法、企业的文化和项目组织。文化包括人的价值观念以及信念、态度、行为,组织包括授权和职责。

项目管理还包括计划和信息管理。计划包括工作定义,工作策略和战略以及工作的时间安排、进度计划;信息管理包括信息的沟通、历史信息以及工作进展、现状以及对未来的预测。

还有就是项目的控制。有了项目计划,还需要对项目进行控制,通过对比、检查、评审和纠正等一系列工作来控制项目,按照既定的目标和既定路线前进。

三、现代项目管理的发展历程

1. 第一阶段:1960年以前

通常认为,现代项目管理作为管理学的重要分支,最早出现于20世纪30年代的美国,现代项目管理是伴随一些大型建设工程的需要逐渐发展起来的。在二战时期,项目管理已经开始运用到一些军事工程、规划工程、航空航天、科学研究等大型项目当中。

特点:按计划进行管理,主要关注工期、成本,在一些非传统的项目环境下应用。

2. 第二阶段:1960—1985年

到了20世纪60年代,美国的阿波罗登月项目通过应用现代项目管理方法,证明了现代项目管理的科学性和使用价值,同时也使项目管理通过不断实践获得了很大发展,初步确立了它的科学地位。

20世纪80年代,我国开始提出项目管理知识体系,在这期间项目管理开始从一些大型的工业工程管理及军事方面的应用向民营企业转移并推广,应用范围逐步扩大,与此同时,项目管理在世界上也越来越受到重视。

特点:出现了大量优化技术的应用,开始关注组织和质量问题;项目管理主要运用于军事、航天和建筑施工项目的管理。

3. 第三阶段:1985—1995年

20世纪90年代以后,科学技术飞速发展,在整个管理科学内部出现了知识结构重组和一些新的内部核心,项目管理也以全新的面目出现在很多企业中,包括一些政府部门、一些各级组织,都认为项目管理是一种新的管理科学,一种新的管理模式。项目管理越来越多的被各行各业广泛采用,项目管理也成了一个热门的行业和职业。

特点:突破人们传统概念上对项目的理解,并开始进入普及阶段。

4. 1996年至今

这个时期是知识经济时代。项目管理在非传统项目环境下取得了巨大成功,各种企业和组织纷纷采用项目管理模式。

表1-1 项目管理发展阶段及特点

发展阶段	特点	应用领域
20世纪60年代以前	关注工期和项目的成本,提倡做什么事情都要有计划	主要应用于航空航天领域
20世纪60年代中期到80年代	出现了大量优化技术的应用	应用于一些大型项目,像航天项目,建筑项目和一些军事项目等。
20世纪80年代中期到90年代	突破了人们传统概念上对项目的理解,并开始普及,具有各种不同的模式	制造业、信息产业,IT行业等
20世纪90年代后半阶段	项目管理在一些非传统的项目环境下应用。如政府部门、学校、金融部门等开始采用	应用于各个领域

案例 1-3

项目管理的发展趋势

1. 项目管理的应用范围扩大

20世纪90年代以来,项目管理的应用迅速扩展到所有的工业领域(行业),应用范围从单一项目环境扩展到整个组织环境,有些项目管理从单一的项目管理转变为多个项目管理,或者一种项目的组合管理。

2. 从偏重技术管理到注重人的管理

项目管理重点开始转移,从偏重技术管理转移到注重人的管理,从简单的考虑工期和成本控制到全面综合的管理控制,包括项目质量、项目范围、风险、团队建设等各方面的综合管理。

过去,项目管理片面强调技术。如建筑业,过去有技术方面的经验就可以胜任项目经理的工作,现在要求项目管理者和项目成员不再仅仅是项目的执行者,他们要能胜任更为广泛的工作,他们被要求掌握更加广泛的专业技术、经营管理知识和技能。

3. 项目管理被作为组织结构扁平化的解决方案

项目管理作为一种新的管理模式,可以调整原来非常臃肿的纵向职能部门管理或类似军事化的组织结构,使之变成一种扁平化,更有效率的组织。

20世纪90年代以后,国家之间、企业之间的竞争越来越激烈,一个组织、一个企业管理效率的高低直接影响这个组织的生存或者企业的经营效益。在这种情况下,项目管理被看作是一个可以用来应对激烈竞争环境的解决方案。

资料来源:http://www.mypm.net/

第三节　会展项目管理

会展项目管理的发展趋势有哪些?

一、会展项目

(一) 会展项目的概念与特征

在经济全球化的影响下,世界各国和地区之间的经济、文化交流异常频繁,一种新型经济形态——会展经济已成为世界上许多发达国家国民经济的新的增长点。会展业不仅可以为会展举办城市带来巨大的直接和间接经济效益,而且能加强城市与外界的商贸、文化交流,推进城市基础设施建设,提高城市的知名度以及优化地区经济结构,因而受到了世界各国和地区的广泛重视。

会展业作为新兴的第三产业的重要代表,必将在21世纪发展成为大部分先进国家国民经济的支柱产业之一,它本身所具有的污染少,利润高,涉及面广,参与性、关联性强等显著特点,决定了其必将成为带动包括中国在内的世界众多发达国家与新兴发展中国家经济持续增长和社会和谐进步的主要力量之一。

会展项目作为一种新兴的项目形式,具有自身的项目特色,与其他项目存在着明显的差异。会展项目是以会展活动为管理对象的新型项目形式,其特征主要体现在以下几个方面:

1. 顾客导向性

即会展项目是以提供令客户满意的服务为目标的。会展业属于第三产业,也是一种有着自身特点的服务业。从服务业的本质出发,要求会展的从业人员围绕人来工作,以人的需求为导向,最终实现顾客的满意。因此从目标上看,会展企业引进项目管理的运作方式可以使企业最大限度的实现会展目的,服务好参展商及观众。

2. 项目连带性

实施一个会展项目往往会涉及服务、交通、通讯、建筑、装饰等诸多部门,能直接或者间接地带动一些相关产业的发展。因此以城市为依托的会展项目的开展,往往关联性地连带整个城市的治理与建设,提高城市综合竞争力。

3. 客户广泛性

即会展项目以客户群体而非个体为对象。会展项目的服务对象是以参展商和观展商为主的客户群,会展项目的构思与启动要以充分调研两个客户需求市场为基础。一个成功的会展项目往往把会议、展览和文化、旅游等活动有机结合起来,一方面吸引大量的参展商参展,丰富展会内容,另一方面也增强对观众的吸引力,扩大参展规模。

4. 效益整合性

会展项目的投资收益是整合性的。这种整合性体现在:使会展项目取得经济效益的同时,也取得了巨大的社会效益;另一方面,项目的连带性也决定了项目收益由多方构成,具有整合性的特点,是高收益、高利润的项目。

(二) 会展项目的分类

会展活动是指在一定的地点和一定的日期和期限里,通过展示达到产品、服务、信息交流的一种活动形式。它包括各种类型的会议、展览(包括交易会、博览会)、体育赛事、节庆等。因此,会展项目就是以各种会展活动为管理对象的新型项目形式。从不同的角度出发,可以把会展项目分成不同的类型,不同类型的会展项目又有不同的特征,在此,首先应区分展览和会议的概念。

1. 展览项目分类

(1) 按展览项目目的分类,可以分为展示类展览项目和交易类展览项目。

(2) 按展览项目性质来分类,可以分为贸易类展览项目、消费类展览项目和科技类展览项目。

贸易类展览项目是为产业及制造业、商业等行业举办的展览活动,展出者和参观者主体都是商人,参展商可以是行业内的制造商、贸易商、批发商、经销商、代理商等等相关单位,参观者主要是经过筛选邀请来的采购商,一般的观众被排除在外。展览的最终目的为交易。

消费类展览项目是为社会大众举办的展览活动,这类会展项目多具有地方性质,展出内容以消费品为主,通过大众媒介比如电视、电台、报刊、网络等吸引观众,观众主要是消费者,一般来说,消费者需要购买门票入场,这类项目非常重视观众的数量。

科技类展览项目主要是以科技和技术成果为展出内容,该类展会科技含量高,专业性较强,适合专业参展商和专业观众参展和参观。

（3）按展览项目内容来分类,可以分为综合类展览项目和专业类展览项目。

综合展览是指包括全行业或数个行业的展览会,也被称作横向性展览会,比如重工业展、轻工业展;专业展览指展示某一行业甚至某一项产品的展览会,比如钟表展。

2. 会议项目的分类

会展活动中重要的部分就是会议,会议的分类主要是以会议的目的来划分:可分为以专项研究为目的的会议和以产品发布为主要目的的会议。

会议项目主要是指以重要城市为中心而举办的综合性的国际会议及大型论坛活动等,如APEC会议、亚洲博鳌论坛等等。这类会议项目具有以下特征:

（1）重复性强。会议洽谈型项目一般是定期举办的会展项目,重复性强。尤其是一些大型的国际会议,每年定期举行,但每届的举办地一般安排在不同的州、不同的国家、不同的城市,在同一城市举办的可能性较小。

（2）服务全面。会议和展览不同,服务范围更加全面。一次大型的会议,从音响、通讯、信息系统、场地布置到会间服务都要全面到位。比如餐饮服务,一般的展览型项目要求比较简单,只提供基本餐饮,而会议洽谈型项目通常要提供包括早餐、中餐、晚餐等的全方位服务,开会期间一般还有茶点服务。

（3）参与人数少。会议洽谈型项目与前几种展览项目不同,与会人员有一定的人数限制。一般的展览会项目都有上万的人流量,而会议型项目有上千人就算很大规模了。同时高规格的会议对与会人员有较高的专业与其他条件要求。

（三）会展项目生命周期

在每个阶段会展项目通常都规定了一系列的工作任务,设定这些工作任务使得管理控制能达到既定的水平。对会展项目过程进行排序,可以确认一个会展项目的生命周期,大多数会展项目的生命周期具有以下共同的特点:

（1）对成本和工作人员的需求量最初比较少,在向后发展过程中需要的越来越多,当项目结束时又会剧烈的减少。

（2）在项目开始的时候,成功的概率是最低的,而风险和不确定性是最高的。随着项目逐步地向前发展,成功的可能性也越来越高。

（3）在项目起始阶段,项目设计人员的能力对项目产品的最终特征和最终成本的影响力是最大的,随着项目的进行,这种影响力逐渐减弱。这主要是由于随着项目的逐步发展,投入的成本在不断增加,而出现的错误也在不断地被纠正。

（4）通过项目生命周期通常我们可以确定一个会展项目每个阶段所需做的技术性工作(如:宣传资料的印刷是在筹展阶段还是在扩展阶段),每个阶段所涉及的人(如宣传策划人员、拓展人员、展会现场服务人员)。

二、会展项目管理

（一）会展项目管理的概念与特征

会展项目管理是会展项目管理者根据会展项目运营的客观规律的要求,运用系统的观点、理论和方法,对执行中的会展项目发展周期中的各个阶段工作进行计划、组织、控制、沟通与激励,以实现其目标的各项活动的总称。

其总体特征是:服务目标性、客户广泛性、项目关联性、收益综合性的相关信息。

会展项目管理是一个系统工程,其包含的内容颇为广泛。按照其核心内容来讲,主要包括会展项目计划管理、会展项目进度管理、会展项目质量管理、会展项目信息管理、会展项目人员管理和会展项目财务管理,每一项内容对于整个会展项目的实施都是至关重要的。例如同其他行业的质量管理一样,会展项目质量管理也讲求产品的内在品质与合格程度,其最重要的部分是满足顾客(消费者)需求的内在属性。会展业产品主要有:会议组织者与承办者为与会人员提供的各项配套服务,会议所需场地、设备的租用,餐饮娱乐,交通通讯之便利条件及展会参展商为观众特别是专业观众提供的一些产品展示,展台搭建,宣传资料,导游解说,奖品礼物,表演介绍及展后相关的买卖合同订立所需要的配套便利服务等。

招聘会展项目经理的职位要求

一、上岗条件:

1. 本科以上文化程度,男女不限。
2. 具有良好的职业道德和敬业精神
3. 具备广泛的人脉网络。
4. 从事会展相关岗位工作三年以上。
5. 具备会展项目策划及实施经验。
6. 具有较强的项目策划、组织、协调能力。
7. 具备较强的方案及报告撰写能力。

二、岗位职责:

1. 严格遵行公司《项目管理制度》。
2. 策划项目总体实施方案。
3. 做好项目可行性分析,包括市场调研,制定可行性研究报告。
4. 做好项目的立项和审批,并跟进整个审批过程。
5. 做好项目组织、实施、执行等项目活动的管理。
6. 保障项目目标利润的完成。
7. 对已完成的展会的执行过程、收益、影响进行系统客观的总结,为新项目的决策及实施提供经验。

资料来源:https://www.zhipin.com/?ka=header-home

(二) 会展项目管理的过程

会展项目管理过程是指会展项目生命周期中产生某种结果的行动序列,基本管理过程

可归纳为如下五个阶段,如图 1-3 所示:

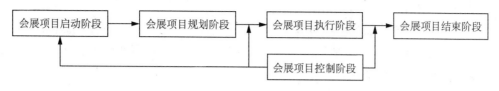

图 1-3　项目管理过程

(1) 会展项目启动阶段。确认一个项目或者一个阶段应当开始并付诸行动。

(2) 会展项目规划阶段。为实现启动过程提出目标而制定计划。

(3) 会展项目执行阶段。为计划的实施所需执行各项工作,包括对人员和其他资源进行组织和协调。

(4) 会展项目控制阶段。监控、测量项目的进程,并在必要的时候采取纠正措施,以确保启动阶段时提出的目标得以实现。

(5) 会展项目结束阶段。对项目或项目阶段成果的正式接受,以使从启动阶段开始的这一周期有条不紊地结束。

每个会展项目都要经历以上五个阶段的管理过程。这些并非独立的一次性事件,而是按一定的顺序发生,工作强度有所变化,并互有重叠的活动。会展项目各阶段要完成的工作如表 1-2 所示。

表 1-2　会展项目各阶段工作

会展项目启动阶段	会展项目规划阶段	会展项目执行阶段	会展项目结束阶段
1. 会展项目调研 　(1) 参展市场调研 　(2) 观展市场调研 2. 会展项目构思 　(1) 确定会展项目主题 　(2) 构思相关项目内容 　(3) 实施项目可行性研究 3. 会展项目立项 　国内国际相关立项规定	1. 制定会展项目计划 　(1) 明确会展项目目标 　(2) 确定会展项目范围 　(3) 估算会展项目时间 　(4) 编制会展项目预算 2. 实施项目分解计划 　(1) 招展项目设计 　(2) 观展项目设计 　(3) 服务项目设计	1. 会展项目控制 　(1) 项目任务监控 　(2) 项目成本控制 2. 会展项目调整 　(1) 会展项目人员调整 　(2) 会展项目预算调整 　(3) 会展项目目标调整	1. 展会结束总结 2. 展会效益评估 3. 展会信息反馈

一个会展项目阶段的结束通常以对关键的工作成果和项目实施情况的回顾为标志,作这样的回顾有两个目的:决定该项目是否进入下一个阶段;尽可能以较小的代价查明和纠正错误。这些阶段末的回顾,通常被称为阶段之口,进阶之门或是关键点。

(三) 会展项目管理涉及的知识领域

会展项目管理涉及了九大领域的知识:范围管理、时间管理、成本管理、质量管理、风险管理、人力资源管理、沟通管理、采购管理及整体管理。

1. 会展项目范围管理

会展项目的特殊性,招展、招商等过程的不确定性,会导致会展项目范围的不断扩大。作为会展项目经理,在会展项目开始时,就要对项目范围拿出项目干系人都认可的、理解无歧义的范围说明文档——会展项目章程。然后为了保证会展项目的实施,明确项目组成员的工作责任,还必须分解会展项目范围,使之成为更小的项目任务包——工作分解结构(WBS)。会展项目范围管理包括会展项目启动、范围规划、范围定义、范围核实、范围变更控制等内容。我们要认识到会展项目本身不是孤立的,因此有时范围的变更也是必须的,关键是当变更发生时,如何加以控制。

2. 会展项目时间管理

会展项目的时间管理,就是确保会展项目按期成功举办的过程。首先要制定会展项目的进度计划,然后是跟踪检查进度计划与实际完成情况之间的差异,及时调整资源、工作任务等,以保证会展项目的进度实现。在跟踪过程中,要及时与组办方、承办方、参展商等项目干系人进行交流,以及时发现范围的偏差而产生的时间与进度上的差异,预防项目组成员有意或无意识地虚报了项目完成情况,导致进度的失控。具体包括以下内容:①会展活动定义,通过 WBS 分解而来;②会展活动排序,明确活动之间的依赖关系;③会展活动历时估算,估算每项活动的时间;④对于大中型会展项目可以利用 Project 2003 等工具软件,协助会展项目的时间管理,例如利用甘特图帮助跟踪项目进度、利用网络图及关键路径分析协助确定完成日期上的重要性或调整工期对项目工期的影响以及处理关注的焦点活动等。

3. 会展项目成本管理

会展项目成本管理就是要在批准的预算内努力减少和控制成本,满足项目干系人的期望。其过程包括:①项目资源计划,即制定会展项目资源需求清单;②成本估算,对会展项目所需资源进行成本估算;③成本预算,将整体成本估算配置到各个单项工作中,建立成本基准计划;④成本控制,控制项目预算的变化,修正成本的估算,更新预算,纠正项目组成员的行动,进行完工估算与成本控制的分析。

4. 会展项目人力资源管理

会展项目的人力资源管理就是有效发挥每个参与项目人员的作用的过程。其过程包括:①组织计划编制:形成会展项目的组织结构图;②获取相关人员:其中重点是业务相关人员;③团队建设:明确每个项目干系人的责任,训练与提高其技能,实现项目团队的合作与沟通。会展项目是通过团队共同努力实现的,注意充分发挥团队的作用,使团队成员各尽所能是项目经理的挑战。在处理过程中,要争取做到对事不对人,通过有效的会议来帮助项目实现沟通、检查以及目标实现。

5. 会展项目质量管理

会展项目质量管理是为了保证会展项目能够满足原有设定的各种要求。其过程包括:①质量规划,确定哪些质量标准适用于本会展项目,应如何达到这些质量标准;②质量控制,对会展项目的各种结果进行监督,确定这些结果是否符合有关的质量标准,力求消除造成不良后果的因素;③质量保证,对会展项目进展情况定期进行全面的评价,以便有把握使会展项目达到有关的质量标准。如会展项目的布展阶段,需要特装的展台必须达到一定的质量标准。

6. 会展项目沟通管理

会展项目沟通管理是为了保证会展项目信息及时、准确地提取、收集、传播、存贮以及最终进行处置。其过程包括:沟通规划、信息发布、收集并传播会展项目的进度信息、提取并分布传播会展项目收尾善后的资料等。沟通的复杂程度随着对象的增加而快速增加,因此要通过适当的工具和手段,使面对面的沟通控制在一定范围之内,尽量减少因无效沟通而给会展项目管理带来的负责影响。如招展、招商的信息发布;展会会刊信息的及时收集;新闻媒体发布会展项目的进度信息、展后的信息反馈等。

7. 会展项目风险管理

会展项目风险管理要把有利事件的积极结果尽量扩大,而把不利事件的后果降低到最低程度。其过程包括:风险识别、风险量化、提出应对措施及应对措施控制。会展项目的风险计划的制定主要是为提高项目干系人的风险意识,实际工作中,项目取系人可能识别到存在的风险,但却不能加以正确处理;风险就这样被层层传递,因此要注意从风险的源头抓起,防止风险的层层放大。如对可能发生的自然灾害和人为破坏进行预测,并做好应对方案;利用计算机信息技术管理的组织者还要防止信息管理风险,以防网络服务器被攻击,信息资料被盗窃;对进出活动现场的证件进行管理,防止不法之徒持假造证件,蒙混进入场馆所带来的安全隐患;当有意外事故发生时,组织人员疏散,减少人员伤害和财产损失;重点加强对参加活动的高级政府官员和嘉宾的安全保护,做好安全预案,确保万无一失。

8. 会展项目采购管理

采购就是从外界获得产品或服务的过程。有效的会展项目采购管理包括以下过程:①编制合理有效的采购计划,即确定会展项目的哪些需求可以通过采购得到更好的满足,在采购计划中首先决定是否需要采购、如何采购、采购什么、采购多少、何时采购等内容;②编制询价计划,即编制报价邀请书或招标书;③询价,进行实际询价;④开标,评估并选择供应商;⑤管理,对采购合同进行管理;⑥收尾,对采购合同进行收尾。如一个会展项目需要涉及视听设备、灯光照明、旗帜、鲜花、食品、印刷、酒店服务、停车服务、装饰装潢服务、礼仪服务、保洁服务等采购管理。

9. 会展项目整体管理

会展项目的整体管理是综合运用其他八个领域的知识,合理集成与平衡各要素之间的关系,确保会展项目成功完成的关键。其主要过程包括:①会展项目计划制定,即收集各种计划编制的结果,并形成统一协调会展项目计划文档;②会展项目计划执行,通过执行会展项目计划的活动,来实施计划;③整体变更控制,控制会展项目的变更。会展项目经理主要负责会展项目的整体管理,这也是会展项目成功的关键。

(四)会展项目管理的发展趋势

1. 人性化管理

人性化管理强调在管理过程中更注重人的价值和尊严,强调对企业内部人力资源的合理、有效利用。

(1) 对企业内部员工的管理。实施人性化管理就是在充分了解会展企业各员工特性的基础上,遵循"先动之以情;后晓之以理;情和理都讲不清时,再绳之以法"的原则,注意原则实施的度及灵活机制的运用,调动员工主观积极性来完成会展企业必需的专业性服务、接待等工作。

(2) 对各级客户群体的管理。会展专业公司对上必须加强与会展承办方间的沟通,要采取谦虚、谨慎的态度,以完成委托任务为宗旨,重视并关注承办方的有关建议,了解客户需求,加强合作;对下必须对分包商实施有效管理,注意发挥他们的主观能动性,尊重其劳动成果,在平等、友谊、互助的关系下加强与他们的合作。

2. 网络化管理

电子商务时代的到来为会展项目管理发展提供了新方向,会展作为第三产业中一员,具有服务性的特点,因此人与人间的沟通显得尤为重要,而互联网信息传输迅速、空间范围广泛等优点恰好满足会展项目管理过程中的需求。会展项目网络化管理表现在:

(1) 沟通方式网络化。互联网的引入突破传统面对面的沟通方式,会展企业在进行展会管理工作中,其内部员工之间、员工与各级客户间、客户与客户间以及企业与政府、行业组织等机构间的沟通都会借助网络。

(2) 宣传方式网络化。宏观层面看,会展承办方在项目设计前会通过互联网进行一系列宣传工作,这需要专业人员进行有效管理;微观层面看,会展企业对外宣传企业整体形象时,可通过在互联网上发布相关信息以使客户更了解企业,达到宣传的目的。

3. 规范化管理

随着会展业逐步与国际接轨,项目管理作为一种新的领域正朝着规范化的进程发展。它是我国会展项目管理适应新形势、新发展的客观要求和必然结果,具体表现在:

(1) 项目设计规范化。会展项目实施前的规划设计全面、合理、专业,宏观总体规划在相关专家的指导下完成,既有一定的前瞻性,又有一定的实际操作性,同时符合会展项目管理的国际化行业标准,并参照借鉴同类项目管理的先进经验进行设计。

(2) 项目实施规范化。会展项目实施过程中,在兼顾效益最大化原则前提下,引入新型灵活的管理机制,注意吸收国外先进的会展项目管理经验,在实施中同时注意人力资源的合理开发和利用,充分调动实施者及相关利益群体的积极性和创造性,使实施流程、实施手段、实施方法等符合国际化标准化水平。

数字赋能下会展业的转型与升级——数字展会

被誉为经济发展"晴雨表"和城市发展"助推器"的会展业不仅仅是一个展览展示、供需对接、商贸交流的平台,同时也能带动区域内交通、住宿、餐饮、旅游等其他相关产业的发展,因此,会展行业的发展对于拉动城市经济、丰富国民生活起着举足轻重的作用。伴随数字技术的快速发展,会展业与互联网正在不断加深二者跨界融合发展。

什么是数字展会?

所谓数字展会是一种互联网技术和思想下的新型会展生态圈和展示方式,其本质是依托互联网,将云计算、大数据、移动互联网技术、社交社群、会展产业链中的各个实体整合构建一个数字信息集成化的展示空间,以此助力打造全方位立体化的新型展览和服务模式,具体可表现为可视化搭建、全域营销、移动办展等,总而言之,数字展会是对传统会展模式的一种极为重要且有效的补充。

数字展会的优势

在数字化、信息化的大发展背景下,数字展会丰富了传统的会展模式,数字技术与会展产业链中的各个环节渗透结合,展现出数字展会所具备的独特优势。

第一,降低参展成本。一方面,针对参展商,传统类型展会的筹办需要展位租赁、展台搭建、展品运输、人力成本、时间成本、交通成本等一系列的花费,这会极大地限制各类中型、小型企业的参展意愿;另一方面,对于参展观众来说,传统类型展会往往存在时空障碍,容易影响参展体验。数字展会利用线上展会的形式打破了时空障碍,很大程度上节省了展商和观众的参会成本,展商可以通过线上展会坑位介绍企业和展品,并进行商贸洽谈,观众可以通过展会的官网、公众号、小程序等途径进行参展。

第二,丰富展会内容。传统类型的展会一般利用展台展示、人员讲解、现场演示、沉浸体验等形式来吸引参展观众驻留。如何在同类型展商的各类展品中脱颖而出,短时间内吸引大量观众注意成为展商需要深入思考的一大问题。线上展会相较而言,其展示形式更为丰富,可以利用 AR、VR、MR、直播互动等形式来提供视频、文字、动画、交互等多种体验,便于增进观众对于特定展品的理解,极大地丰富了展会讲解的形式。

第三,节约资源,绿色环保。传统类型展会的开展往往需要大量的装修材料、宣传物、服务设备等,其中很多仅在展期中使用,展会结束后便被拆除丢弃,没有进行循环利用,造成了资源的极大浪费,同时,传统类型展会举办过程中灯光、空调等大量使用也会严重消耗电能。数字展会的出现可以在一定程度上很好的缓和这一问题。

第四,数据分析和客户管理。传统类型的展会一般在展后整理客户信息,利用调查问卷来进行数据分析,并展开跟踪服务,工作量巨大并存在一定的滞后性。数字展会可以利用大数据分析实时跟踪用户体验,及时更新数据信息,深入挖掘潜在客户,定制化维护现有客户,以达到精准对接的目的。

数字展会的发展趋势

伴随展会数字化程度的不断加深,中国会展业将继续与数字技术不断融合,进行数字化高质量发展,数字展会将呈现三种发展趋势。

第一,交互体验全面升级。目前数字展会在人员入场中应用提前登记、二维码入场、人脸识别方式等来管理参展商和参展观众,同时在参展效果方面也采用 3D、VR、AR、直播互动等打造互动交流的现场,让参展观众可以获得沉浸式展会全景体验。此外在展会宣传中也秉持全域营销的理念,私域与公域流量双管齐下,实现用户的精准触达。

第二,数据价值深入挖掘。数字展会将继续运用云计算搭建共享数据库,将线上展会和线下展会的数据进行共享,以此打破信息壁垒。同时也实时跟踪展会参展商、参展观众等各方的动态,及时将各类信息、数据更新,并保存在数据库内,这不仅便于数据的互通,同时也有效防止消息的滞后。此外,在展后也利用数据库内已有的各类数据进行跟踪分析,及时进行展后总结和反思,为下一届展会的举办积累经验和教训。

第三,CRM 管理不断完善。数字展会相较于传统类型的展会更加注重 CRM 管理(客户关系管理),无论是展前的展商和观众登记、展期的动态实时更新,还是展后的跟踪服务,都将客户维护贯彻其中。展览公司越来越注重将客户信息进行集中,整合已有的各项资源,把云计算、大数据等现代技术应用于公司业务,不断进行社群维护,逐渐建立和完善公司的 CRM 数字化管理。

总体来看,未来会展业高质量发展离不开数字技术,数字展会的出现是数字赋能下会展业转型升级的产物,其并不意味着对传统类型展会的"否定",而是以一种更为便捷、多样、系统化的方式来补充传统类型的展会,以此来丰富展会的形式,提升参展体验。

资料来源:https://www.cqcb.com

本章小结

项目指某种一次性的任务。它具有一个明确的目标,包括数量、功能和质量标准;要求项目执行者按照限定的时间和财务预算完成项目所规定的目标。因此,项目具有如下特征:项目的一次性(单件性)、项目成果性目标和约束性目标的明确性、项目作为管理对象的整体性。项目无论大小、特点如何,一般包括下列要素:具体的结果(产品或结果),明确的开始与结束日期(项目工作开始日期和它的结束日期),既定的预算(包括人员、资金、设备、设施和资料总额等)。项目管理就是将各种知识、技能、手段、技术应用到项目中,以满足或超过项目干系人的要求和期望,它是指导你的项目从开始、执行,直至终止的过程。项目管理与其他管理活动相比具有以下显著特征:项目经理是项目管理的核心,项目管理对象是一次性的。项目管理离不开人,离不开项目团队、人的激励、团队建设、沟通以及领导艺术、谈判等等。在人的基础上,还有项目的管理方法、企业的文化和项目组织。项目管理还包括计划和信息管理、项目的控制。项目管理和企业管理不同,企业管理的范围更大。企业的很多工作都可以看成一个个子项目,按照项目来进行管理,而项目管理的系统较小,它是当前企业管理当中的一种新的管理模式,它所指的系统是一个项目,而企业是一个整体,在企业管理当中可以按照项目管理模式进行企业管理。

会展项目是以会展活动为管理对象的新型项目形式,其特征主要体现在顾客导向性、项目连带性、客户广泛性和效益整合性。会展项目管理是会展项目管理者根据会展项目运营的客观规律的要求,运用系统的观点、理论和方法,对执行中的会展项目发展周期中的各个阶段工作进行计划、组织、控制、沟通与激励,以实现其目标的各项活动的总称。其总体特征是服务目标性、客户广泛性、项目关联性、收益综合性的相关信息。会展项目管理是一个系统工程,其包含的内容颇为广泛。按照其核心内容来讲,主要包括会展项目计划管理、会展项目进度管理、会展项目质量管理、会展项目信息管理、会展项目人员管理和会展项目财务管理,每一项内容对于整个会展项目的实施都是至关重要的。会展项目管理过程是指会展项目生命周期中产生某种结果的行动序列,基本管理过程可归纳为五个阶段:会展项目启动阶段、会展项目规划阶段、会展项目执行阶段、会展项目控制阶段和会展项目结束阶段。会展项目管理的发展趋势是人性化管理、网络化管理和规范化管理。

复习与思考

1. 项目的概念与特征是什么?
2. 项目如何分类?
3. 简述项目的要素。
4. 项目管理的概念与特征是什么?
5. 简述项目管理的基本职能。
6. 论述现代项目管理的发展历程。
7. 会展项目的概念与特征是什么?
8. 简述会展项目管理的概念与特征。
9. 简述会展项目管理的过程。
10. 请结合实际,论述我国会展项目管理的发展趋势。

案例分析

会展项目管理的创新思考

1. 会展项目规划阶段

(1) 会展项目设计创新化

会展项目设计是指依据一定的理念对项目未来发展做出计划、安排、说明等,以指导整体项目完成。其创新首先指:项目设计理念知本化、绿色化,即项目的完成必须注意充分挖掘人力资源的作用,注重现有人员知识的运用,并将其知识转化为推动项目发展的源动力。同时,注意在不同阶段项目资源的最大化的合理利用,引入可持续发展的理念;其次是项目主题设计的创新化。要在充分的市场调查的基础上,找准会展项目所在地的资源优势,据此选出最能突出地方竞争力和特色的主题。

(2) 项目融资规模化

资金筹措是任何项目可持续发展的重要保障,如何实现规模化融资是项目规划阶段要考虑的主要问题。因此项目承办方获取大额资金时应把握以下原则:首先是宣传推广多面化,即针对潜在项目赞助方,进行全方位、多层次的广告宣传推广,以使客户全面了解会展项目情况,为其投资提供基础;其次是融资渠道多元化,即会展举办者在向参展商收取展会费用的同时可向观众、广告推广者等群体收取一定费用,同时对于公益性或地方扶持型会展项目可向政府要求融资,据此实现项目融资规模化发展。

2. 会展项目实施阶段

(1) 机制管理创新化

机制管理是保障会展项目顺利进行的重要条件,它包括适应项目发展而制定的一系列制度、体制等。其创新化首先表现在沟通机制,即要突破原有的沟通方式和方法,建立新型的适合市场发展的灵活沟通机制;其次表现在协调机制,即会展专业管理公司要处理好其与会展承办方、会展分包商之间关系,就必须建立良好的协调机制,使会展项目在健康、稳定的环境下得到逐步发展;最后是组织机制,要建立和谐、公平的组织机制,会展项目涉及的各组织内部、组织与组织之间要突破传统的组织方式,在先进理念指导下进行创新。

(2) 管理方式国际化

管理方式国际化主要是指在传统管理方式基础上,会展项目管理走品牌化、国际化的发展道路。首先表现在网络化管理方式,传统的项目管理是面对面的管理交流方式,如会展企业与政府、广告商、分包商之间以及会展承办方与其他相关组织机构之间,这样会浪费大量的人力、物力及财力,互联网的管理方式极大地节约了资源并推动资源的合理化配置;其次是信息化管理方式,传统的管理方式是信息资源独享,而现代管理方式推行区域合作、信息资源共享。这是区别于传统的又一历史进步。

(3) 项目监控动态化

项目监控是指对会展项目管理不同阶段进行动态地、有效地管理,以反映管理实施力度,并据此进行适当调整。它是推动会展项目发展的必要条件和重要保障。动态化项目监控要注意:首先是目标控制,即对任务实施情况进行有效控制,以保证会展项目总体目标的实现,同时注意对成本目标控制,以保证会展项目执行成本控制在预算之内;其次是项目调整,即在目标控制过程中发现存在的问题,并不失时机地依据现实情况来调整和完善项目管理,以保障效益目标、成本目标及其他目标的实现。

3. 会展项目反馈阶段

(1) 效益评估综合化

效益是衡量会展项目管理的重要指标之一,传统的会展效益评估带有一定局限性,即忽视会展项目对相关行业的拉动作用及其对当地的形象推广作用。创新化的会展效益评估主要包括以下两方面:直接效益,即会展项目实施过程中的直接收入,如会议与展览业中参展商的定单收益;间接收益,即会展业对其他相关行业的拉动效益,如酒店业、运输业、邮电业、通讯业等收入。

(2) 客户管理创新化

会展项目结束后,会展专业公司以及会展承办方应加强与客户间的沟通和联系,实施客户创新化管理。首先是建立完善的客户管理系统,会展企业在项目完成后,应注意及时统计客户相关资料,并将各不同类型的客户纳入管理体系;其次是引入创新化的客户管理手段,要根据不同客户的特点,实施不同的对策以提高顾客忠诚度,为将来进一步合作打下基础。

(3) 信息反馈及时化

会展项目完成后,会展专业公司、会展承办方以及其他相关组织机构之间存在着信息反馈的过程,及时而有效的信息反馈将有利于会展项目的进一步发展。首先是会展专业公司与参展商之间的信息交流,即会展企业应在展会结束后及时与参展商沟通,并听取其有关建议,以更好地完善和改进会展项目;其次是会展承办方与会展专业公司之间的信息反馈。会展企业作为承办方的委托机构,有义务和责任办好会展项目,因此在项目结束后应及时与之沟通,并将效益评估的有关结果传达给承办方,同时收集反馈意见,并进一步提高项目管理的专业化程度和管理质量。

资料来源:龚维刚. 会展实务. 华东师范大学出版社,2007

讨论题

1. 在会展项目规划阶段,如何进行会展项目的创新管理?为什么?
2. 在会展项目实施阶段,如何在先进理念指导下进行创新?
3. 会展项目结束后,会展专业公司以及会展承办方如何加强与客户间的沟通和联系并实施客户创新化管理?

第二章

会展项目识别与启动

 学习目标

学完本章,你应该能够:
1. 了解和掌握会展项目立项与报批的概念与特征;
2. 熟悉会展项目需求分析与选择应坚持的原则、方法;
3. 掌握会展项目经济评价的概念与功能;
4. 掌握会展项目的财务评价与国民经济的评价的内容、方法与步骤。

 基本概念

会展项目立项　会展项目报批　会展项目需求分析　会展项目经济评价

第一节　会展项目的立项与报批

什么是会展项目的立项与报批?

一、会展项目的立项

(一) 会展项目立项的概念

会展项目立项,是指承办会展活动的相对人,以书面报告形式向相关行政主管部门进行项目申请,并最终获得相关行政主管部门批准或承认的过程。

(二) 会展项目立项的特征

(1) 会展项目有一个明确界定的目标——一个期望的结果。一个项目的目标通常依照工作范围、进度计划和成本来定义。例如,一个展销项目的目标可能是在一个星期内完成签约10亿元合同,而且期望工作范围能够高质量地完成,使参展商、参展客户和参展观众都满意。

(2) 会展项目可能是独一无二的,是一次性的努力。有些会展项目是以前从未举办过的,如人造UFO展示会。且大多数会展项目都是一次性的努力,无须重复。

(3) 每个项目都有参展参会客户。客户提供必要的资金或经费,以达成目标的实现,它可能是一个人,或一个组织,或由两个或更多的人构成的一个团队,或是许多个组织。当一个承约商为某一会展公司搭建展台时,这一会展公司就是资助这一项目的客户。当一个公司从政府那儿获得资金开发一种处理放射性原料的自动化设备时,客户就是政府机构,当某个公司提供奖金给一组雇员,来升级公司的管理信息系统,客户这个词将具有一个更广泛的涵义,不仅包括目标资助人(公司管理层),而且包括其他利害关系方。

(4) 会展项目还有一定的不确定性。一个项目开始前,应当在一定的假定和预算基础上准备一份计划。用文件记录这些假定是很重要的,因为它们将影响项目预算、进度计划和工作范围的发展。项目以一套独特的任务、任务所需时间的估计、各种资源和这些资源的有效性及性能为假定条件,并以资源的相关成本估计为基础。这种假定和预算的组合产生了一定程度的不确定性,影响项目目标的成功实现。例如项目可能到预定日期会实现,但是最终成本可能会由于最初低估了某些资源的成本,而高于预计成本。

(三) 会展项目立项的内容

会展项目立项的内容包括:会展活动的名称、会展活动举办的地点、会展活动举办的时间、会展活动的举办机构、会展活动的定位、会展活动的范围、规模、办展的频率、参加会展活动的价格及举办会展活动的财务预算、人力资源的分配、招展招商和宣传推广计划、会展进度计划、现场管理计划和相关活动计划等。

1. 会展活动的名称

会展活动名称对会展项目的成功立项具有十分为重要的意义,因为它确定了会展活动的基本内容和基本的价值取向。会展活动的名称通常由三个部分组成,即基本部分、限定部分和附属部分。

(1) 基本部分,是指用于说明会展性质与特征的元素。如博览会、论坛、交易会、洽谈会、学术研讨会、展销会、晚会、运动会等。

(2) 限定部分,是指用于说明会展举办时间、地点、规模以及内容的元素。它包括举办的届次或时间、地域名称或范围、大小规模和主要活动内容等。

(3) 附属部分,它是限定部分的补充,用于具体说明会展的时间、地点等细节。它可以是具体举办日期、地点、组织单位的名称或会展的缩写等。

如第136届中国农产品博览会。它的基本部分是"博览会",限定部分是"中国"和"136届",而"农产品"则是行业标志。再如,2019年湖南省中学生田径运动会,它的基本部分是"运动会",限定部分是"湖南省""中学生"和"2019年","田径"则是体育运动专业标志。

2. 会展活动举办地点的选择

会展活动在哪个国家或地区的哪个展馆举办,是在不同地方轮办还是在一个地方举办等问题,需要在会展立项期间由粗到细逐步确定。首先,选址要符合会展活动的性质、定位、会展活动所涉及的产业和行业以及地方政府的态度、政策等;其次,选址要考虑与会展活动相关的地理环境,如作为贸易性的展会活动,宜选择在对外开放程度比较高的沿海城市,而像作为奖励旅游性质的展会活动,宜选择在以风景秀丽著称或名胜古迹较多的城市。最后,选择还要考虑会展定位,以及会展项目的成本预算等因素。

3. 会展活动的时间安排

举办会展活动的时间涉及到四个方面的含义,即展会的具体开展日期、展会的筹展日期、展会对观众开放的日期和展会撤展的日期。

一般情况下,会展活动的日程安排具有不可变更的特性,因此,在会展项目立项阶段筹划时间安排时,要慎重考虑。严格按日程、时间安排进行会展活动,是一个会展项目举办成功的前提条件之一。因此,在设计每项工作时要明确每项工作的工作期限,并且还要安排好总协调人及具体办事人或联系人,同时,还要有相应的准备,并定期对照检查,以便及时调整。

4. 会展活动的举办机构

会展活动的举办机构,是指负责会展组织、策划、招展和招商等相关事宜的有关单位。会展举办机构一般包括主办单位、承办单位、协办单位和支持单位或赞助单位等类型。

(1) 展会主办单位,是指具有国家主管部门批准的、有报批会展项目资质的单位。一般情况下,这种单位应具有法人身份。

(2) 展会的承办单位,是指不一定要具有报批会展项目资质,但与主办单位一样具有招商、招展能力和举办展会的民事责任承担能力,并设有专门从事办理展会的部门与相应的专业工作人员,以及具有完善的办理展会的规章制度的单位。

(3) 展会的协办单位,是指协助主办或承办单位负责展会的部分策划和组织工作的单位。其主要任务一般集中于部分的招展、招商和宣传推广工作。

(4) 展会的支持单位或赞助单位,是指对展会活动起直接或间接支持作用的单位。如新闻媒体主要承担一些招商、招展等宣传工作,而交警部门则主要承担展会活动期间的道路畅通,以及人身、财产的安全保卫工作等。

5. 会展活动的举办频率

会展活动的举办频率,是指会展一年举办几次还是几年举办一次,或者是不定期举办。举办频率受制于会展题材所在领域的特征。如产品展销会或博览会,就受到产品生命周期的影响。相同或不同领域的行业,都有各自的发展规律与特征,产品亦一样,因此,对会展项目进行立项时,要考虑会展主题所在领域的特征。

6. 会展活动的规模

会展活动规模是指所举办的展会在形式上的大小程度。它涉及到以下几个因素。

① 会展的展览面积是多少;
② 参展单位的数量是多少;
③ 参观会展的观众有多少;

因为涉及到招商、招展计划的宣传推广,在进行会展立项时,对上述内容进行预测和规划是十分必要的。

7. 会展定位

"定位"一词,最初是由美国人艾·莱斯和杰克·特劳在 1972 年提出并加以推广和应用的。在他们合著的一本关于定位的书——《心战》中,特劳和莱斯提出:定位是针对现有的产品的创造性的思维活动,它不是对产品采取什么行动,而是主要针对潜在顾客的心理采取行动,是要将产品定位在顾客的心中。通俗地说,定位就是要将自己的意向清晰地递给他人的一种印象化过程。根据定位这一概念,我们认为所谓的会展定位,就是办展机构根据自身的资源条件和市场竞争状况,通过建立和发展会展的差异化竞争,使自己举办的会展在参展企业和观众的心目中形成一个鲜明而独特的印象的过程。会展定位要明确会展的目标参展商和参展观众、办展目标、展会主题等。

8. 会展价格和会展初步预算

这里的会展价格,主要是指会展展位的价格,它包括室内展场和室外展场的价格,室内展场的价格又分为空地价格和标准展位价格。在制订会展价格时,一般遵循"优地优价"的原则,即那些便于展示和观众流量大的展位的价格往往要高一些。在策划举办展会时,要根据市场情况给展会确定一个合适的价格,这样对吸引目标参展商参加展会十分重要。会展初步预算是指针对会展项目所需要的投入、支出与收益的预测。它包括会展项目资金的拨款数额、赞助数额、会展展位收入、各种会展活动的支出费用等。

9. 人员分工、招展、招商和宣传推广

人员分工计划、招展计划、招商和宣传推广计划是会展的具体实施计划。所谓的人员分工计划是对会展工作人员的工作进行统筹安排,招展计划是为了招揽企业参展而制订的各种策略、措施和办法,宣传推广计划则是为了建立会展品牌和树立会展形象,并同时为会展的招展和招商服务。这 4 个计划在具体实施时会相互影响、相互制约,因此,在进行立项策划时,应充分考虑这 4 个计划的关联性。

10. 展会进度计划、现场管理计划和相关活动计划

展会进度计划,是指在时间上对展会的招展招商、宣传推广和展位划分等工作进行统筹安排。它明确在展会的筹办过程中,到什么阶段就应该完成哪些工作,直到展会成功举办。展会进度计划安排得好,展会筹备的各项准备工作就能有条不紊地进行,否则将会加大展会活动的成本,或为会展举办单位带来巨大的经济损失与信用损失。

现场管理计划,是展会开幕后对展会现场进行有效管理的各种计划安排,它一般包括展会开幕计划、展会展场管理计划、观众登记计划和撤展计划等。现场管理计划安排得好,展会现场将井然有序,秩序良好。

展会相关活动计划,是指对准备在展会期间同期举办的各种相关活动做出的计划安排。与展会同期举办的相关活动中,最常见的有技术交流会、研讨会和各种表演等,它们是展会的有益补充。

(四) 会展项目立项书的撰写

会展项目立项书又称会展项目立项报告,是会展项目承办单位或会展项目法人,根据市场情况或社会某一重大问题等提出的某一具体会展活动的建议文件,是对拟举办的会展活动提出的框架性的总体设想。它包括如下主要内容:

1. 举办这个展会的市场环境分析

市场环境分析包括宏观市场环境和微观市场环境分析。宏观环境包括人口环境、经济环境、技术环境、政治法律环境、社会文化环境等；微观市场环境包括办展机构内部环境、目标客户、竞争者、营销中介、服务商和社会公众等。

2. 提出这个展会的基本框架

基本框架包括展会的名称、举办地点、办展机构的组成、展品范围、办展时间、办展频率、展会规模和展会定位等。

3. 会展价格及初步预算方案

会展价格主要是指会展展位或参会的价格。会展初步预算是指对会展项目投入、支出与收益的预见性计划。

4. 会展工作人员的分工计划

会展工作人员的分工计划是指依据会展项目的子项目进行人员具体安排的方案。

5. 会展招展计划

会展招展计划是指展会的展区或会议区如何安排、展位如何划分、如何招揽企业参展、非企业性质单位参会的计划等。

6. 会展招商计划

会展招商计划，即招揽展会商户的计划，它是指会展举办方将自己的服务、产品面向一定范围进行发布，以招募商户共同发展。会展招商计划是指会展举办方将采取什么的方式和方法吸引其他商户加入到所举办的项目活动中来的方案。

7. 会展宣传推广计划

会展宣传推广计划，是指会展主办或承办单位以怎样的方式、方法或手段向与会展项目有关的企业或单位传递信息，并吸引他们和其他对该会展项目感兴趣的民众来参展的具体方案。它包括特定的新闻报道、深度文章、付费短文广告、案例分析等。

8. 会展筹备进度计划

会展筹备进度计划是指会展项目在进行立项时，说明哪些工作必须于何时完成或完成每一任务所需要的时间等预设方案。其目的是控制时间和节约时间。因为会展项目的主要特点之一即是有严格的时间期限要求，因此，筹备进度计划在会展项目管理中显得十分重要。常用的制定进度计划的方法有关键日期表、甘特图、关键路线法(CPM)和计划评审技术(PERT)等。

9. 会展服务商安排计划

会展服务商安排计划，即指会展主办或承办方为前来参展的企业或单位、个人提供诸如交通、住宿、旅游、餐饮、娱乐等方面的服务性单位的方案。

10. 会展开幕和现场管理计划

会展开幕和现场管理计划包括会展开幕仪式的程序、礼仪等的时间、人员安排，会展现场的安保、卫生、紧急情况预案等的安排计划。

11. 会展期间举办的相关活动计划

会展期间举办的相关活动计划即与展会直接相关或不直接相关的一些活动安排。如展览会后关于与展会相关的研讨会，与展会不相关的娱乐活动或旅游活动等。

12. 会展的结算计划

会展的结算计划是指会展主办或承办单位对举办会展活动而产生的商品交易、劳务供应或资金调拨等原因所发生的货币收、付业务的清算方案。会展结算的方式有两种,即现金结算和转帐结算。会展结算的内容包括业务货款支付的地点、时间和条件,商品所有权转移的条件,结算凭证及其传递的程序和方法等。

二、会展项目的报批

(一) 会展项目报批的概念

所谓的会展项目报批,是指会展主办或承办单位针对会展活动的主题、时间、地点、所需的人力、物力、财力,以及预计产生的经济效益与社会效益等以书面形式向上级主管部门申请批准,以获得该会展项目的开展资格。其与批准有本质的区别,报批是指处于一种还不确定的情形,而批准是指处于确定的状态。

(二) 会展举办单位的资格

1. 国内商品展销会举办单位资格的规定

根据《商品展销会举办单位资格》规定,商品展销会的举办单位应具备的条件包括:具有法人资格,能够独立承担民事责任,具有与展销规模相适应的资金,场地和设施,具有相应的管理机构、人员、措施和制度。

2. 国内举办对外经济技术展览会主办单位资格的规定

根据国务院2003年文件规定,撤消原经贸部的《关于举办来华经济技术展览会审批规定》,对原经营企业资格的审批放开,只有在工商管理部门颁发的营业执照中的经营范围内,注明有主办或承办会展内容的企业,才可以申报举办会展项目。

3. 出国(境)举办经济贸易展览会组办单位资格的规定

根据2006年8月颁布的《出国举办经济贸易展览会审批管理办法》修订版的规定:出国办展须经中国国际贸易促进委员会审批。组展单位应当向中国国际贸易促进委员会提出出国办展项目申请,项目经批准后方可组织实施。

组展单位应具备以下条件:

(1) 依法登记注册的企业、事业单位、社会团体、基金会、民办非企业单位法人,注册3年以上,具有与组办出国办展活动相适应的经营范围。

(2) 具有相应的经营能力,净资产不低于300万元人民币,资产负债率不高于50%。

(3) 具有向参展企业发出因公临时出国任务通知书的条件。

(4) 法律法规规定的其他条件。

(三) 会展项目报批的程序

1. 向主办单位的主管部门申报立项

会展举办单位在向上级主管部门申报会展项目立项时应提交如下材料:

(1) 项目申请报告,包括纸版和电子版。

(2) 按规定填写的《出国举办经济贸易展览会申请表》原件及电子文本。

(3) 我国驻赴展国使领馆商务机构同意函复印件。

在上述三个条件中,国内展会项目只需要满足第一个条件即可,国外展会项目必须满足上述三个条件。如果是首次提出项目申请的组展单位,除应提交上述申请材料外,还应提供以下材料:

(1) 项目可行性报告及与国外展会主办者或展会场地经营者联系的往来函件复印件。

(2) 法人登记证书复印件(验证原件)。

(3) 会计师事务所出具的验资报告、财务年度报告、资产负债表复印件。

(4) 税务机关出具的完税证明原件。

(5) 事业单位批准成立机关或社团、基金会、民办非企业单位业务主管单位出具的同意出国办展的批准原件。有因公出国任务审批权的部门和单位出具的同意向参展企业发出因公临时出国任务通知书的证明函件。

(6) 其他相关材料。

2. 向会展举办地工商行政管理机关申报登记

(1) 主办或承办单位应向所在地工商行政管理局提出举办会展登记申请。根据《商品展销会管理办法》,展销会的主办或承办单位必须向举办地工商行政管理机关申请办理登记。若干个单位联合举办的,应当由其中一个具体承担商品展销会组织活动的单位向举办地工商行政管理机关申请登记。

(2) 申请登记时需要出具的材料包括:举办人具备法人资格的证明材料,举办会展项目申请书,内容包括会展项目的名称、起止时间和地点、参展商品类别、举办单位银行账号、举办单位负责人名单、会展筹备办公室地址等;当地政府批准立项的批文;会展的组织实施方案;场地使用证明材料等。

(四) 会展项目的审批

1. 国内普通商品展销会的审批

在我国,对于普通商品展销会的审批分为两种情况,一种是非涉外经济贸易性质的展销会,只需到举办地工商管理局登记即可。对于在国内举办的涉外经济贸易性质的展销会,还需要经过我国相关部门的审批。

2. 在我国境内举办对外经济技术展览会的审批

根据国务院办公厅《关于对我国境内举办对外经济技术展览会加强管理的通知》,对展览面积在1 000平方米以上的对外经济技术展览会,实行分级审批管理。其中以国务院部门或省级人民政府名义主办的,报国务院审批;国务院部门所属单位及境外机构主办的,报商务部审批;地方单位主办的、由所在省、自治区、直辖市外经贸主管部门审批,报外经贸部备案;以科研、技术交流、研讨为内容的,由科技部审批;贸促会系统举办的,由贸促会审批并报外经贸部备案;其次,面积在1 000平方米以下的对外经济技术展览会,可由主办单位自行举办,报相应的审批部门备案。

3. 出国举办经济贸易展览会的审批

在我国,对于出国举办经济贸易展览会的都实行审批制。根据《国务院办公厅关于出国举办经济贸易展览会审批管理办法》中的第三条、第四条之规定,中国贸易促进委员会负责出国办展的审批和管理,对外贸易经济合作部负责出国办展的宏观管理,对组展单位进行资格审查,对出国办展工作进行监督检查。

4. 非贸易性展会的审批

对于非贸易性的,诸如文艺晚会、体育运动会等展会的审批,凡涉及到商业性质的经营活动,除要在举办地的工商行政管理部门进行登记外,还须向举办地的业务主管部门进行登记或审批,凡不涉及商业性质的公益性活动,则无须在举办地工商行政管理部门进行登记。

5. 对台经济技术展览会的审批

审批举办对台湾地区经济技术展览会时,除需遵照上述四项审批类型,向相应的部门进行有关内容审查外,还有更为严格的审查标准,尤其是涉及政治内容的审查。其审查的主要内容包括:政治内容、展览会名称、展品内容、展出面积、时间、地点、筹组方案和计划,申请报批的单位应按要求向商务部提交有关文件和资料等。

第二节 会展项目需求分析与选择

会展项目需求的原因是什么?

一、会展项目需求的产生与分析

(一)会展项目需求的产生

随着社会的发展,人们的需要日益增长和多样化,人民生活、社会发展和国防建设的种种需要常常通过项目来满足。比如,为解决我国某些落后地区的贫困问题,国家实施了一个又一个扶贫项目;为了解决城镇人口的住房问题,国家实施大量的扩建和旧城区改造项目等等。由此可见,项目的产生来源于市场、社会、公众的各种需求。而要满足市场、社会和公众的各种需要,并且为社会创造价值,就必须对项目需求进行分析来避免投资损失。

所谓的会展项目需求分析是指会展项目投资者通过对会展项目的市场需求、社会需求、公众需求以及投资者自身发展需求的综合分析,确定项目的方向以及项目投资的必要性,为投资决策提供必要的准备工作。

(二)会展项目需求分析的主要内容

1. 国家和地区需求分析

国家和地区的经济长期发展规划和经济政策,一般反映了国家和地区对该会展项目的需求程度。这一层次上的需求分析是会展项目需求分析中最重要的一项,它直接决定了会展项目的前途和命运。

2. 社会需求分析

任何一个会展项目的举办不仅要考虑到会展项目的经济效益,还要考虑到项目的社会效益。偏离社会效益的会展项目不仅会给举办单位或企业本身带负面影响,甚至会给社会带来灾难性的矛盾或问题。因此,在进行会展项目需求分析时,要尽可能地为两者找到一个均衡点。会展项目的社会需求分析一般包括四个部分:一是社会经济发展的需求分析;二是社会人文环境的需求分析;三是自然、生态环境的需求分析;四是经济、社会可持续发展的需求分析。

3. 消费群体需求分析

会展项目的特点决定了会展消费群体的定位,而会展消费群体定位的范围则决定了会展项目需求的广度。因此,在确定会展项目时要考虑会展举办地消费者的风俗习惯、经济收入水平、对产品的需求规律等。会展项目的消费群体需求分析一般包括会展项目面向对象的分析、会展项目的需求量分析、需求价格分析和产品的需求规律分析等四个部分。在这一层次上的会展项目需求分析,直接决定了会展项目建设的市场前景。

4. 会展项目举办方的需求分析

会展项目举办方筹建一个会展项目除了要考虑国家和社会的效益外,考虑更多的是会展企业的长远规划和眼前的经济利益,所以举办方在会展项目的初选阶段就能决定会展项目的取舍。

5. 会展项目实施中的需求分析

会展项目在实施中的需求是广泛的,如场地、技术与设备、人才、资金的需求等。对这一过程中需求的认真分析,将有利于会展项目的顺利实施。

二、会展项目的选择

(一) 会展项目选择的概念

它是指在执行和控制会展项目前,或运用一定方法从众多已有的会展项目中慎重选择出符合自己目标的项目,或根据对所处地内外条件的分析策划出新的会展项目的过程。

会展项目选择同时也是一项具有调查研究性质的信息搜集工作,需要组织者依据从外部环境和自身搜集到的各种相关信息,并遵循一些特定原则做出决策,如果在决策中搜集的信息缺乏真实性,考虑的因素不够全面,或是没有遵循适当原则,都有可能对会展项目的运行结果产生副作用,影响项目目标的实现。因此,了解在会展项目选择过程中要考虑的因素和要遵循的原则是妥善高效地管理和运营一个会展项目的前提。

(二) 会展项目选择应坚持的原则

1. 效益性原则

一般认为,效益是选择会展项目的逻辑起点与归宿,因此,在选择会展项目时,必须首选那些能够为会展项目主办者创造效益的项目。当然,这里所说的"效益"是广义的概念,即会展项目活动所产生的经济效益和社会、文化、生态等方面的效益。这就要求组织者既要追求微观效益与宏观效益的统一,又要追求近期效益与远期效益的统一。只有从会展组织者自身到整个国民经济看,以及从当前到一定时期后来看,该会展项目所创造的效益都能达到均衡,才能真正体现效益性原则,才能延长会展行业的生命周期。

2. 可行性原则

项目选择行为本身属于决策行为,科学的项目决策就是在科学的理论和知识的指导下,通过科学的方法和程序所做出的符合客观规律的决策,项目的可行性则是会展项目决策的前提。在坚持可行性原则时,会展举办者首先要分析会展项目所涉及的财务、人员、场馆设施、政策法规等是否能满足会展活动的需要。其次,应当根据系统论的观点,全面考核与该会展项目有关的各方面信息,并充分研究该项目所涉及行业的竞争能力、发展潜力,评估项目对行业原有状况的影响,以避免一叶障目,不见森林的片面行为。最后,在选择项目时,应当注重效率,尽量选择投入产出比高、时间周期短的会展项目。

3. 创新性原则

创新是会展项目的灵魂,因此,会展项目的选择必须清晰地体现出该会展项目的与众不同之处,否则就难以引起参展商和目标观众的兴趣,难以为项目策划注入生命力,因此,所选择的会展项目必须能体现出创新性。会展项目的创新性既可以表现为会展主题的创新,也可以表现为会展活动过程中任何一个具体环节的创新。

4. 灵活性原则

环境是影响会展项目顺利进行的重要因素之一。无论是内部环境还是外部环境中,只要与会展有关的因素都可能对会展活动产生不可预知的影响,即使是经过认真分析和精心策划的会展项目,也难免会碰到意外事故和风险,使会展项目无法按计划举行或不能达到预期效果,因此,主办者在选择会展项目时应当保证项目的灵活性,使所策划的会展项目能根据实际情况随时调整方案,从而确保会展项目能够收到最好的效果或能将损失降到最低。

(三)会展项目选择时应注意的几个因素

1. 社会环境因素

社会环境因素包括政治、经济、社会、时代等内容。由于会展项目主要是为与会人员或参观者就某一热点问题提供交流合作的平台,因此,会展项目的主题通常是社会关注的焦点和热点问题,唯有密切结合当时的政治局势和区域经济状况,深入探讨或真实表现社会的会展项目才能充分引起大众的关注,并产生较广泛的影响和较好的经济、社会效益,从而实现会展项目的具体目标。因此,这些反映政治和经济状况、具有鲜明时代和社会特色的环境因素是前期信息搜集工作中必须获取的信息资源,也是在会展项目的选择过程中必不可少的决策依据。

2. 行业因素

会展项目的选择与项目所涉及的行业密切相关,不了解该行业的发展状况而盲目介入一个项目,则具有很大风险的。因此,会展组织者在选择或策划项目时必须从会展项目所涉及的行业发展现状、会展项目相关的行业发展潜力、未来的市场潜力和会展举办地的产业政策导向等相关因素进行认真考虑和分析,以此减少投资或介入的风险。

3. 市场因素

在进行会展项目选择时,市场需求是举办单位或企业应着重考虑的一个因素。这里所说的需求包括两个部分:一是参会者或参展商要有参加会展的需求,二是会展为产生预期影响所要吸引的观众的需求、包括专业观众和普通观众对该会展的需求。这两部分市场因素是决定一个会展项目能否成功举办的关键因素。具体而言,对参会者或参展商的考虑包括了解和统计分析他们所关注的主题、可能提出的要求、在某地区或某行业的影响力和辐射力等。尤其对于展览项目的举办而言,可以通过向前几届举办者索取参展商的信息,了解并分析这些公司冲锋陷阵的状态、在行业内的业绩表现以及是否连续参展等,以估算本次展览的规模、成交额区间和参展商的特定目标等。对会展目标观众的考虑包括参观者的总数、行业分析数、地域分析数等。通常认为目标观众的数量越多,会展的质量和效果就越好,因此,观众可算是决定会展项目质量的最重要因素之一。通过了解观众的总体规模,是否来自会展项目主办者所期望的行业、对订货的决策权和影响力有多少、来自哪些地区等情况,为选择会展项目的决策提供依据。

4. 项目举办地条件分析

会展项目的举办需要有较好的基础设施,如交通、住宿、城市建设、会展中心或场馆等,同时也需要有完善的社会服务,如咨询、旅游、餐饮、设计等。因此,会展举办地的基础设施和社会服务体系建设情况也是选择会展举办地的决策依据之一。

5. 举办者自身因素

会展项目的举办是一项耗费财力、人力和精力工作,因此,在选择会展项目时必须结合项目主办者自身的条件量力而行。自身因素主要包括财力因素(即举办者是否有充足的资金支持所举办的会展项目)、人员因素(即项目团队成员的素质是否能达到会展项目的要求)、时间和精力因素(即工作人员是否具备足够的时间和精力做充分的筹备工作)和管理因素(即组织者是否具备举办所选择会展项目的管理经验和水平)等等。

第三节 会展项目的可行性研究

会展项目可行性分析报告的内容、分析方法包括哪些?

一、会展项目可行性研究的概念及任务

会展项目可行性研究是指在会展投资决策之前,对拟建项目进行全面的技术经济分析论证并试图对其作出可行或不可行评价的一种科学方法。在投资项目管理中,可行性研究是指在项目投资决策之前,调查、研究与拟建项目有关的自然、社会、经济、技术资料,分析、比较可能的投资建设方案,预测、评价项目建成后的社会经济效益,并在此基础上,综合论证项目投资建设的必要性、财务上的盈利性和经济上的合理性、技术上的先进性和适用性以及建设条件上的可能性与可行性,从而为投资决策提供科学依据的工作。会展项目的可行性研究报告至少包括三个方面的内容:一是分析论证投资该会展项目的必要性,二是该会展项目投资的可行性,三是该会展项目投资的合理性。其中,会展项目投资的合理性分析是会展项目可行性研究中最核心的问题。

会展项目可行性研究的主要任务是通过对拟办项目进行投资方案规划、工程技术论证、经济效益的预测和分析,经过多个方案的比较和评价,为会展项目决策提供可靠的依据和可行的建议,明确回答该项目是否应该投资和怎么样投资。由此可以看出,会展项目可行性研究是保证会展项目以一定的投资耗费取得最佳经济效果的科学手段。通过会展项目的可行性研究,可以避免和减少会展项目投资决策的失误,强化会展投资决策的科学性和客观性,从而提高会展项目的综合效益。

二、会展项目投资分析的一般原理

(一) 时间价值原理

1. 资金时间价值的含义

它是指等额货币在不同时点上具有不同价值。随着时间的推移,投资资金也将增值。很明显,现期的一定资金相对将来同等数额的资金来说,其价值更大。

2. 资金时间价值的度量——利息和利率

资金的时间价值通常用利息和利率来表示。利息是指占用资金所付的代价。如果将一笔资金存入银行,这笔资金就称为本金。在一定时期内所得利息额与本金的比值,就是利率,通常用百分数表示。

3. 资金等值的概念

资金等值是指在考虑时间因素的情况下,不同时间点发生的绝对值不等的资金可能具有相等的价值。也就是说,不同时间的两笔资金或一系列现金,可按某一利率折算至某一相同时间点,使之彼此相等。

利用资金等值的概念,可以把在一个时点发生的资金金额换算成另一时点的等值金额。

在项目评价中,为了考察投资项目的经济效果,需要对项目寿命期内不同时间发生的全部费用和全部效益进行计算和分析,这就需要依据资金等值的理论把它们折算到同一时点上进行分析。

(二) 价值分析原理

价值分析也称为价值工程,它是一种运用集体智慧的有组织的活动,是通过对产品进行功能分析,力求用最低的寿命周期总成本,实现产品的必要功能,以提高产品价值的现代管理技术。

这里的价值,指的是反映费用支出与获得之间的比例,用数学比例式表达如下:

$$价值 = 功能/成本$$

(三) 成本效益分析原理

成本效益分析也称费用效益分析、获利性指数。它是一种国内外通用的技术经济分析办法,主要用于公共项目的费用和效益量化后,通过效果指标的计算、分析和判断,对该拟建项目做出较全面的估价和决策的一种分析方法。

(四) 方案比较法原理

1. 方案比较法含义

方案比较法是运用多方案评价的指标及综合评价方法，对方案进行优选的统称。方案比较法可以对项目机会研究和可行性研究中提出的众多方案进行比较分析，从中选出技术先进、经济合理的方案，作为详细论证的基础。

2. 方案比较法的可比原理

运用方案比较法，必须使不同的方案具有可比性。

(1) 满足需要可比。不同的方案必须向社会提供同等价值的服务才可以对其投资、费用等方面进行比较。

(2) 消耗费用可比。比较不同方案的产出价值大小，只有在它们消耗的劳动价值相等的基础上才进行。

(3) 价格可比。在计算项目的经济效益时，必须采取合理一致的价格，所谓合理一致是指价格能够反映产品价值，各种产品之间比价合理。

(4) 时间可比。在对项目的技术经济方案进行比较时，必须同时考虑计算期和资金时间价值这两个可比条件。对经济寿命不同的项目做经济效益比较时，必须以相同的计算期为比较基础，对项目在不同时间内发生的效益和费用，应折算成同一时间因素的货币价值后才能进行比较。

三、会展项目可行性研究的内容、方法与步骤

(一) 会展项目可行性研究的内容

1. 市场环境分析

市场环境分析是会展立项可行性分析的第一步，它是根据会展立项策划提出的会展举办方案，在已经掌握的各种信息的基础上，进一步分析和论证举办会展的各种市场条件是否具备，是否有举办该会展所需要的各种政策基础和社会基础。市场环境分析不仅要研究各种现有的市场条件，还要对其未来的变化和发展趋势做出预测，使立项可行性分析得出的结论更加科学合理。它包括：

(1) 宏观市场环境，包括人口环境、经济环境、技术环境、政治法律环境、社会文化环境等。

(2) 微观市场环境，包括办展机构内部环境、目标客户、竞争者、营销中介、服务商和社会公众等。

(3) 市场环境评价，采用SWOT分析法，即内部优势、内部劣势、外部机会和外部威胁分析。

2. 会展项目生命力分析

市场环境分析是从计划举办的会展项目的外部因素出发来分析举办该展会的条件是否具备，会展项目生命力分析则是从计划举办的会展项目本身出发，分析该展会是否有发展前途。分析会展项目的生命力，不是只分析会展举办一届或两届的生命力，而是要分析该会展

的长期生命力,即要分析如果本会展举办超过五届以上,本会展是否还有发展前途的问题,它包括:

(1) 项目发展空间,即分析举办该会展所依托的产业空间、市场空间、地域空间、政策空间等是否具备。

(2) 项目竞争力,包括会展定位的号召力、办展机构的品牌影响力、参展商和观众的构成、会展价格、会展服务等。

(3) 办展机构的优劣势分析。

3. 会展执行方案分析

会展执行方案分析是从计划举办的会展项目的本身出发,分析该会展项目计划准备实施的各种执行方案是否完备,是否能保证该会展计划目标的实现。会展执行方案分析的对象是该会展的各种执行方案,分析的重点是各种执行方案是否合理、完备和可行,对计划举办的会展的基本框架进行评价,包括:

(1) 会展名称和会展的展品范围,会展定位之间是否有冲突;
(2) 办展时间、办展频率是否符合展品范围所在产业的特征;
(3) 会展举办地点是否适合举办该展品范围所在产业的会展;
(4) 在会展展品范围所在产业里能否举办如此规模和定位的会展;
(5) 会展的办展机构在计划的办展时间内能否举办如此规模和定位的会展;
(6) 会展定位与会展规模之间是否有冲突;
(7) 招展招商和宣传推广计划评价;
(8) 招展计划评估;
(9) 招商计划评估;
(10) 宣传推广计划评估。

4. 会展项目财务分析

会展项目财务分析是从办展机构财务的角度出发,分析测算举办该会展的费用支出和收益。会展项目财务分析的主要目的是分析计划举办的会展是否经济可行,并为即将举办的会展指定资金使用规划。它包括以下内容:

(1) 预测、估算和分析会展项目的基础数据;
(2) 编制和分析财务报表;
(3) 进行财务评价;
(4) 进行不确定性分析;
(5) 得出财务评价结论。

5. 风险预测

从会展可行性分析的角度看,风险就是办展机构在举办会展的过程中,由于一些难以预料和无法控制的因素的作用,使办展机构举办会展的计划和举办会展实际收益与预期发生背离,从而使办展机构举办会展的计划落空;或者是即使会展如期举办,但办展机构有蒙受一定的经济损失的可能性。它包括市场风险、经营风险、财务风险和合作风险等

6. 存在的问题

通过以上可行性分析发现的会展项目立项存在的各种问题,研究人员在可行性分析以

外发现的可能对会展产生影响的其他问题等。

7. 改进建议

针对上述问题,提出对会展项目立项策划的改进建议,指出要成功举办该会展应该努力的方向等。

8. 努力的方向

根据会展的办展宗旨和办展目标,在上述分析的基础上,针对存在的问题,提出要办好该地展所需要具备的其他条件和需要努力的方向。

广西车展的夭折

经国家商务部批准、由中国机械工业联合会举办的"2004中国(南宁)国际汽车展览会"因主要承办方——广西南宁海韵景天文化广告有限公司与国际名车提供商——中联桂政国际汽车贸易有限公司存在纠纷,谈判破裂而夭折。

为举办这次车展,广西南宁海韵景天文化广告有限公司(以下简称海韵景天)与中联桂政国际汽车贸易有限公司(以下简称中联桂政)签定了一份合同,约定海韵景天出资400万元请中联桂政提供世界名车到南宁参展。展前,海韵景天已经支付给中联桂政200万元。合同还约定,参展车辆到南宁展出后,海韵景天再支付余款给中联桂政。

由于客观原因,中联桂政没有完全兑现合同中将法拉利、凯迪拉克等世界名车拉到南宁参展的承诺,但也提供了50多辆、价值共4 000万元左右的名车,基本履行了合同约定;而海韵景天认为,中联桂政所到名车与合同约定有差异,不愿按合同支付余款,双方发生纠纷。经过多轮谈判,中联桂政同意海韵景天在车展结束后只需支付160万元即算履行合同,但需预付50万元。双方同意以此方案执行,并就此签定了补充合同。补充合同规定,海韵景天不再追究车型、数量不符问题。后期实际运作时海韵景天没有实际兑现承诺,中联桂政决定撤展。

资料来源:http://bbs.vsharing.com

(二) 会展项目可行性研究的方法

会展项目可行性研究综合应用多种科学有效的方法进行分析、研究和论证,其中较常用的有以下几种:

1. 战略分析

战略分析方法是保证会展项目既能在宏观上满足社会或国民经济发展的需求,又能使其建立在国家的财力、物力、技术水平及自然资源的基础上的方法。

对会展项目进行战略分析,就是根据国民经济发展战略方针和总目标,在进行国民经济短期、中期和长期预测的基础上,结合对资源和国民经济布局的研究,选出时域上和空间上布局最理想或最满意的方案。由于项目战略布局分析是极其复杂的,而且影响重大,涉及的因素众多,难度也相当高,其通常是由智囊机构协助领导和决策机关来完成。

2. 调查研究

调查研究是项目可行性研究过程中获取有关资料、数据和信息的有效手段。它不同于一般的调查研究,它的任务是搜集与项目可行性研究内容有关的各种情报和信息,并对涉及会展项目的技术、经济、社会等全局性的关键问题进行调查,使会展项目可行性研究的方案和结论建立在完备、可靠的信息和情报基础之上。调查研究的基本内容主要包括历史背景调查、环境因素调查、现状调查和趋势调查几个方面。

3. 预测技术

预测是人们利用科学文化知识、经验和技术手段,对事物的未来或未知状况预先做出的推知或判断,现代预测建立在现代科学理论基础之上,运用现代科学的方法与手段,对未来做出科学的预见,预测分析的基本要素由预测者、预测依据、预测方法和手段、预测对象和预测结果等构成。预测方法分为定性预测法和定量预测法。

4. 模型方法

模型是抽象地描述现实系统特征和变化规律的一种表示方式。由于模型是描述现实的,它必须反映实际,但是它又具有抽象的特征,因此又高于实际。模型方法在各种研究领域中都有广泛的应用,特别是在无法进行现实实验的情况下,可采用模型方法进行模拟实验。即使可以对现实进行试验,使用模型也往往比现实实验更简便、容易操作、易于理解,同时还可以节约时间和经费。模型方法具有更具体、更集中、更深刻地反映客观实体的特点,是会展项目可行性研究中运用的基本方法之一。

5. 智囊技术

智囊技术是在邀请专家拟制多种咨询方案时运用的一种方法。在会展项目可行性研究中运用智囊技术对产生方案的多少和优劣关系重大。智囊技术有很多,常用的有头脑风暴法、哥顿法、对演法、缺点例举法、希望例举法等。

(三) 会展项目可行性研究的步骤

1. 调查研究与搜集资料

项目组在清楚了解会展意图和要求的基础上,查阅有关会展项目举办地区的经济、社会和自然环境等情况的资料,拟订调查研究提纲和计划,由项目负责人组织有关专业人员赴现场进行实地调查和专题抽样调查,收集整理所得的技术经济资料。

2. 方案设计与选优

根据项目建议书,结合市场和资源的调查,在搜集整理了一定的设计基础资料和技术经济基本数据的基础上,提出若干可供选择的方案,进行比较和评价,从中选择或推荐最佳方案。

3. 经济分析和评价

按照项目经济评价方法的要求,对推荐的方案进行详细的财务分析和国民经济分析,计算相应的评价指标,在经济分析和评价中,还需进行不确定性分析。

4. 编写项目可行性研究报告

在对会展项目方案进行技术经济论证和评价后,会展项目负责人组织项目可行性研究工作人员,分别编写详尽的项目可行性研究报告,在报告中可推荐一个或几个可行的方案,也可提出项目不可行的结论意见或项目改进的建议。

5. 调整资金筹措计划

会展项目资金筹措的可能性,在可行性研究之前就应有一个初步的估计,这也是进行财务、经济分析的基本条件,如果资金来源得不到保证,可行性研究也就没有存在的意义。在这一步骤中,应对项目资金来源的不同方案进行比较分析,并对拟运行项目的实施计划做出决定。此外,由于项目实施情况的变化,也可能导致资金使用情况的改变,因此,编制相应的资金筹措计划是很有必要的。

(四) 会展项目可行性研究报告的撰写规范

会展项目可行性研究报告应包括以下内容:

(1) 总论;
(2) 项目背景和发展情况;
(3) 项目 SWOT 分析与定位;
(4) 项目规模与客源分析;
(5) 项目营销思路;
(6) 项目选址与建设内容;
(7) 项目组织管理模式与运营安排;
(8) 投资估算与资金筹措;
(9) 项目风险与对策分析;
(10) 财务、经济和社会等效益分析;
(11) 结论和建议。

第四节 会展项目的经济评价

为什么要对会展项目进行经济评价?

一、会展项目经济评价的概念及进行评价的作用

所谓会展项目经济评价,是指办展机构从微观(会展项目的生产成本)和宏观(会展项目所产生的效益)角度出发,考察会展项目主观和客观发生的经济效果。它是可行性研究的重要组成部分,内容包括国民经济评价和财务评价。

会展项目经济评价的主要作用包括如下几个方面:

(1) 它是认识会展项目活动的规律性,用以指导项目有效运行,提高效益的有效方式。
(2) 它对提高会展举办单位素质,增强会展活动的活力具有极大的推动作用。
(3) 它有助于会展举办单位自觉运用价值规律,加强经济核算,提高举办单位的经营效果。
(4) 通过分析与评价,为会展举办单位的项目决策提供主要依据。

二、会展项目经济评价的原则

会展项目经济评价涉及面广,内容复杂,为提高评价的质量,准确反映客观实际,在进行评价时应坚持如下原则:
(1) 局部效益与整体效益相统一;
(2) 眼前效益与长远效益相结合;
(3) 价值与使用价值的统一;
(4) 定性分析与定量分析相结合;
(5) 技术上的先进性、经济上的合理性与实际上的可行性的统一。

三、会展项目经济评价的主要方法

1. 比较分析法

它是指把在会展项目运作过程中通过调查、统计所取得的资料或数据进行加工整理,按可比性原则分类、归纳,进行对比分析,以此得出项目效益大小,并为项目决策提供依据的一种常用方法。比较分析法又分为平行比较、分组比较和动态比较三种,一般是根据评价的对象和要求,分别采用不同的比较方法进行比较分析和评价。

2. 试算分析法

又称预算分析法,一般用于预测和决策分析。进行试算分析的过程也就是对会展项目方案或措施的经济效益做预测性评价的过程。它根据会展项目的定额资料、历史数据进行试算分析,预计方案或措施的经济效益。

3. 因素分析法

它又称连环代替法,是分析多种因素对会展项目的经济效益影响程度的一种方法,采用因素分析的办法确定会展项目的各个因素变动对指标影响的程度,运用这种方法时,把各个因素按照顺序逐一替换,对比分析。

4. 历史考查法

利用现有统计资料和文献材料,对与某一会展项目相类似的会展项目在不同时期的经济效益进行对比分析,以评价经济效益水平,这一方法是通过一系列的指数将基础、报告期与历史发展水平或最高水平进行对比,这种方法直观简明,只需从历史数据资料中就可找到评价的依据,这是一种事后评价方法,也是评价会展经济效益的主要方法。

5. 专家评价法

这是一种定性分析与定量分析相结合的评价方法。它是根据不同的会展项目来确定评价标准,并对评价标准分别用五级方法或百分法计算,最后由参加评价的专家对评价项目或方案进行打分后得出会展项目或会展方案的总分,以得分多少为序决定会展项目有效与否或项目可行与否的一种评价方法。

除了以上五种较为常用的评价方法外,还有投资回收期评价法、利润率评价法和综合评价法等。

四、会展项目经济评价的主要内容

(一) 会展项目的财务评价

1. 会展项目财务评价的概念及其意义

会展项目财务评价,又称为会展项目财务分析或会展经济效益评估,它是指在财务预测的基础上,根据国家现行价格和现行经济、财政、金融等制度的各项规定,在筹备会展时所确定的价格基础上,分析预算项目的效益和费用,考察项目的获利能力、清偿能力及外汇效益等财务状况,以判别会展项目在财务上的可行性的经济评价方法。它是会展项目经济评价的主要组成部分。

对会展项目进行财务评价的主要意义在于:第一,会展项目财务评价是会展项目决策的依据,因为它有助于选择经济效益最佳的会展项目,增加会展举办机构的经济效益与社会效益,实现会展举办机构的扩大再生产,建设更多的项目;第二,搞好会展项目的财务评价,提高会展项目的经济效益,是满足人民物质和文化生活的需要,实现社会主义生产目的的重要保证。

2. 会展项目财务评价的主要内容及步骤

(1) 选取财务评价基础数据与参数,包括主要投入物和产出物财务价格、税率、利率、汇率、计算期、固定资产折旧率、无形资产和递延资产摊销期限、生产负荷及基准收益率等基础数据和参数。

(2) 计算销售收入,估算投入成本费用。

(3) 编制财务评价报表,主要有:财务现金流量表、损益和利润分配表、资金来源与运用表、借款偿还计划表。

(4) 计算财务评价指标,进行盈利能力分析和偿债能力分析。

(5) 进行不确定性分析,包括敏感性分析、盈亏平衡分析和概率分析。

(6) 编写财务评价报告。将计算出的会展项目经济效果评价指标值与国家有关部门公布的基本值加以比较,结合确定性分析的结果进行综合分析,最后从财务角度对会展项目可行与否做一个结论性的评价报告。

3. 会展财务评价的要点

(1) 预测、估算和分析会展项目的基础数据。

在选取基础数据时,主要注意采集如下数据:

① 会展项目价格。合适的会展项目价格是提高会展竞争力,获取更多市场份额的先决条件之一,同时,它也是会展进行财务分析的一个重要基础。

② 会展项目成本费用估算。会展项目成本估算(Cost Estimating)是为完成会展项目各项任务,根据资源计划中所确定的资源需求(包括人力、设备、材料等),以及市场上的资源信息,对所需要的资源成本的近似估算。简言之,项目成本估算就是会展项目形成过程中所耗用的各种费用的总和。会展项目的成本费用通常包括:展览场地费、宣传推广费、招商招展费、技术交流活动费、研讨活动费、会展现场布置费、礼品或纪念品费、嘉宾接待费、酒会费、会展现场布置费、礼品费、纪念品费、外请会展临时工作人员费、办公费与人员费、税收以及意外费用等等。

③ 会展项目收入估算。举办一个会展的收入包括：展位费收入、门票收入、广告和企业赞助收入以及其他相关收入。

（2）编制和分析财务报表。

首先，编制辅助报表，辅助报表是编制财务评价基本报表的基础，包括固定资产投资估算表、总成本费用估算表、流动资金估算表、投资计划与资金筹措表、单位展位成本估算表等。然后在此基础上编制基本财务报表，包括现金流量表、损益表、资金来源与动用表以及资产负债表。

（3）财务评价。

依据财务基本报表计算各项评价指标。会展财务评价指标可以分为项目赢利能力分析指标和清偿能力分析指标。

① 会展项目赢利能力分析。

该项目分析包括：

a. 静态投资回收期（Pt），又叫投资返本期或投资偿还期。它是指用项目净收益抵偿全部投资所需的时间长度，即收回办展总投资所需要的时间。投资回收期越短越好，当它小于等于基准静态投资回收期时，项目可以接受。

b. 动态投资回收期（Pd）。它是指在考虑货币的时间价值的情况下计算的投资回收期。当它大于基准动态投资回收期时，项目应予以拒绝。

c. 净现值（NPV）。它是指会展项目计算期内，按待业基准收益率或其他设定的折现率，将方案寿命期内各年的净现金流量折算到期初的现值的代数和。如果净现值大于零，该会展就值得办，否则反之。

d. 净现值率（NPVR）。其反映了投资资金的利用效率，常作为净现值的辅助指标。净现值率是指按基准收益率求得的会展项目计算期内的净现值与其全部投资现值的比率。如果净现值率大于或等于零，该会展就值得举办。否则反之。

e. 内部收益率（IRR），又称内部报酬率，是指能使会展项目的净现值等于零时的折现率。如果内部收益率大于基准收益率，该会展就值得办。

f. 投资利润率。它是指一个正常年度办展所获利润占投资总额的比例。投资利润率越高越好，且不能低于无风险投资利润率。

g. 投资利润率。它是指一个正常年度办展的利税占投资总额的比例。

h. 资本金利润率。它是指一个正常年度办展所获的年利润占投资本金的比例，它反映投入项目的资本金的赢利能力。

② 会展项目清偿能力分析。

a. 资产负债率，即项目负债总额与资产总额的比率，是反映项目各年所面临的财务风险程度及偿债能力的指标。

b. 流动比率：项目流动资产总额与流动负债总额的比率，是反映项目各年偿付流动负债能力的指标。

c. 速动比率，即指速动资产与流动负债总额的比率，是反映项目快速偿付流动负债能力的指标。其表达式为：

$$速动比率 = (流动资产 - 存货) / 流动负债$$

案例 2-2

基于现金流量表的财务评价

某企业拟建设一个会展场馆,以承接和举办国内外的各种展会,各项基础数据如下:

1. 该项目的建设期为1年,运营期为8年。
2. 建设期间固定资产投资为700万元(不含贷款利息),其中有300万元从中国银行贷款,贷款利率为10%。700万元全部形成固定资产。固定资产使用年限10年,残值率为5%,按照平均年限法计算折旧。
3. 投产当年投入资本金200万元,作为流动资金。
4. 运营期,正常年份的展会收入为500万元,经营成本200万元,年总成本费用为300万元。运营期第一年使用负荷为80%,第二年达到设计使用能力。投产的第一年所举办展的收入和经营成本均按正常年份的80%计算。
5. 运营收入税金及附加税率为6%,所得税税率为33%。
6. 该行业基准收益率10%,基准投资回收期为7年。
7. 折现系数取4位小数,其余计算结果保留2位小数。

问题:

1. 计算销售税金及附加、所得税。
2. 编制该项目全部投资现金流量表(见表2-1)及其延长表。
3. 计算项目的静态投资回收期、动态投资回收期。
4. 计算项目财务净现值和财务内部收益率。

表2-1 某拟建项目的全部资金流量数据表 单位:万元

序号	项目	建设期	投产期							
		1	2	3	4	5	6	7	8	9
	使用负荷		80%	100%	100%	100%	100%	100%	100%	100%
1	现金流入									
1.1	举办展会收入									
1.2	回收固定资产余值									
1.3	回收流动资金									
2	现金流出									
2.1	固定资产投资									
2.2	流动资金投资									
2.3	经营成本									
2.4	运营税金及附加									
2.5	所得税									
3	净现金流量									
4	累计净现金流量									
5	折现系数 $i_c=10\%$	0.9091	0.8264	0.7513	0.6830	0.6209	0.5645	0.5132	0.4665	0.4241
6	折现净现金流量									
7	累计折现净现金流量									

（二）会展项目的国民经济评价

1. 国民经济评价方法的含义

国民经济评价也称经济评价，是与财务评价方法相对照的评价方法。会展经济的国民经济评价是会展项目经济评价的核心部分，是会展项目决策的主要依据。它是从国家角度考察项目的费用和效益，用影子价格、影子汇率和社会折现率计算和分析会展项目对国民经济的净贡献（净效益），以评价项目经济上的合理性。这种方法是从宏观角度出发，考察会展项目客观发生的经济效果，通常运用影子价格、影子汇率、社会折现率、贸易费用率、影子工资等工具或通用参数，计算和分析项目为国民经济带来的不定期净效益，从而决定项目取舍。

2. 会展项目国民经济评价方法的特点

（1）使用独特的一套价格体系——影子价格。

影子价格是经济评价中的一个十分重要的概念。影子价格既非政府价格，也不是现实的市场价格，而是根据经济分析的需要人为产生的一种计算价格。从理论上讲，影子价格是在完全竞争市场条件下，资源得到充分利用时的市场价格。它反映了生产要素和商品的真实价格，也反映了它们的稀缺程度。影子价格的概念最早源于线性规划，用线性规划求解资源最优分配方案时，其对偶解相当于一组价格，运用这组价格进行经济分析，可达到资源最优分配的目的。由于这组价格并非真实的价格，故称影子价格。影子价格是实现资源最优分配的理想价格体系，国民经济评价方法用变通的办法寻求影子价格的近似值，用来代替理想价格进行项目的经济效果评价。

（2）采用全国统一使用的参数。

国民经济评价方法中运用的参数在一定时期内是一个研究值，任何建设项目做国民经济评价都适用。这些参数包括社会折现率和修正汇率等。

① 社会折现率。社会折现率是国家根据经济建设的需要，由有关部门制定的统一的折现率。它是国家规定的把将来各种费用折算成现值并适用于各行各业的统一的折现率。它用于国民经济评价中净现值、内部收益率等的计算或分析，是以全社会平均收益水平为基础，以风险报酬率和资金供应状况等为依据做定期调整、修正而确定的。

② 修正汇率。国家公布的外汇兑换率叫官方汇率。官方汇率能否真正代表其真实的社会价值一般与这个国家当时的外汇收支密切相关。如果国家的外汇收入情况好，而且长期处于"顺差"状态，其所规定的外汇汇率大体上能反映外汇的社会价值和市场价值。这时项目经济评价就可以直接使用官方汇率。反之，如果长期处于"逆差"状态，则官方汇率一般都高于其社会价值。这时项目经济评价就不能直接使用国家规定的官方汇率而应进行必要的调整。这种调整后的汇率就称为调整汇率或修正汇率（AER）。

3. 会展项目国民经济评价方法的程序

第一，根据国民经济评价指标所要求的基础数据，列出需进行调查和调整的内容；

第二，针对需调查和调整的内容，逐项确定其影子价格；

第三，将影子价格引入后测算出项目的费用和效益；

第四，计算国民经济评价的费用、效益、各项评价指标及现金流量表，包括静态指标和运

用资金时间价值计算的动态指标;

第五,选定评价基准;

第六,评价和决策。

4. 项目经济评价结论的处理

不同的会展项目对评价的要求不同,有些会展项目只需做国民经济评价,有些会展项目只需做财务评价,有些会展项目则必须同时做财务评价和国民经济评价。如果两评价兼做,按照我国的规范,只有国民经济评估可行,会展项目才可行。如果财务评价可行,而国民经济评价不可行,会展项目也不可行。

本章小结

　　会展项目立项,是指承办会展活动的相对人,以书面报告形式向相关行政主管部门进行项目申请,并最终获得相关行政主管部门批准或承认的过程。会展项目需求分析是指会展项目投资者通过对会展项目的市场需求、社会需求、公众需求以及投资者自身发展需求的综合分析,确定项目的方向以及项目投资的必要性,为投资决策提供必要的准备工作。其主要内容包括国家和地区、社会需求分析、消费群体、会展项目举办方和会展项目实施中的需求分析等。

　　会展项目选择应坚持的原则有:效益性原则、可行性原则、创新性原则和灵活性原则等;会展项目投资分析的一般原理有:时间价值原理、价值分析原理、成本效益分析原理和方案比较法原理等;会展项目可行性研究的内容包括:市场环境分析、会展项目生命力分析、会展执行方案分析、会展项目财务分析等。会展项目经济评价,是指办展机构从微观(会展项目的生产成本)和宏观(会展项目所产生的效益)角度出发,考察会展项目主观和客观发生的经济效果。会展项目经济评价的原则包括:局部效益与整体效益相统一、价值与使用价值的统一、定性分析与定量分析相结合、技术上的先进性、经济上的合理性与实际上的可行性的统一。会展项目经济评价的主要方法有:比较分析法、试算分析法、因素分析法、历史考查法、专家评价法等。

 复习与思考

1. 会展立项和审批的概念是什么?请举例说明报批与报批之间的联系与区别。
2. 会展项目选择时要考虑哪些因素?
3. 会展项目立项策划的具体内容包括哪些?
4. 会展项目可行性研究的主要内容是什么?
5. 会展项目国民经济评价的与财务评价的概念以及它们之间的联系与区别是什么?

 案例分析

广交会给广州带来了什么?

上海进博会、北京服贸会、广州广交会被称为国内的"三大展会",处在国家级展会的第一矩阵。在"三大展会"中,广交会资格最老。广交会全称中国进出口商品交易会,是中国历史最长、层次最高、规模最大、商品种类最为齐全、到会采购商最多而且分布的国别最为广泛、成交效果最好的综合性国际贸易盛会。

在广交会举办的60多年间,中国外贸随之快速蓬勃发展。1957—2020年,中国外贸进出口增长了3 000多倍,跃居世界第一贸易大国。广交会自创办以来,累计出口成交额超过1.4万亿美元,它在各个时期都是中国外贸出口的重要渠道。

1957—1966年,广交会成为新中国最早对外开放的窗口之一,打通了对东南亚乃至对西方的贸易通道。在向外打通外贸动脉的同时,诞生于广州的广交会,也刺激着广州乃至全国经济的发展。随着广交会规模的日渐庞大,来往客商数量之多令当时广州的酒店供应告急。在这样的背景之下,1979—1984年,广州兴建和改造了大批宾馆酒店,广州一度成为全国五星级酒店最多的城市。

历史上,广交会曾经4次迁址,从中苏友好大厦,到侨光路、起义路、流花路展馆,再到如今的琶洲展馆。在场馆的变迁之中,浓缩着一部中国外贸出口史和中国不断融入世界经济大循环的发展史。从早期兴建的大批涉外宾馆,到城市火车站、汽车站和旧白云机场等交通枢纽,不少城市地标的选址都与广交会的区位有关。在广交会还在广州流花地区举办时,流花地区俨然就是广州面向国际的窗口。后来,广交会迁址琶洲,同样带动了周围商贸、交通和服务业发展。

广交会给广州带来的,不仅是新奇的事物、更为完善的城市配套、更加快速的城市规划发展,更有会展带来的链式产业发展——从酒店住宿到餐饮食品,从交通运输到仓储,从公关到翻译,广交会的发展带动着与会展有关的经济产业链的蓬勃发展。广交会带来的人流,直接或间接地带动了广州及周边地区的餐饮、住宿、旅游、交通等多方位消费。广交会对提升广州商贸国际化水平,扩大优质商品进口,促进本地消费,发挥广州对周边城市和东南亚国家经济发展辐射作用具有不可低估的贡献。可以说,广交会在一定程度上塑造了广州的城市格局。

对于国内其他城市来说,广交会对广州的改变,就像城市会展经济的一堂大课,展示了大型会展对城市发展的带动作用。

资料来源:http://brand.icxo.com

讨论题

1. 成功的会展活动对城市经济发展的促进作用主要表现在哪些方面?
2. 举办该活动的市场分析应从哪些方面进行?
3. 结合这一项目,谈谈会展项目可行性研究的特点。
4. 结合本案例,谈谈评价会展活动的综合效益应从哪些方面入手?

第三章

会展项目组织管理

 学习目标

学完本章,你应该能够:
1. 掌握会展项目管理组织机构设置原则;
2. 理解会展项目组织结构的类型;
3. 掌握会展项目团队建设的方式;
4. 理解会展项目经理的角色定位;
5. 了解会展项目人力资源管理。

 基本概念

会展项目组织　会展项目团队　会展项目经理

第一节　会展项目组织

什么是会展项目组织?

一、会展项目组织的概念

会展项目组织是为完成会展项目而建立的组织,一般也称为会展项目班子、会展项目管理班子、会展项目组等。一些大中型会展项目组织叫会展项目经理部,由于会展项目管理工作量很大,因此,会展项目组织专门履行管理功能,具体的技术工作由他人或其他组织承担。而有些会展项目由于管理工作量不大,没有必要单独设立履行管理职责的班子,因此,其具体技术性工作和管理职能均由会展项目组织成员承担。

会展项目组织的具体职责、组织结构、人员构成和人数配备等会因会展项目性质、复杂程度、规模大小和持续时间长短等有所不同。会展项目组织可以是另外一个组织的下属单位或机构，也可以是单独的一个组织。会展项目组织的一般职责是会展项目规划、组织、指挥、协调和控制。会展项目组织要对会展项目的范围、费用、时间、质量、风险、人力资源和沟通等多方面进行管理。

二、会展项目管理组织机构设置原则

1. 目的性原则

会展项目组织机构设置的根本目的，是为了产生组织功能实现会展项目目标。从这一根本目的出发，就应因目标设事，因事设岗，因职责定权力。

2. 精干高效原则

大多数会展项目组织是一个临时性组织，会展项目结束后就要解散，因此，会展项目组织应精干高效，力求一专多能，一人多职，应着眼于使用和学习锻炼相结合，以提高人员素质。

3. 会展项目组织与企业组织一体化原则

会展项目组织往往是企业组织的有机组成部分，企业是它的母体，会展项目组织是由企业组建的，会展项目管理人员来自企业，会展项目组织解体后，其人员仍回企业，所以会展项目的组织形式与企业的组织形式密切相关。

三、会展项目组织结构的类型

会展项目组织结构类型有许多，常见的有工作队式、部门控制式、项目型和矩阵型等类型。

（一）工作队式

1. 特征

（1）会展项目经理在企业内抽调职能部门的人员组成管理机构。

（2）会展项目管理班子成员在会展项目工作过程中，由会展项目经理领导，原单位领导只负责业务指导，不能干预其工作或调回人员。

（3）会展项目结束后机构撤消，所有人员仍回原在部门。

2. 适用范围

适用于大型会展项目，工期要求紧，要求多工种、多部门密切配合的会展项目。

3. 优点

（1）能发挥各方面专家的特长和作用。

（2）各专业人才集中办公，减少了扯皮和等待时间，办事效率高，解决问题快。

（3）会展项目经理权力集中，受干扰少，决策及时，指挥灵便。

（4）不打乱企业的原有结构。

4. 缺点

（1）各类人员来自不同部门，具有不同的专业背景，配合不熟悉。

(2) 各类人员在同一时期内所担负的管理工作任务可能有很大差别,很容易产生忙闲不均。

(3) 成员离开原单位,需要重新适应环境,也容易产生临时观点。

(二) 部门控制式

1. 特征

按职能原则建立会展项目组织,把会展项目委托给某一职能部门,由职能部门主管负责,在本单位选人组成会展项目组织。

2. 适用范围

一般适用于小型的,专业性较强,不需涉及众多部门的会展项目。

3. 优点

(1) 人事关系容易协调。

(2) 从接受任务到组织运转,启动时间短。

(3) 职能专一,关系简单。

4. 缺点

不适应大会展项目需要。

(三) 会展项目型

1. 特征

企业中所有人都是按会展项目划分,几乎不再存在职能部门。

2. 优点

会展项目型组织的设置能迅速有效地对会展项目目标和客户的需要做出反应。

3. 缺点

资源不能共享,成本高,会展项目组织之间缺乏信息交流。

4. 适用范围

适用于同时进行多个会展项目的企业。

(四) 矩阵型组织

1. 特征

(1) 会展项目组织与职能部门同时存在,既发挥职能部门的纵向优势,又发挥会展项目组织的横向优势。

(2) 专业职能部门是永久性的,会展项目组织是临时性的。职能部门负责人对参与会展项目组织的人员有组织调配和业务指导的责任。会展项目经理将参与会展项目组织的职能人员在横向上有效地组织在一起。会展项目经理对会展项目的结果负责,而职能经理则负责为会展项目的成功提供所需资源。

2. 适用范围

适用于同时承担多个会展项目的企业。

3. 优点

(1) 将职能与任务很好地结合在一起,既可满足对专业技术的要求,又可满足对每一会展项目任务快速反应的要求。

(2) 充分利用人力及物力资源。
(3) 促进学习,交流知识。

4. 缺点
(1) 双重领导。
(2) 各会展项目间、会展项目与职能部门间容易发生矛盾。
(3) 会展项目组成员不易管理。

四、会展项目组织结构的设计与选择

除了上述这几种常见的组织结构之外,还有其他的组织结构形式。每一种组织结构形式都有其优点、缺点和适用条件,没有一种万能的、最好的组织结构形式。对不同的会展项目,应根据会展项目具体目标、任务条件、会展项目环境等因素进行分析、比较,设计或选择最合适的组织结构形式。一般来说,部门控制式的组织结构适用于会展项目规模小、专业面窄、以技术为重点的会展项目;如果一个组织经常有多个类似的、大型的、重要的、复杂的会展项目,应采用会展项目式的组织结构;如果一个组织经常有多个内容差别较大、技术复杂、要求利用多个职能部门资源的会展项目时,比较适合选择矩阵式组织结构。如果要完成一个大型的、重要的、复杂的、要求利用多个职能部门资源的会展项目则可采用工作队式。

案例 3-1

人在会展项目和工程技术项目中的角色差异

会展项目的工作大都是由人具体做的,其中的隶属关系、指挥关系、配合协调关系、衬托呼应关系、责任关系都是由人与人(或执行者与执行者、责任者与责任者)、人与事、人与时间、人与空间的关系体现出来的。是人与人(或部门与部门)的互动和协同,是人或部门对责任的履行,是在预定事项可能发生也可能不发生的情况下的责任伴随过程。特别是在几乎完全由人执行的"软性活动"的计划中,如活动安全计划、宣传推广计划、活动期间卫生及环境保障等,更加体现这一特点。

而工程技术项目中,有些作业纯粹是工程技术顺序、工艺关系使然,或者是人与技术、工艺、工具、作业对象一起发挥作用。比如大坝浇注、生产线运行、管道包扎、编写程序、主体吊装、系统调试等等,无不是人与客观对象或资源的共同过程。而机械运转、承重梁养护、干燥、降温、自动检测等等过程则不需要人力资源。

这个"本质的不同"给工程技术项目和会展项目的管理带来很大的差异。

资料来源:http://www.mypm.net/

第二节 会展项目团队

如何组建会展项目团队？

一、会展项目团队成员应具备的素质

会展项目的运作由若干细节和目标组成，这些目标的实现取决于会展项目的复杂程度、风险、大小、时间限制、会展项目团队的经验、资源的多少、历史信息的多少、各个组织部门对会展项目管理的熟练程度等等，因此会展项目管理要求管理团队成员必须具备以下素质：

（1）遵守"职业道德"，遵守"职业行为规范"。会展项目的管理团队，其组织文化与作风对会展项目的影响至关重要。组织文化包括共同的价值观、规范、信念、期望、工作方针和办事程序、工作道德、工作时间等等，比如一个进取心较强或具有开拓精神的团队往往可以促进会展项目的良好运作；一个等级界限分明的组织，作风官僚、专横的领导可以使会展项目团队和运作受到消极影响。

（2）会展项目管理团队成员对会展项目背景的理解、研究是会展项目成功运作的关键。管理团队成员对会展项目背景理解得越多、越透彻，就可以更具体和更好的进行会展项目的运作和管理。否则，会对会展项目的目标、结果造成一定的负面影响。管理团队应综合考虑的背景情况有：会展项目所处的文化、社会、国际、政治和自然环境以及这些环境之间的关系；文化与社会环境涉及经济、人口、教育、道德、种族、宗教状况等等；国际与政治环境涉及相应的国际、国家、地区形势和当地的法律习惯、商务习俗，以及影响会展项目的政治气候等等。总之，对会展项目背景的充分理解和研究对会展项目本身的成功运作起到至关重要的作用。

（3）会展项目管理团队成员应具备会展项目管理的知识体系与技能，如会展专业应用领域的知识、标准、规章制度、基本的外语知识、组织能力等。

（4）会展项目管理团队成员需要掌握和处理好人际关系的沟通技能，具备在国内、国外有效沟通、交流的能力；能够对相关组织和部门施加影响以取得领导支持的能力；会展项目管理的领导还需要具有构建远景和战略，激励下属团队实现目标的能力；掌握谈判与冲突管理的能力；与有关会展相关人及单位商讨、取得一致或达成协议的能力；解决问题的能力，即识别、分析、解决问题和及时做出决定的能力。

需要注意的是，有些会展项目经理在学习会展项目的时间管理工具及方法以后，就以为可以实现对会展项目的跟踪控制了，其实不然，这些工具都是通过人来发生作用，活动也是由人来完成的，因此会展项目经理不能把太多心思花在工具上，而是学会利用工具来协调人与资源的矛盾冲突。

二、会展项目团队成员的选择标准

会展计划和执行的成功很大程度上取决于会展项目经理和会展项目团队,组建一支高效的会展项目团队不仅是一项技术,更是一门艺术。会展项目团队成员选择的标准有:

(1) 尽职尽责。会展项目经理必须明确每位团队成员都会优先完成他们在会展中的职责,团队成员必须积极主动地履行职责,不需要会展项目经理不断的提醒进度和可交付成果。

(2) 分担责任。这意味着团队成员要荣辱与共,共同分担成功与失败。当会展项目中出现问题时所有人应尽可能提供帮助,如果一位团队成员遇到难题,其他人应提供无私的帮助。

(3) 灵活。团队成员必须适应多变的环境,在会展项目工作中不能说"这不是我的责任"。会展项目进度可能会在最后一分钟因为意外而改变,团队优先考虑的应是会展项目的成功,而不是会展项目团队成员每个人的工作进度。

(4) 任务导向。团队成员必须以结果为导向。

(5) 依据进度和约束完成工作的能力。以结果为导向意味着在计划的时间框架下完成分派的任务,而不是寻找种种不能完成的托词。人们很容易将自己工作延误归咎于他人工作的延误,团队成员需要按照计划完成他们的工作。

(6) 互相信任与支持。互相信任与支持是一个高效团队的灵魂,这意味着每个团队成员必须贯彻精诚合作的精神。通过观察团队成员与其他成员的互动,就能很明显的看出团队成员是否具有这一品质,缺乏这一品质的成员很难在团队内有效地工作。

(7) 团队导向。团队导向是指优先考虑团队的利益。

(8) 能够接受不同观点。能够接受不同观点的团队成员在遇到问题时能欢迎和鼓励其他成员阐述他们的观点和解决方案。成员的目标是团队的成功,而不是个人的荣誉。

(9) 跨越部门和权限工作的能力。在临时组织中,会展项目通常跨越组织界限,跨部门团队普遍存在,这要求有着不同商业理念的人一起工作,很多成员有着不同的价值观和做事风格,成员的适应性、灵活性和开放性是团队的宝贵财富。在确定了会展项目团队成员之后,要给予团队成员相应的权限与责任,并确定团队工作的规则,这些对会展项目的顺利完成起着非常重要的作用。

三、会展项目团队建设

团队建设涉及到很多方面的工作,例如会展项目团队能力的建设、团队士气的激励、团队成员的奉献精神培养等。团队成员个人发展是会展项目团队建设的基础。

通常情况下,会展项目团队成员既对职能经理负责,又对会展项目经理负责,这样会展项目团队的组建经常变得很复杂。对这种双重汇报关系的有效管理经常是会展项目成功的关键因素,也是会展项目经理的重要责任。

进行会展项目团队建设时通常会采用以下几种方式。

1. 团队建设活动

团队建设活动包括为提高团队运作水平而进行的管理和采用的专门的、重要的个别措施。例如：在计划过程中邀请非管理层的团队成员参加，或建立发现和处理冲突的基本准则；尽早明确会展项目团队的方向、目标和任务，同时为每个人明确其职责和角色；邀请团队成员积极参与解决问题和做出决策；积极放权，使成员进行自我管理和自我激励；增加会展项目团队成员的非工作沟通和交流的机会，如工作之余的聚会、郊游等，提高团队成员之间的了解和交流。这些措施作为一种间接效应，可能会提高团队的运作水平。团队建设活动没有一个定式，主要根据实际情况进行具体的分析和组织。

2. 绩效考核与激励

它是人力资源管理中最常用的方法。绩效考核是通过对会展项目团队成员工作业绩的评价，来反映成员的实际能力以及对某种工作职位的适应程度。激励则是运用有关行为科学的理论和方法，对成员的需要予以满足或限制，从而激发成员的行为动机，让成员充分发挥自己的潜能，为实现会展项目目标服务。

3. 集中安排

集中安排是把会展项目团队集中在同一地点，以提高其团队运作能力。由于沟通在会展项目中的作用非常大，如果团队成员不在相同的地点办公，势必会影响沟通的有效性，影响团队目标的实现。因此，集中安排被广泛用于会展项目管理中。例如，设立一个"作战室"，队伍可在其中集合并张贴进度计划及新信息。在一些会展项目中，集中安排可能无法实现，这时可以采用安排频繁的面对面的会议形式作为替代，以鼓励相互之间的交流。

4. 培训

培训包括旨在提高会展项目团队技能的所有活动。培训可以是正式的（如教室培训、利用计算机培训）或非正式的（如其他队伍成员的反馈）。如果会展项目团队缺乏必要的管理技能或技术技能，那么这些技能必须作为会展项目的一部分被开发，或必须采取适当的措施为会展项目重新分配人员。培训的直接和间接成本通常由执行组织支付。

在会展项目管理中，团队建设的效果对会展项目的成败起着很大的作用，特别是某些较小的会展项目，会展项目经理可能是由专业骨干转换过来的，对于团队建设和一般管理技能掌握得不是很多，经常容易造成团队成员之间的关系紧张，最终影响会展项目的实施。这就更加需要掌握更多的管理知识以适应会展项目管理的需要。

项目团队的发展阶段

（一）形成阶段

在这一阶段，项目组成员刚刚开始在一起工作，总体上有积极的愿望，急于开始工作，但对自己的职责及其他成员的角色都不是很了解，他们会有很多的疑问，并不断摸索以确定何种行为能够被接受。在这一阶段，项目经理需要进行团队的指导和构建工作。

1. 应向项目组成员宣传项目目标,并为他们描绘未来的美好前景及项目成功所能带来的效益,公布项目的工作范围、质量标准、预算和进度计划的标准和限制,使每个成员对项目目标有全面深入的了解,建立起共同的愿景。

2. 明确每个项目团队成员的角色、主要任务和要求,帮助他们更好地理解所承担的任务。

3. 与项目团队成员共同讨论项目团队的组成、工作方式、管理方式以及一些方针政策,以便取得一致意见,保证今后工作的顺利开展。

(二)震荡阶段

这是团队内激烈冲突的阶段。随着工作的开展,各方面的问题会逐渐暴露。成员们可能会发现:现实与理想不一致,任务繁重而且困难重重,成本或进度限制太过紧张,工作中可能与某个成员合作不愉快。这些都会导致冲突产生、士气低落。在这一阶段,项目经理需要利用这一时机,创造一个理解和支持的环境。

1. 允许成员表达不满或他们所关注的问题,接受及容忍成员的任何不满。

2. 做好导向工作,努力解决问题、矛盾。

3. 依靠团队成员共同解决问题,共同决策。

(三)规范阶段

在这一阶段,团队将逐渐趋于规范。团队成员经过震荡阶段后逐渐冷静下来,开始表现出相互之间的理解、关心和友爱,亲密的团队关系开始形成,同时,团队开始表现出凝聚力。另外,团队成员通过一段时间的工作,开始熟悉工作程序和标准操作方法,对新制度也开始逐步熟悉和适应,新的行为规范得到确立并为团队成员所遵守。在这一阶段,项目经理应注意:

1. 尽量减少指导性工作,给予团队成员更多的支持和帮助。

2. 在确立团队规范的同时,要鼓励成员的个性发挥。

3. 培育团队文化,注重培养成员对团队的认同感、归属感,努力营造出相互协作、互相帮助、互相关爱、努力奉献的精神氛围。

(四)执行阶段

在这一阶段,团队的结构完全功能化并得到认可,内部致力于从相互了解和理解到共同完成当前工作上。团队成员一方面积极工作,为实现项目目标而努力;另一方面成员之间能够开放、坦诚、及时地进行沟通,互相帮助,共同解决工作中遇到的困难和问题,创造出很高的工作效率和满意度。在这种一阶段,项目经理工作的重点应是:

1. 授予团队成员更大的权力,尽量发挥成员的潜力。

2. 帮助团队执行项目计划,集中精力了解掌握有关成本、进度、工作范围的贝体完成情况,以保证项目目标得以实现。

3. 做好对团队成员的培训工作,帮助他们获得职业上的成长和发展。

资料来源:https://www.hxtd.cn/

第三节　会展项目经理

如何成为一名合格的会展项目经理？

一、会展项目经理的角色定位

对于一个成功的会展项目，会展项目经理是不可或缺的主要因素。除了在对会展项目的计划、组织、实施、控制方面发挥领导作用外，会展项目经理还应具备一系列技能来激励会展项目人员完成工作，赢得客户信赖。培养员工的能力、非凡的沟通技巧、良好的人际交往能力、处理压力和解决问题的能力以及管理时间的技能，都是一个卓有成效的会展项目经理所应具备的能力。作为会展项目经理常常要扮演如下的角色：

（一）领导者

会展项目经理对会展项目行使管理权，也对会展项目目标的实现承担全部责任，他所要扮演的角色是任何其他人所不能替代的，会展项目经理是会展项目团队的最高领导人，负责沟通、协商，解决各种矛盾、冲突和纠纷，制定各项明确的目标、目标重要性的排序以及达到各项目标的先后顺序；以项目目标与目标的排序为衡量标准，对于下属的各种建议和意见作出反应；谨慎从事，以身作则，身体力行为下属树立典范；实现领导语言的通俗化，使组织中最基层的人都明了自己的作风和想法。

（二）协调者

一个会展项目会涉及到许多的组织、群体和个人的利益，这些组织、群体或个人都是这一项目的相关利益主体和相关利益者。一个成功的会展项目经理必须协调好与组织内部和组织环境各相关利益者之间的关系。在会展项目管理当中，一个项目的主要相关利益主体通常包括下述几个方面。

（1）会展公司。会展公司是会展项目的投资人和所有者，是会展项目的最终决策者；

（2）会展项目客户。主要是参展商和采购商；

（3）会展项目经理。负责管理整个项目的个人。一个项目的领导者、组织者、管理者和项目管理决策的制定者，也是项目重大决策的执行者。

（4）会展项目团队。从事项目全部或者部分工作的组织和群体，是由一组个体或几组个体作为成员，为实现项目目标而协同工作的群体。

（5）会展项目的其他相关利益主体，包括政府主管部门，行业协会，会展场馆，会展项目直接或间接涉及的市民，搭建商、运输、餐饮、住宿、交通、旅游服务商等等。

（三）资源分配者

"资源分配者"角色的职责是对诸如"谁应该得到什么，以及得到多少"进行决策。或许一位经理所能分配的最重要的资源是他的"宝贵时间"。要演好这一角色必须：

(1) 要有众所周知的分配资源的明确标准；

(2) 资源通常都按目标的先后次序分配；

(3) 有合理的工作分类，适当的授权；

(4) 合理细分会展市场，划分下属的业务范围和业务区域；

(5) 合理地为会展项目团队的时间排定先后顺序；

(6) 对于各种事物不抱成见，应以开诚布公态度来观察。

(四) 谈判者

与其他项目的管理不同，会展项目经理始终处在一个谈判场里面，如制定公司的目标，组成一个会展项目团队，与参展商、采购商交流，甚至为争取政府有关部门的支持等等，几乎每项工作都是一个谈判、讨价还价的过程。对整个会展项目来说，每一个展位的销售都是经过谈判而来的，都是和参展商讨价还价的结果，会展项目经理需要特别注意授权问题，即需要明确"什么样的谈判情况才需要项目经理亲自出场，什么样的情况则留给下属自行处理即可"，否则能力再强、精力再足的项目经理也分身乏术。

(五) 危机管理者

会展行业是在一定的产业基础上发展起来的，受到社会环境多方面因素的影响。制度条件和政治经济形势变化、突发性事件等都有可能带来致命的打击，如新冠病毒感染等事件给我国会展业带来了巨大冲击，许多会展项目被迫延期、取消，许多会展公司难以为继，危机事件直接影响到会展公司的生存状况，这就要求会展项目经理在突发事件面前能保持清醒的头脑，冷静决策，转危为安。

二、会展项目经理的职责权利

(一) 会展项目经理的职责

在一个项目团队中，项目经理的身份是领导者，应该对项目的实施和目标的实现负有最高责任，通过合理组织、周密计划和有效控制，把费用和进度控制在计划目标以内。会展项目经理最根本的职责是确保会展项目目标的实现，满足会展项目有关各方面的要求和期望。

(1) 科学的组织和协调。会展项目经理应选择合理的组织形式和组织结构，使会展项目团队运转顺畅；明确会展项目团队中费用、进度和质量的控制者及其责任，使会展项目的控制落到实处。还应对会展项目团队不同部门之间的关系进行协调。

(2) 制定周密的会展项目计划。会展项目经理应提出多种会展项目实施方案和计划，在分析比较后确定最优会展项目计划。会展项目经理要和会展项目团队就会展项目目标与具体计划进行交流，以便达成共识，利用内部和外部条件，充分发挥各种资源的作用。

(3) 有效控制费用、进度和质量。会展项目经理应对会展项目实施过程进行同步跟踪、收集反馈信息，进行动态调整和控制，尤其是展前的招展、招商工作。

(4) 争取会展项目所需资源。会展项目经理必须将所有应当用于本项目和项目班子的资源置于自己的控制之下。在确定会展项目所需资源时，应该详细、具体、理由充分。

（5）及时决策。会展项目经理需要亲自决策的问题包括实施方案、人事任免及奖惩、进度计划安排、计划调整、合作伙伴选择、合同签订和执行等，要根据会展项目的规模、性质和特点及时做出决策。

（二）会展项目经理的权力

（1）决策权。会展项目经理有权按照项目总体目标，根据会展项目随时出现的人、财、物等资源变化情况进行指挥调度，如决定何时召开会议，怎样分配工作。又如对于会展规模和展出内容，也有权在保证总目标不变的情况下进行优化调整。

（2）人力资源管理权。对会展项目团队组成人员的选择、考核、聘任和解聘，以及对团队组成人员的任职、奖惩、调配、指挥、辞退，都是会展项目经理的权力。

（3）资源支配权。掌管、支配会展项目资源的权力也许是会展项目经理所能拥有的最有效的控制手段，如果能够控制预算，在财务制度允许的范围内，会展项目经理有权安排项目费用的开支；有权在工资基金范围内决定会展项目团队组成人员的计酬方式、分配方法、分配原则和方案，推行刺激性的奖励制度。

（三）会展项目经理的利益

会展项目经理的最终利益主要表现为经济效益和社会效益，一方面，通过岗位工资和业绩提成等方式取得经济效益；另一方面，通过成功组织会展项目来反映其工作能力，可以在业内树立良好的社会形象，为今后的职业生涯提供更广阔的发展空间。

会展项目经理的最终利益是会展项目经理行使权利和承担责任的结果，也是市场经济下责、权、利相互统一的具体表现。会展项目经理按规定标准享受岗位效益工资和奖金，会展项目结束时按利润比例提成予以奖励（初创项目应该规定在允许亏损数额以上提取奖金）。

三、会展项目经理应具备的素质

现代项目经理是项目管理的中心。项目经理的素质对项目管理的绩效举足轻重，会展行业的特殊性决定了它对会展项目经理的素质有更高要求。会展项目经理需要具备下列三种能力：

（一）团队领导能力

会展项目经理首先必须是一个合格的团队领导者，他所肩负的责任就是领导他的团队准时、优质地完成全部工作，在不超出预算的情况下实现会展项目目标。这就需要会展项目经理必须具备良好的信誉，使会展项目团队成员觉得他是一个有诚信、有效率、有能力项目经理；他必须具有灵活的人际关系，善于在各团队成员之间和公司各支持部门之间进行协调；有广泛的经营常识（不要精通，但要全面），知道各个团队成员所负责工作的功能和经营管理方法，能够正确确定哪些工作应由团队内部的哪些人员完成，哪些工作应交给承包商完成；有卓越的指导能力，能够协助团队成员解决问题，或者懂得什么时候需要聘请外部专家来解决问题；有高度的学习意愿与创新意图，因为他是团队内部营造创新环境、推动创新观念的关键人物。最后也是最重要的一点是他还必须具备激励团队士气、为团队成员创造工作意义的能力。

(二) 会展项目经营能力

很多会展项目经理认为自己是一个执行者而不是计划者,当接受一项任务时,第一个反应就是着手开始解决这个问题。然而在会展经济不断国际化、全球化的今天,会展项目成功必须依靠创新精神与创新能力,因此,会展项目经理必须有与高层一同研拟策略、设定目标并排列目标优先顺序的能力。会展项目经理还是会展项目的设计师,他必须正确设定会展主题、精心设计节目。会展项目经理必须善于着眼于"大画面"的事务,例如会展项目的生命周期、工作分工结构的开发、管理流程变动的实施等等。

(三) 会展项目管理能力

会展项目经理进入项目执行之前,首先要制定一份完备的工作进度表,对展前、展中、展后各个阶段,在什么时间完成什么事进行详细的规划,并在会展项目实施过程中监督执行。会展项目的各项工作是环环相扣的,哪些工作可以"并行",哪些工作必须"串行",哪些工作需要多少资源,都必须认真规划,并在执行过程中做到任务、进度、资源三落实。同时,要知道再完美的计划也会时常遭遇不测,会展项目经理应该能够预测变化并且能够适应变化,在会展项目发生变化时能够及时作出调整。

一个会展项目经理最重要的特质就是具备辨识和解决问题的能力。这同时也决定了会展项目经理要有风险管理能力,能够在信息不完备的情况下做决定,预先进行风险确定、风险冲击分析以及风险应对计划,并在危机事件发生时正确进行处理。另外还有质量管理能力,要熟悉基本的质量管理技术,例如制作和说明质量控制图,尽力达到零缺陷等;合同管理能力,要求掌握较强的合同管理技巧,了解签约中关键的法律原则;交流能力,能与他们的经理、客户、厂商及属下进行有效的交流;成本管理能力,处理诸如成本估计、计划预算、成本控制、资本预算以及基本财务结算等事务;国际事务处理能力,了解国际惯例和相关国家的语言、文化、习惯、法令规章等。

四、选择会展项目经理的标准

选择合适的会展项目经理是会展能够成功举办的重要因素,会展企业可以根据会展项目经理应具有的素质选择会展项目经理,选择的标准主要包括:

(1) 有会展项目管理的背景和经验。

(2) 很好的领导才能和战略眼光。通常会展项目经理需要在缺乏直接管理权限的情况下,取得会展项目团队成员的合作和支持,这就意味着会展项目经理的领导技巧对他的工作特别重要。作为领导者,会展项目经理能否成功还要看他能否将项目和公司战略联系起来,这通常是会展项目经理应处理的关系的核心,也是他处理团队成员关系的一个砝码。

(3) 专业技术。会展项目经理不需要知道会展所涉及的所有细节,但是他确实需要足够的知识知道提出什么问题、如何解释回答、是否已经有足够的信息来进行决策等。

(4) 人际关系。会展项目经理的工作迟早要体现在成功的人际交往上。在会展的整个筹办过程中,会展项目经理需要与项目团队、其他项目经理、职能经理、高层经理、客户、外部承包商和供应商交往,所有这些交往都是对会展项目经理交际能力的挑战,如谈判、处理冲突和解决问题等。

(5) 管理才能。如战略规划、预算计划、员工计划、质量管理、业务过程重构和人事开发等。

除此之外,会展项目经理还应热情、乐观、精力旺盛、坚韧、勇敢和有成熟的性格。学习和发展是伴随人一生的活动,没有止境。人不可能天生具有一名优秀会展项目经理所应具备的的各种能力,必须通过多种方法来培养,如尽可能多地参加会展项目以获取经验;和一些具有你想学习的技能的会展项目经理进行探讨;参加会展培训项目;善于自我批评总结,改正错误;阅读学习相关资料等。

如何提高会展项目经理的能力

第一、学校的正规训练。目前全国已经有百余所大专院校开设了会展专业或会展方向的学历教育,并且有专科、本科、研究生各个培养层次,其中绝大多数是会展管理类专业,会展项目经理是其主要培养目标。但是,对会展专业在校就读的学生来说,最要的还是要学好基础课程,搞好基础训练,研修或选修管理、营销、法律、经济等相关课程,不能只重视实用性的课程。有了牢固的基础,其他各种实用科目在到职后能够在正规与非正规的在职培训中学到。应该说,大学并不是学习管理实务的最佳场所,特别是对于没有对实际工作感性认识的在校学生,把功夫花在实用课程上,往往事倍功半。

第二、职业训练班和职业继续教育。在职会展项目经理应该通过参加各种职业训练班或职业继续教育补充与会展项目管理有关的课程。研究表明,缺乏基础训练的项目经理,在接受企业内部在职训练时效果往往不佳,自我学习时也缺乏吸收能力。

第三、在职训练。在工作过程中不断学习新知识、增加新能力,是任何受过教育的会展项目经理成长的必要条件。正规的在职训练是指企业内部设立的有讲师、有讲义、有正规课程的训练班。现在有越来越多的会展企业开始重视正规训练,会展项目经理要争取每一个接受正规训练的机会,吸收最新知识。此外,企业内部还有大量的非正规训练的机会,包括观摩他人作业、聆听别人的经验介绍、听取他人意见等。不要因为工作忙而推辞参与其他会展项目的讨论,善于帮助别人就是帮助自己。一个一到下班时间就盯着表看的人和一个主动找工作做的人,很快就能分出高下。

第四、自我学习。自我学习是会展项目经理提高自身能力的重要方式。有人说,一个人的成就高低关键看他的业余时间用来做什么。自我学习的方式有:阅读相关书籍和专业杂志。会展行业的杂志仍然非常少,并且多数都是信息性的,最近创办的非信息性杂志以及一些报纸的会展专刊,则是会展项目经理自我修炼的必读材料;选择你认为值得作为学习模范的人,主动拜访他,请他担任你的导师,定期或不定期请教他工作上的各项事务,由他介绍你认识行业前辈,指引你的发展道路;建立广泛的人际网络,在需要时可以获得专业帮助。如果能够在企业内部或者同行业中结交一些能够敞开讨论问题的同仁,经常进行沙龙式聚会,形成一个"智慧圈",则极有利于会展项目经理的在职提高;经常上网,寻找新知识、新技术。利用电子邮件向其他专业人士请教、沟通、交换意见。在相关论坛上交流,对工作有很大的助益。它突破了人们交流方面的时空障碍,使大量信息在很小的空间中聚集,人们可以在更大范围内直接互动、讨论和交流,有利于拓展想象力、从他人的发言中获得启发、及时克服谬误和思维惯性并相互提供心理支持。

资料来源:https://www.sjfzxm.com/

第四节 会展项目人力资源管理

如何进行会展项目的组织规划?

一、会展项目的组织规划

在会展项目管理中"人"的因素极为重要,因为会展项目中所有活动均是由人来完成的。如何充分发挥"人"的作用,对于会展项目的成败起着至关重要的作用。

组织规划包括确定书面计划并分配会展项目任务、职责以及报告关系。任务、职责和报告关系可以分配到个人或团队。这些个人和团队可能是执行会展项目的组织的组成部分,也可能是会展项目组织外部的人员。内部团队通常和专职部门有联系。

在大多数会展项目中,组织规划主要作为会展项目最初阶段的一部分。但是,应当在会展项目全过程中经常性地复查这一程序的结果,以保证它的持续适用性。如果最初的组织规划不再有效,就应当立即修正。

(一)组织规划的输入

由于会展从筹建到结束要经历较长的时间,从数月到数年不等,在每个阶段需要不同技能的人员参加才能满足会展项目进度的需要。人员配备计划确定了何时以及如何增加或减少会展项目团队成员的人数。在编制人员配备计划时要特别注意:当会展项目团队某个成员的工作已经完成且没有其他任务时,应该及时把他撤出会展项目团队,这样可以降低人力成本。人员配备计划一般通过人力资源直方图来表示,如图3-1表示了某会展项目在会展举办的5天时间内,现场需要的人力资源情况,其中会展开幕式和撤展时需要的人员增多。

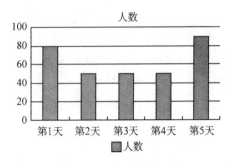

图 3-1　人力资源直方图

1. 会展项目层次

会展项目层次通常有三个方面,这些层面往往同时存在。

组织层面——不同的组织单位之间正式的或非正式的报告关系。组织层面可能十分复杂,也可能非常简单。

技术层面——不同的技术规程之间的正式或非正式的报告关系。技术层面既存在于会展项目各阶段之中,也存在于会展项目各阶段之间。

人际层面——在会展项目中工作的不同个人之间的正式的或非正式的报告关系。

2. 人员需求

人员需求界定了在什么样的时间范围内,对什么样的个人和团体,要求具备什么样的技能。人员需求是在资源规划过程中决定的整体资源需求中的一部分。

3. 制约因素

制约因素是限制会展项目小组选择自由的因素。一个会展项目的组织选择可以从很多方面加以制约。常用的可以制约团队如何组织的因素包括以下几点:

(1) 执行组织的组织结构——一个组织以强矩阵型为基础结构,意味着它的会展项目经理承担着与此相关的重大责任,责任比以弱矩阵型为基础结构的组织中的会展项目经理所担负的更为重大。

(2) 集体协商条款——与工会或其他雇员组织达成的合同条款可能会要求特定的任务或报告关系。

(3) 会展项目管理小组的偏爱——如果会展项目管理小组在过去运用某些特定的管理结构取得过成功,他们就可能在将来提倡使用类似的结构。

(4) 预期的人员分配——会展项目的组织常受专业人员的技术和能力的影响。

(二) 管理规划的手段和技巧

1. 样板法

虽然每个会展项目都是独一无二的,但大多数会展项目会在某种程度上与其他会展项目类似。运用一个类似会展项目的任务或职责的定义或报告关系能有助于加快组织规划程序的运行。

2. 人力资源经验

许多组织有各种政策指导和程序,能在组织规划的各方面为会展项目管理小组提供帮助。

3. 组织理论

会展项目管理小组应从总体上熟悉组织理论的主旨,以便更好地满足会展项目的需要。

4. 相关人员分析

各个相关人员的需求应得到仔细分析,保证他们的要求能得到满足。

(三) 组织规划的输出

1. 任务和职责的分配

会展项目任务（谁做什么）和职责（谁决定什么）必须分配给合适的会展项目相关人员。任务和职责可能会随时间而改变。大多数任务和职责将分配给积极参与会展项目工作的有关人员。会展项目经理的任务和职责在多数会展项目中通常是一致的，但在不同的应用领域会有明显改变。

会展项目角色和职责在会展项目管理中必须明确，否则容易造成同一项工作没人负责的后果，最终影响会展项目目标的实现。为了使每项工作能够顺利进行，就必须将每项工作分配到具体的个人（或小组），明确不同的个人（或小组）在这项工作中的职责，而且每项工作只能有唯一的负责人（或小组）。同时由于角色和职责可能随时间而变化，在结果中也需要明确这层关系。

通过职务分析，会展项目团队可以确定会展项目内部人力资源的角色和责任。如表3-1所示，角色和责任分配的结果通常以责任分配矩阵（RAM, Responsibility Assignment Matrix）来表示。

表 3-1 某会展项目的责任分配矩阵表

项目名称				项目编号				
制表日期				负责人				
编号	工作名称	张三	李四	王明	张文	刘娜	吴兵	欧文
1	立项	P	S					
2	审批	P	S					
3	设计方案			P	S			
4	场地测量			P	S			
5	实施搭建			P		S		
6	服务培训					S	P	
7	开幕式					S		P
8	展期保障		S					P
9	宣传推广				S		P	
10	展后工作	S						P

P（President）——主要负责人，S（Service）——次要负责人

随着会展项目的开展，项目团队成员的角色和责任可能发生一定的变化，因此要根据会展项目的实际情况对责任分配矩阵表进行适当的调整。

2. 人员管理计划

人员管理计划阐述人力资源在何时，以何种方式加入和离开会展项目小组。人员计划可能是正式的，也可能是非正式的，可能是十分详细的，也可能是框架概括型的，这都依照会展项目的需要而定。它是整体会展项目计划中的辅助因素。

应特别注意会展项目小组成员不再为会展项目所需要时，他们是如何解散的。适当的再分配程序可以是：

（1）通过减少或消除为了填补两次再分配之间的时间空档而"制造工作"的趋势来降低成本。

(2) 通过降低或消除对未来就业机会的不确定心理来鼓舞士气。

3. 组织表

组织表是会展项目报告关系的图表展示。它可以是正式的或非正式的，十分详细的或框架概括型的，依据会展项目的需要而定。项目分层结构（OBS）是一种特殊类型的组织表，它显示了哪些组织单位负责哪些工作。

为了实现会展项目的目标，必须要调配一定的人员，配置一定的资源，以某种形式的组织去实施会展项目，因此会展项目组织是实施会展项目的主体。会展项目组织和一般的组织一样，具有相应的领导（即会展项目经理），组织的规章制度（即会展项目章程）、配备的人员（即会展项目团队）及组织文化等。按会展项目设置组织结构，会展项目经理全权管理项目，享有高度的权力和独立性，首要目标是成功举办该会展项目，每个会展项目成员都能明确自己的责任，有利于会展项目组织的统一指挥和管理。

在确定了会展项目组什么时候需要什么样的人员之后，需要做的就是确定如何在合适的时间获得这些人员，或者说开始"招兵买马"，这就是人员募集要做的工作。人员募集需要根据人员配备管理计划、组织当前的人员情况和招聘的惯例来进行。会展项目中有些人员是在会展项目计划前就明确下来的，但有些人员需要通过和组织进行谈判才能够获得，特别是对于一些短缺或特殊的资源，可能每个会展项目组中都希望得到，如何使你的项目组能够顺利得到，就需要通过谈判来实现。谈判的对象可能包括职能经理和其他项目组的成员。另外有些人员可能组织中没有或无法提供，这种情况下就需要通过招聘来获得。结束这部分工作后，就会得到会展项目团队清单和会展项目人员分配。

4. 详细说明

组织规划的详细说明随应用领域和会展项目规模的不同而改变。通常作为详细说明而提供的信息包括以下几点：

组织的影响力——哪些选择被组织以这种方式排除。

职务说明——写明职务所需的技能、职员、知识、权力、物质环境，以及其它与该职务有关的素质。

培训要求——如果并不期望供分配的人员具备会展项目所需要的技能，则需要把培训技能作为会展项目的一部分。

二、会展项目的人员组织

人员组织包括得到所需的人力资源，将其分配到会展项目中工作。在大多数情况下，可能无法得到"最佳"的人力资源，但会展项目管理组必须注意保证所利用的人力资源能符合项目的要求。

(一) 人员组织的输入

1. 人员配置管理计划

人员管理计划阐述人力资源在何时，以何种方式加入和离开会展项目小组。它是整体会展项目计划中的辅助因素，它包括了对会展项目人员配置的要求。

2. 人员组成说明

当会展项目管理小组能够影响或指导人员分配时,它必须考虑可能利用的人员的素质。主要考虑以下几点:

(1) 工作经验——那些个人或团队以前从事过类似的或相关的工作吗?他们做得出色吗?

(2) 个人兴趣——那些个人或团体对从事这个会展项目感兴趣吗?

(3) 个性——那些个人或团体对于以团队合作的方式工作是否感兴趣?

(4) 人员利用——能否在必要的时间内得到会展项目最需要的个人或团体?

3. 吸收经验

参与会展项目的一个或多个组织可能拥有有关的策略、方法或指导人员分配的程序。当这些经验存在时,它们就成为人员组织程序的制约因素。

(二) 人员组织手段和技巧

1. 协商

人员分配在多数会展项目中必须通过协商进行。例如,会展项目管理小组可能需要与以下人员协商:

(1) 负有相应职责的部门经理,目的是保证在必要的时间限度内为会展项目组织到具有适当技能的工作人员。

(2) 执行组织中的其他会展项目管理小组,目的是适当分配难得或特殊的人力资源。

2. 预先分配

在某些情况下,可以预先将人员分配到会展项目中。这些情况常常是:

(1) 该会展项目是完成提议的结果,使用特定的人员是该项提议允诺的一部分。

(2) 该会展项目是一个内部服务项目,且人员的分配已在会展项目安排表中有规定。

3. 临时雇用

当执行组织缺少内部工作人员去完成这个会展项目时,就需要临时雇用人员。

(三) 人员组织的输出

如表 3-2、表 3-3 所示,每个会展项目团队都有核心人员和小组成员,每个成员都有自己的技能和专业特长,需要会展项目经理充分了解其业务特点和性格特点,进行全局的考虑和协调,人尽其才地安排好每个人的角色。

表 3-2 会展项目核心小组成员表 1

项目名称					
制表日期				项目编号	
姓名	角色	电子邮箱	电话	负责人	
				传真	

表 3-3　会展项目核心小组成员表 2

项目名称				项目编号	
制表日期				负责人	
姓名	交付品责任人	交付品执行人	技能	角色	其他项目

1. 会展项目人员分配

当适当的人选被信任地分配到会展项目中并为之工作时,会展项目人员配置就完成了。依据会展项目的需要,项目人员可能被分配全职工作,兼职工作或其他各种类型的工作。

2. 会展项目小组名单

会展项目小组名单罗列了所有的项目小组成员和其他关键的项目相关人员。这个名单可以是正式的或非正式的,十分详细的或框架概括型的,依会展项目的需要而定。

三、会展项目团队发展

会展项目团队发展包括提高会展项目相关人员作为个体做出贡献的能力和提高会展项目小组作为团队尽其职责的能力。个人能力的提高是提高团队能力的必要基础。团队的发展是会展项目达标能力提升的关键。

当小组成员个人对部门经理和会展项目经理都要负责时,会展项目团队的发展常常是复杂的。对这种双重报告关系的有效管理常常是会展项目最重要的成功因素,而这通常是会展项目经理的责任。

(一) 对团队发展的投入

1. 会展项目人员配置

人员安排中包含了对可用于组建会展项目团队的个人能力和小组能力的界定。

2. 会展项目规划

会展项目规划阐明了会展项目小组工作的技术内容。

3. 人员配置管理计划

人员管理计划阐述人力资源在何时,以何种方式加入和离开会展项目小组。

4. 绩效报告

绩效报告为会展项目小组提供了关于会展项目计划执行情况的反馈。

5. 外界反馈

会展项目小组必须定期对照会展项目外部人员对项目绩效的期望进行自我检测。

（二）团队发展的手段和技巧

1. 团队建设活动

团队建设活动包括专门采取的管理活动和个人行动，其首要目的是提高团队绩效。许多行动，诸如在规划过程中参加无管理层小组，或为平息和处理人际冲突制定基本规则等，其间接结果都是可以提高团队绩效。团队建设可以有多种形式。

2. 总体管理技巧

总体管理技巧是对团队进行宏观管理的技巧和手段，对团队的发展有特殊的重要性。

3. 奖励和表彰体系

奖励和表彰体系是正式的管理措施，能够鼓励和促进符合会展项目需要的行为。为了达到效果，这种体系必须在绩效和奖励之间建立一种清晰、明确和易于接受的联系。由于执行组织的奖励和表彰体系可能并不适用于具体项目，各会展项目必须拥有自己的奖励和表彰体系。奖励和表彰体系还必须考虑文化差异。

4. 人员安排

人员安排包括将大多数积极工作的会展项目小组中的所有成员安排在同一个工作场所，以提高他们作为一个团队执行会展项目的能力。人员安排广泛应用于较大型的会展项目中，在较小型的项目中也很有效。

5. 人员培训

人员培训包括为了提高会展项目小组的技能知识和能力水平而设计的各种活动。培训可以是正式的，也可以是非正式的。

如果会展项目小组成员缺乏必要的管理和技术方面的技能，则必须将提高此类技能作为会展项目的一部分，或者采取一定步骤将人员重新进行适当分配。直接或间接的培训费用通常由执行组织支付。

（三）团队发展的输出

1. 绩效提高

团队发展的首要成果就是会展项目绩效的提高。这种提高可能来自许多资源，并能对项目绩效的许多方面产生影响。例如：

（1）个人技能的提高可以使专业人员更高效地完成所分配的活动。

（2）团队行为的改善（如：平息和处理冲突）可以让会展项目小组成员将更多的精力投入技术工作。

（3）个人技能或团队能力的提高可以对确定和开发完成会展项目工作的更好方法起到促进作用。

2. 对绩效评定的输入

会展项目人员通常应当向有明显的相互关系的项目组成人员的绩效评定提供输入。

案例 3-4

项目管理的授权原则

(1) 根据项目目标的要求授权。

通常,项目目标要求越高,则授予项目经理的权力也应越大。

(2) 根据项目风险程度授权。

项目风险越大,对项目经理赋予的权力也应越大。只有这样,项目经理才拥有充分的权限,能在变化多端的项目环境中果断地作出决策。相反,项目的风险程度较低,授予项目经理的权力也应适当减小。

(3) 按项目合同的性质授权。

从客户与项目被委托方签订的合同来看,如果合同要求的工程项目技术较复杂、质量要求较高,则对项目经理应授予较多的权力,如果客户在合同中规定了既定的成本约束,则应授予项目经理较为灵活的权限;使其能有充分的自主权,作出正确的决策,使得项目的实施不超出成本预算。

(4) 按项目的性质授权。

从项目的复杂程度来看,大型复杂的工程项目,则应授予项目经理较大的权限;反之,项目较为简单,项目的目标或目标体系较易实现,则无需授予项目经理过大的权限。

(5) 根据项目经理授权。

不同的项目经理,有不同的领导水平和管理经验,对于那些组织管理能力较强、经验颇为丰富的项目经理,则应授予其足够的权限,以便其能充分发挥自己的创造性。相反,对于那些领导水平一般、阅历及管理经验不甚丰富的项目经理,则应适当保留部分权力,以免其决策过于草率或把握不住,导致项目风险加大,造成不应有的损失。

(6) 根据项目班子和项目团队授权。

如果项目经理班子成员较多、配备精良,则应授予项目经理较大的权限;如果项目团队的成员较多,也应授予项目经理较多的权限。相反,授予的权力可以适当地少些。

资料来源:http://www.aura.cn

本章小结

会展项目组织是为完成会展项目而建立的组织,一般也称为会展项目班子、会展项目管理班子、会展项目组等。会展项目组织的具体职责、组织结构、人员构成和人数配备等会因会展项目性质、复杂程度、规模大小和持续时间长短等有所不同。会展项目组织的一般职责是会展项目规划、组织、指挥、协调和控制。会展项目组织要对会展项目的范围、费用、时间、质量、风险、人力资源和沟通等多方面进行管理。

会展项目管理组织机构设置原则：目的性原则、精干高效原则、会展项目组织与企业组织一体化原则。会展项目的组织结构类型有许多，常见的有工作队式、部门控制式、项目型和矩阵型等类型。对不同的会展项目，应根据会展项目具体目标、任务条件、会展项目环境等因素进行分析、比较，设计或选择最合适的组织结构形式。一般来说，部门控制式的组织结构适用于会展项目规模小、专业面窄、以技术为重点的会展项目；如果一个组织经常有多个类似的、大型的、重要的、复杂的会展项目，应采用会展项目式的组织结构；如果一个组织经常有多个内容差别较大、技术复杂、要求利用多个职能部门资源的会展项目时，比较适合选择矩阵式组织结构；如果要完成一个大型的、重要的、复杂的要求利用多个职能部门资源的会展项目则可采用工作队式。

会展项目管理团队成员应遵守"职业道德"，遵守"职业行为规范"，对会展项目背景进行理解、研究，具备会展项目管理知识体系与技能，掌握处理人际关系的沟通技能。会展计划和执行的成功与否很大程度上取决于会展项目经理和会展项目团队，组建一支高效的会展项目团队不仅是一项技术，更是一门艺术。通常情况下，会展项目团队成员既对职能经理负责，又对会展项目经理负责，这样会展项目团队组建经常变得很复杂。对这种双重汇报关系的有效管理经常是会展项目成功的关键因素，也是会展项目经理的重要责任。

除了在对会展项目的计划、组织、实施、控制方面发挥领导作用外，会展项目经理还应具备一系列技能来激励会展项目人员完成工作，赢得客户信赖。培养员工的能力、非凡的沟通技巧、良好的人际交往能力、处理压力和解决问题的能力以及管理时间的技能，都是一个卓有成效的会展项目经理所应具备的能力。会展项目经理需要具备团队领导能力、会展项目经营和管理能力。

在大多数会展项目中，组织规划主要作为会展项目最初阶段的一部分。但是，这一程序的结果应当在会展项目全过程中经常性地复查，以保证它的持续适用性，必须注意保证所利用的人力资源符合项目的要求。会展项目团队发展包括提高会展项目相关人员作为个体做出贡献的能力和提高会展项目小组作为团队尽其职责的能力。个人能力的提高是提高团队能力的必要基础。团队的发展是会展项目达标能力提升的关键。

复习与思考

1. 会展项目组织的涵义是什么？
2. 会展项目组织的一般职责包括哪些内容？
3. 简述会展项目管理组织机构设置原则。
4. 会展项目组织结构的类型有哪些？
5. 如何进行会展项目组织结构的设计与选择？
6. 会展项目团队成员应具备的哪些素质？
7. 简述会展项目团队建设的方式。
8. 论述会展项目经理的角色定位。

9. 选择会展项目经理的标准有哪些?
10. 如何进行会展项目的人员组织?
11. 论述团队发展的手段和技巧。

 **案例分析**

国际四大会展强国的"会展运作模式"

国际会展业经过150多年的发展,其运作模式已经很成熟。德国、美国、法国、新加坡等发达国家在长期的发展过程中逐步形成了政府推动型、企业推动型、市场主导型和政府市场结合型4种成熟的运作模式,在世界会展业发展过程中占据绝对优势。

一、德国——政府推动型的垂直运作模式

德国的展览场馆由政府投资兴建并进行经营,政府还将展览业作为支柱产业加以扶持,比如,德国联邦经济科技部每年都对出国展览提供直接的财政支持而且通过特定的组织或机构,组织德国企业赴国外参加。这种政府行政作用参与其中、大型会展企业起主导、中小会展企业广泛参与的行业协会模式被称为"垂直运作模式"。其突出特点是强调政府的推动作用,对内是政府机构,对外是民间团体。

在德国,展览业拥有自己的行业协会——德国展览业协会(简称AUMA)。政府部门和行业协会只是展览业的治理者和协作者,不直接参与展览举办。当地的会展公司拥有自己的大型会展场馆,由政府控股组建集体公司进行商业化运作,实行企业化管理,而且会明确资助项目、制定官方参展计划等。

德国之所以成为全球会展中心,是因为其会展业实行规模化产业化运作,举办的展览具有专业性和国际性特点。据悉,德国每年举办约300场展览会,其中国际展和国内展各占半数,世界2/3的顶级行业展览会在德国举办。

德国会展业成功的另一个关键因素就是组织模式和产业结构的成功。德国会展业在长期发展中构建了以行业分工为主、地区分工为辅、面向全球的强大会展网络。德国展会设立的首要原则就是行业细分市场明确。在行业分工明确的基础上,各地区逐渐形成了独具特色的会展品牌。德国的汉诺威、法兰克福、慕尼黑等都是国际著名的展览城市,这些大中型城市通常都为会展产业开辟出一个特定的地区,构建专门的展厅。会展的主要形式已不是综合性的博览,而是带有浓厚的专业性质。

二、美国——企业推动的水平运作模式

美国会展业的管理主要依靠行业自律,属于企业推动型的管理模式,以企业自愿参加为特点,具有较强的民间性,主要通过自律机制相对独立地承担管理责任,没有专门的政府部门通过行政手段来直接管理会展业。任何商业机构和贸易组织都不需要经过特殊的审批程序就可进入会展业,其会展项目基本不需审批。

美国是世界会展业的后起之秀,每年举办的展会近万个。目前,拉斯维加斯、奥兰多、芝加哥等已成为美国著名的会展中心城市,一些专业协会的影响力也日益增加,如美国国际展览管理协会(IAEM)、美国专业会议管理者协会(PCMA)等。

这种模式的最大特点是企业自主推动,会展企业在发展过程中遇到问题时,会出于维护自身利益和市场秩序的需要,被迫产生组建行业协会的冲动,尝试着用行业自律的方式规范市场秩序。

行业协会为企业提供技术与信息服务,协调政府、企业、消费者之间的关系,同时实力强劲的行业协会,如美国商会及美国制造商协会,与联邦政府、议会都保持密切联系。当政企发生矛盾时,这些行业协会组织会寻求议会的支持与介入,按照长期以来美国人所推崇的对立制衡原则处理政府与行业协会的关系。

美国政府对会展业提供间接支持,通过对展览会的质量和组展水平进行认证和监督,以保证美国企业无论是出国参展还是参加国内展览都能取得较好的参展效果。由美国商务部具体负责的贸易展认证计划对组织美国企业集体出国参展活动进行审核、监督并提供相关服务,对审查合格者授予"贸易展认证"证书,获得认证的组展单位可在招展材料和组展宣传材料中使用美国商务部授予的贸易展认证 Logo。美国商务部通过其在国内外的分支商务机构宣传获得认证的展览会项目,并为企业参展和出口业务洽谈提供服务和支持。此外,美国商务部通过实施"国际购买商项目"把大批高质量的专业观众带到展览会现场,使美国参展企业不出国门就能有效接触到来自世界各地的潜在客户。

三、法国——市场主导型的综合运作模式

以法国为代表的"综合运作模式"是指在市场的推动下,政府参与管理,如展馆设施由政府投资建设,组成国有场馆公司负责展馆的经营管理,不进行会展项目的运营。而展览公司不拥有展馆设施,也不参与展馆经营,主要从事会展项目经营。

对于这种业务划分方式,法国行业主管部门认为,这能促进会展公司之间的公平竞争,也有利于场馆专心做好场馆服务工作。这种比德国模式更细的社会分工,有利于提高会展服务专业水平。

在整个运作模式中,法国会展委员会与德国 AUMA 相同,行使宏观管理权,除制定有关的管理制度、组织人员培训外,还负责会展经费的预算和支配,准备下一年度的工作方案,并要听取涉及国的大使馆经济处的意见和有关企业的意见,并向分管部长报告,在讨论全年预算中拍板决定。

四、新加坡——政府主导型的综合运作模式

新加坡的会展业采取的是以政府为经营主体的发展模式。新加坡旅游局展览会议署的主要任务是协调、配合会展公司开展工作,在国际上介绍新加坡举办国际会展的优势条件,推广新加坡举办的各种会展。该署不是管理部门,只是协调配合展览公司开展工作,而且不向新加坡的会展公司收取任何费用。在新加坡举办会展没有任何管理法规,举办展会也不需要任何审批手续。

亚洲会展业的规模和水平虽不及欧美国家,但一些亚洲国家凭借各自不同的优势,成为该地区的展览大国,新加坡便是其中的佼佼者。新加坡已连续17年成为亚洲首选会展举办地城市,每年举办的展览会和会议等大型活动达3 200个,平均每年有40多万国际游客赴新加坡参加4 000多个国际性会议和展览展销活动,人均消费在2 000美元以上。

发展会展经济,展馆建设是首要条件之一。新加坡博览中心就是有政府背景的新加坡港务集团投资建立的,博览中心展览面积达6万平方米,每年场地出租率达45%。另一处非

常有特色的展览会场是新加坡国际会议与展览中心(新达城),据了解,新达城建成的第二年就卖出了两栋楼,收回了投资。该中心总层面积10万平方米,每年在这里举办的各种会议、展览等活动有1 200多个,许多国际高峰会议都在这里举行。

政府的主要作用是促进经济活跃和加强基础设施建设,新加坡旅游局展览会议署每年都有计划地向世界各地介绍新加坡旅游会展方面的情况,并且在世界各地举办新加坡会展经济方面的研讨会,让各国了解新加坡的优势。凭借自身发达的交通、通讯等基础设施,较高的服务业水准,较高的国际开放度以及较高的英语普及率,新加坡连续17年成为亚洲首选会展举办地城市。

资料来源:https://www.sohu.com/a/226275660_100127442

讨论题

1. 案例中各个国家的会展运作模式有何不同?
2. 这些会展运作模式各自的优劣势是什么?中国适合哪一种会展运作模式?

第四章

会展项目计划管理

学习目标

学完本章,你应该能够:
1. 掌握会展项目计划的涵义和形式;
2. 理解会展项目计划的编制内容和程序;
3. 掌握会展项目范围计划、进度计划和资源计划的涵义;
4. 综合应用会展项目范围计划、进度计划和资源计划的方法和工具;
5. 理解会展项目资源计划的编制依据和编制步骤。

基本概念

会展项目范围计划　会展项目进度计划　会展项目资源计划　甘特图　WBS　网络计划

第一节　会展项目计划概述

什么是会展项目计划?

一、会展项目计划的涵义

　　计划是管理的一种手段,计划在实际执行中是可以不断修改的。对项目的范围、任务分解、资源分析等制定一个科学的计划,能使项目团队的工作有序地开展。无论大型的世博会还是小型的会展项目,涉及考虑的细节问题都非常繁多,需要在活动举办之前就制定详细的计划,以指导项目团队的工作,在实施过程中以计划作为参照,并通过对计划的不断修订与完善,使后面的计划更符合实际,更能准确地指导项目工作,保证会展项目的顺利圆满完成。
　　会展项目计划工作是项目团队成员在预算范围内为了完成会展项目的预定目标而进行

的系统安排任务的一系列过程。项目计划主要回答以下问题:

(1) 什么(What):项目经理与项目团队应当完成哪些工作。

(2) 怎样(How):如何完成这些工作和任务。解决这一问题时可利用工作分解结构(WBS,Work Breakdown Structure),WBS 是项目必须完成的各项工作的清单。

(3) 谁(Who):确定承担工作分解结构中每项工作的具体人员。

(4) 何时(When):确定各项工作需要多长时间,以及具体于何时开始。

(5) 多少(How much):确定 WBS 中每项工作需要多少经费。

(6) 何地(Where):确定各项工作在什么地方进行。

二、会展项目计划的形式

会展项目计划按计划制定的过程,可以分为概念性计划、详细计划和滚动计划三种形式。

1. 概念性计划

概念性计划,也称为自上而下的计划。概念性计划是根据初步确定的工作分解结构图从最高层开始,逐步分解到更为细节化的层面。概念性计划主要规定了项目的战略导向和战略重点,如 2010 年上海世博会计划、2022 年北京冬奥会计划等。

2. 详细计划

详细计划,也称为自下而上的计划。详细计划的任务是制定详细的工作分解结构,详细计划提供项目的详细计划内容,如某主题会展项目的具体执行计划。

3. 滚动计划

滚动计划,即用滚动的方法对可预见的未来逐步制定详细计划,随着项目的推进,分阶段地重估自上而下计划制定过程中所制定的进度和预算。滚动计划的制定是在已编计划的基础上,每经过一个阶段(如一个月、一个季度等),就根据变化的项目环境和计划时间执行情况,从确保实现项目目标出发,对原项目计划进行滚动调整。例如世博会等大型活动就会根据项目环境的变化等原因引起的偏差主动进行滚动调整。

三、会展项目计划的编制内容

会展项目计划应该包括以下几方面的内容,其中核心内容是范围计划、进度计划、资源计划,它们也是本章讨论的重点。

(1) 范围计划,其确定了项目所有必要的工作和活动的范围,在明确项目的制约因素和假设条件的基础上,进一步明确了项目目标和主要可支付成果。

(2) 工作计划,其说明了应如何组织实施项目,研究怎样用尽可能少的资源获得最佳的效益,具体包括工作细则、工作检查及相应的措施。工作计划最主要的工作就是项目工作分解和排序,制定出项目分解结构图,同时分析各个工作单元之间的相互依赖关系。

(3) 人员管理计划,其说明了项目团队成员应该承担的各项工作任务以及各项工作之间的关系,同时制定出项目成员工作绩效的考核指标及人员激励机制。

(4) 资源供应计划,其明确了项目实施所需要的各种机器设备、原材料的供应和采购安排。

(5) 进度报告计划,其主要包括进度计划和状态报告计划。进度计划是表明项目各项工作的开展顺序、开始及完成时间以及相互关系的计划。状态报告计划规定了描述项目当前进展情况的状态报告的内容、形式以及报告时间等。

(6) 成本计划,其确定了完成项目所需要的成本和费用,并结合进度安排,获得描述成本-时间关系的项目费用基准,并以费用基准作为度量和监控项目执行过程费用支出的主要依据和标准,从而以最低的成本达到项目目标。

(7) 质量计划,其是为了达到客户满意的期望而确定的项目质量目标、质量标准,以及实现该目标的实施和管理过程。

(8) 变更控制计划,其规定了当项目发生偏差时,处理项目变更的步骤、程序,确定了实施变更的具体准则。

(9) 文件控制计划,是指对项目文件进行管理和维护的计划,它保证了项目成员能够及时、准确地获得所需文件。

(10) 风险应对计划,其主要是对项目中可能发生的各种不确定因素进行充分的估计,并为某些意外情况制定应急的行动方案。

(11) 支持计划,即对项目管理的一些支持手段,包括软件支持计划、培训支持计划和行政支持计划等。

四、会展项目计划的编制程序

(1) 定义项目的目标并进行目标分解。例如某大学筹备建校 100 周年庆典活动,最终目标肯定是通过该活动的成功举办,实现答谢宾朋、缅怀先辈、凝聚校友、弘扬学术、光大传统、规划未来等具体目标。

(2) 进行任务分解和排序。例如某校建校 100 周年庆典活动中,校庆宣传活动版块包括编印校史、筹办百年校史展、领导和知名人士题词、发布校庆公告、利用媒体宣传报道、开通校庆网站、制作一部百年办学成就专题片、联络校友等具体任务;校庆教研活动版块包括百年校庆教学经验交流会和研讨会、聘请专家学者(包括校友)进行学术讲座;庆典活动版块包括百年校庆庆典大会,校庆文艺演出、校庆演讲、摄影、集邮、书画、体育竞赛等系列活动。

(3) 完成各项任务所需要时间的估算。预先估算各项具体任务的时间。

(4) 以网络图的形式来描绘活动之间的次序和相互依赖关系。

(5) 进行项目各项活动的成本估算。

(6) 编制项目的进度计划和成本基准计划。

(7) 确定完成各项工作所需要的人员、资金、设备、技术、原材料等资源计划。

(8) 汇总以上成果并编制成计划文档。

第二节　会展项目范围计划管理

会展项目如何进行范围计划管理？

一、会展项目范围计划的涵义

项目范围是指为达到项目目标，对项目的工作内容及范围保持控制所需要的一系列工作和过程。项目范围的理念是边界要明确，分而制之。会展项目范围计划就是以会展项目实施动机为基础，确定项目范围并编制项目范围说明书的过程。会展项目范围计划的依据是会展项目启动的结果，即项目章程、项目说明书和项目假设条件的确定等。

制定一个科学周密的项目计划方案是决定会展项目能够成功举办的核心工作之一，在制定会展项目范围计划时需要加以重视。一个完整的会展项目计划方案，应包括项目的战略方案与操作计划两大部分，具体包括项目的意图、构想与使命，项目的目标，形势分析，达成目标的战略方案，对项目战略的评估与选择，项目的详细操作计划与执行控制，项目评估与反馈。具体到每一个城市的每一个会展项目，因项目的主题、目标、战略、规模、举办地点、主办单位等不同，项目的操作计划方案等也会不同。但是，无论哪种类型与特点的会展项目计划方案，都必须包含项目的人力资源管理、市场营销传播推广计划、项目赞助、项目环境设计与管理、项目日程安排与人员责任分工、项目流程与时间管理、项目风险控制、节目编制、商品广告推销、媒体报道与公关、公众与安全、游客服务等方面的内容。

二、会展项目范围计划的管理工具

（一）工作分解结构（WBS，Work Breakdown Structure）

项目工作分解结构是项目管理中最具有价值的工具，是制定项目进度计划、项目成本计划等多个计划的基础。它分解项目活动时所依据的最基本和最主要的信息，是项目团队在项目实施期间对其要完成的工作或要开展的活动进行的一种层次性、树型的项目活动描述。例如2022年北京冬奥会的WBS包括以下主要领域：事件；比赛地点设施，包括食宿、交通、媒体设施和协作；电信；安全安排；医疗保健；人力资源，包括志愿者；奥运会前训练；信息技术项目；开幕式和闭幕式；公共关系；财务；检查运动和事件实验；赞助者管理和营销控制。这些项目中的每一个本身均可以当成一个项目来对待。为了保证这些方面的及时完成，从而保证整个奥运会项目的成功，需要进行精确地协调。

1. WBS的作用

（1）通过项目工作分解可以获得项目需要完成的全部工作的整体表述，不至于漏掉任何重要的事情；

(2) 使项目执行者明确具体的任务及关联关系,做到胸有成竹;

(3) 容易对每项分解出的活动估计所需时间、成本,便于制定完善的进度、成本预算等项目计划;

(4) 通过工作分解,可以明确完成项目所需要的技术、人力和其他资源;

(5) 便于把任务落实到责任部门和个人,有利于界定职责和职权,便于各方面就项目的工作进行沟通;

(6) 使项目团队成员更清楚及理解任务的性质及其努力方向;

(7) 便于对项目进行有效的跟踪、控制和反馈。

2. WBS 的层次和编码

项目本身复杂程度、规模不同,形成了 WBS 的不同层次。项目一般最多使用 20 个层次,多于 20 层是过度的,只要将其分解到能够做出所要求准确程度的估算,便于进行管理工作的程度就够了。对于较小的项目而言 4—6 层一般就够了。

工作分解结构可以把整个会展项目分解为由任务、子任务、工作包等构成的等级式结构,在分解任务时不必考虑工作进行的顺序,要把工作分解到能以可靠的工作量进行估计为止,最低一级的具体工作应能分配到某个或某几个人具体负责。WBS 需要运用特定的规则对分解结构图中的各个结点进行编码,这样可以简化项目实施过程的信息交流,其中最常见的方法是利用数字进行编码,这时每项工作的编码是唯一的,具体采用数字的位数则视项目的复杂程度而定,由项目的层数来决定编码数字的位数。下面以四层的工作分解结构为例说明如何编码:

第一层编码为 1000;

第二层编码为 1100、1200、1300……;

第三层编码中,如 1100 可以分解为 1110、1120、1130……;

第四层编码中,如 1110 可以分解为 1111、1112、1113……。

3. WBS 的形式

WBS 主要有两种形式:第一种形式是以图表表示的,类似于组织机构图,只不过方框表示工作活动而不是表示结构,某庆祝活动的 WBS 如图 4-1。

其中每个工作包还可能具体分解。例如其中游戏摊位工作包可分解为:

① 设计摊位

② 确定材料

③ 购买材料

④ 搭建摊位

⑤ 粉刷摊位

⑥ 拆除摊位

⑦ 移至庆祝地点重新搭建

⑧ 拆卸货摊并送到仓库

第二种形式是缩排的,是直接明了的活动清单。如表 4-1 所示,某庆祝活动的缩排 WBS 如下:

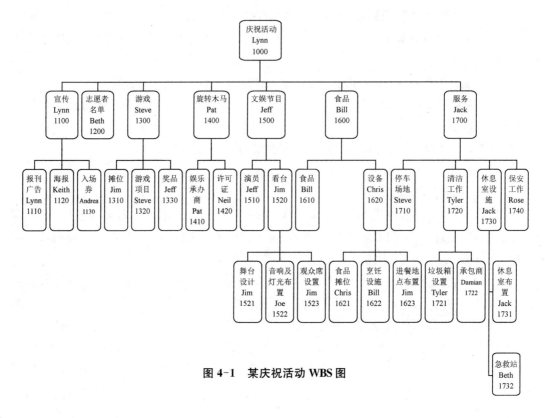

图 4-1　某庆祝活动 WBS 图

1000 庆祝活动
  1100 宣传
    1110 报刊广告
    1120 海报
    1130 电视广播
    1140 入场券
  1200 志愿者名单
  1300 文娱节目
    1310 看台
      1311 音响灯光布置
      1312 舞台设计
      1313 观众席设置
    1320 演员
  1400 游戏
    1410 区位
    1420 游戏项目
    1430 奖品
  1500 食品

1510 食品品种

1520 设备

1521 食品摊位

1522 烹饪设施

1523 进餐地点布置

1600 化装舞会

1610 道具

1620 音响设备

1630 场地

1700 后勤服务

1710 停车场地

1720 清洁工作

1721 垃圾箱设置

1722 承包商

1730 休息室设施布置

1731 休息室布置

1732 医务室

1740 保安工作

（二）责任矩阵

责任矩阵是用表格形式表示完成的工作分解结构中每个工作细目的个人责任的方法。它强调每一项工作细目由谁责任，并表明每个人在整个项目中的角色和地位。某庆祝活动的责任分配矩阵表如表4-1。

表4-1 某庆祝活动责任矩阵

WBS细目	工作细目	Andrea	Beth	Bill	Chris	Damian	Jack	Jeff	Jim	Joe	Keith	Lynn	Neil	Pat	Rose	Steve	Tyler
	庆祝活动		S	S			S	S				P		S		S	
1	宣传	S							S			P					
1.1	报刊广告											P					
1.2	海报									P							
1.3	入场券	P	S									S					
2	志愿者名单		P					S						S			
3	游戏							S	S								P
3.1	区位				S				P	S							
3.2	游戏项目														S		P
3.3	奖品							P							S		

（续表）

WBS细目	工作细目	Andrea	Beth	Bill	Chris	Damian	Jack	Jeff	Jim	Joe	Keith	Lynn	Neil	Pat	Rose	Steve	Tyler
4	文娱节目							P	S	S							
4.1	演员					S		P									
4.2	看台								P	S							
4.2.1	舞台设计								P	S							
4.2.2	音响及灯光布置								P	P							
4.2.3	观众席设置					S			P								
5	食品			P	S										S		
5.1	食品			P	P												
5.2	设备			S	P				S								
5.2.1	食品摊位				P				S								
5.2.2	烹饪设施					P											
5.2.3	进餐地点布置								P						S		
6	服务						P							S	S	S	S
6.1	停车场地						S								P		
6.2	清洁工作																P
6.2.1	垃圾箱设置																P
6.2.2	承包商						P										
6.3	休息室设施	S					P										
6.3.1	休息室布置						P										
6.3.2	急救站	P															
6.4	保安工作						S				S				P		

P—主要负责人，S—次要负责人

三、会展项目范围计划达成的结果

（一）项目范围说明书

项目范围说明书是未来项目实施的基础，有助于项目干系人之间达成共识。如表4-2所示，项目范围说明书一般包括以下内容：

（1）项目的合理性说明，即解释为什么要进行这一主题会展项目；

（2）项目可交付成果，形成项目产品清单；

（3）项目成果的简要描述，主要是定量标准，包括成本、进度、技术性能和质量标准等；

（4）项目目标的实现程度，因为会展项目多属于创新性活动，这个过程不是一成不变的，而是随着会展项目的实施进展和外界环境的变化发生相应的变动；

（5）辅助性细节，包括对已识别的会展项目有关假设条件及制约因素的陈述，如假设活动当天的天气预报准确，户外的会展项目能够正常举行。

表 4-2 项目范围说明书

项目名称：	项目编号：
编制日期：	负责人：
项目目标及成功标准 1. 包括什么 2. 不包括什么	
主要约束条件 1. 时间约束 2. 资金约束 3. 资源约束	
主要交付品 1. 是什么 2. 不是什么	

（二）项目范围管理计划

项目范围管理计划描述了对项目范围如何进行管理，项目范围怎样变更才能与项目要求相一致等问题。项目范围管理计划一般包括以下内容：

（1）说明如何管理项目范围以及如何将变更纳入到项目的范围之内；

（2）对项目范围稳定性的评价，即项目范围变化的可能性、频率和幅度；

（3）说明如何识别范围变更以及如何对其进行分类。

例如旅游会展项目的策划实施行动计划包括财务计划、消防及安全计划、员工培训计划、接待计划、环境整治及场地布置计划、交通管制计划、宣传促销计划、开幕式和新闻发布会计划、各主题和配套活动的日程安排等。为了有效地实施各项计划，必须制定详细的行动方案。此方案必须明确行动计划和战略事实的关键性决策和任务，并将执行这些决策与任务的责任落实到个人或小组。

第三节 会展项目进度计划管理

会展项目如何进行进度计划管理？

一、会展项目进度计划的涵义

进度计划是表达项目中各项工作的开展顺序，开始、结束时间及相互衔接关系的计划。会展项目进度计划管理就是为保证会展项目各项工作及总任务按时完成所需要的一系列的计划工作与过程。制定进度计划的目的是控制项目时间和节约时间。

二、会展项目进度计划管理的目的

（1）保证按时获利以补偿已经发生的费用支出。
（2）协调资源。由于会展项目小组通常是临时组建的，某些项目小组成员或设备可能不属于会展项目经理直接管辖，需要对这些资源做出合理的预期和假设。
（3）使资源在需要的时候可以被利用。
（4）预测在不同时间上所需要的资金和资源的级别以便赋予项目不同的级别。
（5）满足严格的完工时间约束。

三、会展项目进度计划管理的工具

（一）甘特图（Gantt）

甘特图又称横道图，是应用广泛的进度表达方式，会展项目甘特图如图 4-2 所示，横道图通常在左侧垂直向下依次排列工作任务的各项工作名称，而在右侧与之紧邻的时间度表中则对应各项工作逐项绘制道线，从而使每项工作的起止时间均可由横道线的两个端点表示。由于简单、明了、直观和易于编制，它成为项目整体的进度计划和控制的主要工具及高层管理者了解全局、基层安排进度或工作时间时的有用工具。甘特图是一个二维平面图，具体操作方法如下：

（1）为了达到既定目标，将整个会展项目方案分解成数个活动项，按时间先后排于表格中。
（2）先确定开始时间，估算完成每个会展项目项所需要的时间，在图中标以开始日期为起点向右延伸，其长度由完成该活动项的时间和标于表格下方的内容刻度决定，形成会展项目计划展示图。
（3）为便于随时了解会展项目的整体进展情况，在会展项目计划展示图的基础上编制会展项目执行展示图，在图中标记每个活动项实际完成所花费的时间，用来和计划安排作比较。

任务编码	任务名称	1月	2月	3月	4月	5月	6月	7月	8月	9月
1110	制定目标	—								
1120	制定营销计划		—							
1130	确定赞助商			—						
1210	数据库管理				—					
1220	印刷资料					—				
1230	广告宣传						—			

图 4-2　会展项目甘特图示例

（二）里程碑计划

里程碑（Milestone）是项目中的重大事件，通常是指一个主要可交付成果的完成。如表

4-3 所示,它是项目进程中的一个重要标记,是在计划阶段应该重点考虑的关键点,里程碑既不占用时间也不占用资源。可交付成果是指为了完成项目或其中一部分,而必须完成的可度量的、有形的及可以核实的任何工作成果或事项,一般来说,项目有中期可交付成果和最终可交付成果。例如启动阶段结束时,批准可行性研究报告是一个里程碑,其可交付成果是可行性研究报告;计划阶段结束时,批准项目计划是一个里程碑,其可交付成果是项目计划文件;执行阶段结束时,会展项目成功举办是一个里程碑,其可交付成果是会展项目成功举办的事实;收尾阶段结束时,项目交接是最后一个里程碑,其可交付成果是会展项目总结报告。

表 4-3　某会展项目里程碑

里程碑事件	2023.1.2	2023.3.3	2023.6.2	2023.6.8	2023.7.10
审批完成	◆				
筹备工作开始		◆			
开幕式			◆		
闭幕式				◆	
会展项目总结报告					◆

案例 4-1

世博会是中国现代化进程中的里程碑式事件

　　世博会的举办给上海这座城市带来怎样的变化?它的文化凝聚力、经济的聚合效应对长三角乃至全中国又有什么影响?2010 年上海世博会总规划师、同济大学建筑与城市规划学院院长吴志强接受了《第一财经日报》的专访。

　　《第一财经日报》:举办上海世博会,对上海来说意味着什么?

　　吴志强:世博会不仅仅是上海的,而是整个国家的世博会。在外界看来,不管是发展中国家,还是发达国家,一个国家办奥运会、世博会,意味着这个国家从一个传统国家走到了现代化国家,完成了类似门槛的跨越,这是一个里程碑式的事件。这在 20 年前,举办奥运会、世博会是想也不敢想的事情。未来,在中国历史上,举办奥运会和世博会这两件事将占据非常重要的地位。譬如二战后的日本经济腾飞之时,1964 年举办东京奥运会,1970 年办大阪世博会,这在他们现代化过程中也是一个里程碑式的事件。在世博会历史上,这也是里程碑。我们向国际展览局承诺参观人数不少于 7 000 万人次,而上一届 2005 年爱知世博会最后统计也只有 2 200 万人次。

　　资料来源:https://news.tongji.edu.cn/info/1006/19501.htm.

(三) 网络计划

　　网络计划,就是以时间为基础,用网络形式来描述一个系统,对系统进行统筹安排,寻求资源分配的协调方案。网络计划技术能够从系统的观点出发,用形象直观的图来表达生产过程中的各项工作之间相互制约相互依赖的关系,易于协调和配合,保证有计划有节奏地完成任务。网络图能反映出系统之间内在的联系,分清问题的轻重缓急,使管理人员能抓住工作重点,科学地组织和指挥生产,能在纸上谈兵,合理协调人力、物力、财力,预见工程项目中可能产生的麻烦及工期拖延的原因,从而合理安排有限的人力、物力、财力资源,尽快完成工程项目。网络计划方法包括:

1. 节点法

节点法(PDM,Precedence Diagramming Method),又称为顺序图法或单代号网络图法,它用单个节点(方框)表示一项活动,用节点之间的箭线表示项目活动之间的相互依赖关系。

活动之间的依赖关系包括四种类型:

(1) 结束—开始关系:A 活动必须结束,然后 B 活动才能开始。见图 4-3。

图 4-3　节点法中结束—开始关系图

(2) 开始—开始关系:B 活动开始前 A 活动必须开始。见图 4-4。

图 4-4　节点法中开始—开始关系图

(3) 结束—结束关系:A 活动结束前 B 活动必须结束。见图 4-5。

图 4-5　节点法中结束—结束关系图

(4) 开始—结束关系:A 活动结束前 B 活动必须开始。见图 4-6。

图 4-6　节点法中开始—结束关系图

在节点图中,结束—开始关系是最常见的,开始—开始关系和结束—结束关系是最自然的,开始—结束关系完全是理论上的,现实中比较少见。需要根据会展项目的特点安排各项活动或工作之间的先后顺序,如会展项目组织者需要在做好活动前场地租借、营销等准备工作的基础上进行现场管理工作,最后才有后续工作,这种活动的自然运作流程是不可更改的,也就决定了这几项工作的前后顺序,这种活动之间的必然联系被称为项目活动排序的

"硬逻辑"关系,是不可违背的先后顺序关系。但会展项目中有很多工作没有严格的先后顺序,如在会展项目营销、拉赞助过程中有些活动是可以交叉进行的,这些工作可以根据具体情况进行顺序安排,带有明显的主观性和人为性,因此被称为"软逻辑"。

节点图的具体画法如图 4-7 所示。

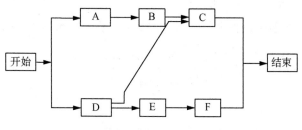

图 4-7　某会展项目的节点图

2. 网络图的绘制

(1) 绘制步骤。

① 任务分解:对大中型会展项目按工作顺序进行任务分解,直到单项工作不能分为止;

② 作业时间确定:根据历史资料,对各项工作确定一个时间 t,若没有历史资料可查,则用经验估工法估计;

③ 编制作业清单:对会展项目的各项工作确定顺序——哪项工作先做,哪项工作后做,哪几项工作可同时进行。

(2) 绘制原则。

① 有向,自左至右,源终唯一;

② 无回路;

③ 两点一线;

④ 线不逆行,指向结点编号增大方向;

⑤ 结点编号由小到大,可以留有余号,以便插入新工序。

(3) 网络图的时间参数计算。

① 时间参数:

- $ES(ij)$——工序最早可能开工时间;
- $EF(ij)$——工序最早可能完工时间;
- $LS(ij)$——工序最迟必须开工时间;
- $LF(ij)$——工序最迟必须完工时间;
- $S(ij)$——工序时差;
- T——总工期;
- CP——关键路线。

② 计算方法:结点标号法

③ 口诀:前进;加法;挑大
　　　　后退;减法;挑小

④ 计算公式：
- $ES = \max\{紧前工作的 EF\}$
- $EF = ES + 工作延续时间 t$
- $LF = \min\{紧后工作的 LS\}$
- $LS = LF - 工作延续时间 t$

如下表 4-4 为某项目的网络作业清单，试绘制该项目的网络图，并确定其关键路线。

表 4-4 某项目的网络作业清单

作业代码	作业时间	紧后工序
A	4	—
B	2	—
C	4	—
D	2	A
E	1	A
F	3	C
G	3	D
H	1	B、E

解：
第一步：根据工作顺序绘制网络图，如图 4-8 所示。

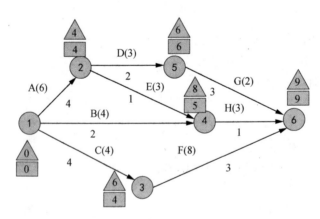

图 4-8 该项目的网络图

第二步：计算活动的最早开始时间和最迟结束时间，标在网络图上。
第三步：计算该项目的工序时差，计算结果见表 4-5。

表 4-5 该项目工序时差的计算

作业代码	ES	EF	LS	LF	S
A	0	4	0	4	0
B	0	2	6	8	6
C	0	4	2	6	2
D	4	6	4	6	0
E	4	5	7	8	3
F	4	7	6	9	2
G	6	9	6	9	0
H	5	6	8	9	3

从图 4-8 可以看出，该项目的关键路线为 A—D—G。

项目总工期为 4+2+3=9(天)

（四）日程表

大多数会展项目的管理者都离不开日程表，它是活动的日程或时间表。在计划的初期阶段，日程表的内容极为简单，时间分配只局限于活动的具体构成因素，随着计划的推进，日程表变得更为详细，如准确的舞蹈演员、表演模特、技术人员或其他员工的工作时间安排等，最后制定更为详细的日程表来确定每个人的任务和责任。

第二十届上海国际汽车工业展览会日程安排

上海国际汽车工业展览会（简称"上海车展"）创办于 1985 年，是中国最早的专业国际汽车展览会，同时也是中国第一个被 UFI 认可的汽车展。伴随着中国及国际汽车工业的发展，经过了 30 多年的积累，上海国际汽车展已成长为中国最权威、国际上最具影响力的汽车大展之一。

2023 年 4 月 18 日—27 日，第二十届上海国际汽车工业展览会在国家会展中心（上海）举办，以"拥抱汽车行业新时代"为主题，集中展示世界汽车工业的创新发展成果，预计规模 36 万平方米。展会具体日程安排和门票价格信息详见下表：

日期	类别	入馆—闭馆时间	票价
4月18日（周二）	媒体日	09:00—18:00	/
4月19日（周三）		09:00—18:00	
4月20日（周四）	专业观众日	10:00—19:00	100元/张
4月21日（周五）		10:00—19:00	
4月22日（周六）	公众观众日	10:00—19:00	100元/张
4月23日（周日）		10:00—19:00	
4月24日（周一）		10:00—19:00	50元/张
4月25日（周二）		10:00—19:00	
4月26日（周三）		10:00—19:00	
4月27日（周四）		10:00—15:00	

资料来源：https://www.autoshanghai.org/guide#info

四、会展项目进度计划方法的选择

（1）会展项目的规模大小。小型会展项目应采用简单的进度计划方法，如甘特图。大型会展项目为了保证按期按质达到项目目标，就需考虑用较复杂的进度计划方法，如网络计划技术。

（2）会展项目的复杂程度。会展项目的规模不一定总是与活动的复杂程度成正比，可以对活动的具体情况进行分析来选择进度计划方法。

（3）会展项目的紧急性。在会展项目急需进行阶段，特别是开始阶段，需要对各项工作发布指示，以便尽快开始工作，此时如果采用复杂的方法编制进度计划，可能延误时间，这时可以先采用简单的甘特图编制进度计划。

（4）对会展项目细节掌握的程度。如果对会展项目的细节掌握不够，对工作之间的逻辑关系及完成每项工作的时间估计不够，就可能遗漏，无法使用复杂的方法。

（5）有无相关的技术力量和设备，如计算机、技术人员等。

此外，根据情况不同，还需要考虑客户的要求、能够用在进度计划上的预算等因素。

第四节　会展项目资源计划管理

会展项目如何进行资源计划管理？

一、会展项目资源计划的涵义

项目资源包括项目实施中需要的人力、设备、材料、能源及各种设施等。项目资源计划是指通过分析，识别和确定项目所需资源种类（人力、设备、材料、资金等）、多少和投入时间的一种项目管理活动。会展项目资源计划就是决定什么样的资源以及多少资源将用于会展项目的每个工作的执行过程之中。通过资源平衡，可以减少资源的过度分配，提高资源的使用效率。

二、会展项目资源计划的编制依据

（1）工作分解结构。工作分解结构确定了项目团队为完成项目目标所要进行的所有工作，是资源计划编制的主要依据。

（2）项目工作进度计划。项目工作进度计划是项目计划中最主要的部分，是其他各项目计划的基础。资源计划必须服务于工作进度计划，什么时候需要何种资源是围绕工作进度计划的需要而确定的。

（3）范围陈述。包括项目工作的说明和项目目标，这些应该在项目资源计划的编制过程中特别考虑。

（4）资源库描述。什么资源是可能获得的，是项目资源计划所必须掌握的，特别是数量描述和资源水平对于资源安排描述特别重要。

（5）组织策略。在资源计划的编制过程中还必须考虑人事组织、所提供设备的租赁和购买策略等。

（6）历史资料。其记录了先前类似会展项目使用资源的需求情况，如 2022 年北京冬奥会的各个项目就借鉴了 2008 年北京夏季奥运会的经验和历届冬奥会的经验，以做好 2022 年冬奥会的项目资源需求计划。

三、会展项目资源计划的编制步骤

资源计划的编制步骤包括资源需求分析、资源供给分析、资源成本比较与资源组合、资源分配与计划编制。

（一）资源需求分析

通过分析确定工作分解结构中每一项任务所需的资源种类及其数量、质量。确定了资源需求的种类后,根据有关项目领域中的消耗定额或经验数据,确定资源需求量。在会展项目领域内,一般可按照以下步骤确定资源数量:

(1) WBS各项工作量需求计算;
(2) 确定活动实施方案;
(3) 估计人员需求量;
(4) 估计材料需求量;
(5) 估计设备需求量;
(6) 确定资源使用时间。

(二)资源供给分析

资源供给的方式多种多样,可以从项目组织内部解决也可以从项目组织外部获得。资源供给分析要分析资源的可获得性、获得的难易程度以及获得的渠道和方式,可分别从内部、外部资源出发进行分析。

案例 4-3

2022年北京冬奥会的赞助计划

2022年2月4日北京冬奥会开幕。从2008年夏季奥运会到2022年冬奥会,北京成为世界瞩目的"双奥城市"。2022年北京冬奥会和冬残奥会市场开发计划主要由赞助计划、特许经营计划、票务三个部分组成。赞助计划分为官方合作伙伴、官方赞助商、官方独家供应商以及官方供应商四个等级。

北京冬奥组委2022年1月29日发布《北京2022年冬奥会和冬残奥会经济遗产报告(2022)》(下称《报告》)。《报告》显示,北京冬奥会市场开发工作从2017年2月正式启动以来,已签约45家赞助企业,其中官方合作伙伴11家,官方赞助商11家,官方独家供应商10家,官方供应商13家。

赞助企业包括银行、乳制品、保险、航空、运动服装、移动和固定通讯运营服务等多个行业。除去13家奥林匹克全球合作伙伴之外,与北京冬奥会达成合作伙伴关系的45家北京冬奥会赞助企业名单包括:

官方合作伙伴(11家):中国银行、中国国航、伊利、安踏、中国联通、首钢、中国石油、中国石化、国家电网、中国人民保险、中国三峡。

官方赞助商(11家):青岛啤酒、燕京啤酒、金龙鱼、顺鑫、文投控股、北奥集团、百胜中国、恒源祥、猿辅导、奇安信、盼盼食品。

官方独家供应商(10家):英孚教育、科大讯飞、中国邮政、华扬联众、士力架、良业、空港宏远、东道、三棵树、BOSS直聘。

官方供应商(13家):普华永道、随锐集团、金山办公、一石科技、歌华有线、河北广电、丰原生物、天坛家具、麒盛科技、石家庄印钞、诺贝尔瓷砖、舒华体育、东鹏瓷砖。

资料来源:《北京2022年冬奥会和冬残奥会经济遗产报告(2022)》

（三）资源成本比较与资源组合

确定需要哪些资源和如何可以得到这些资源后,就要比较这些资源的使用成本,从而确定资源的组合模式（即各种资源所占比例与组合方式）。完成同样的工作,不同的资源组合模式,其成本有时会有较大的差异。要根据实际情况,考虑成本、进度等目标要求,具体确定合适的资源组合方式。

（四）资源分配与计划编制

资源分配是一个系统工程,既要保证各个任务得到合适的资源,又要努力实现资源总量最少、使用平衡,在合理分配资源使所有项目任务都分配到所需资源,而所有资源也得到充分的利用的基础上,编制项目资源计划。

四、会展项目资源计划的编制方法

项目资源计划的编制方法有很多,我们在此讨论其中的几种主要采用的方法。

（一）专家判断法

专家判断法是指由项目成本管理专家根据经验和判断去确定和编制项目资源计划的方法。这种方法通常又有两种具体的形式:专家小组法和特尔斐法。专家小组法是指组织一组有关专家在调查研究的基础上,通过召开专家小组座谈会的方式,经过共同探讨,提出项目资源计划方案,然后制定出项目资源计划的方法。特尔斐法是由一名协调者组织专家进行资源需求估算,然后汇集专家意见,整理并编制项目资源计划的方法。为了消除不必要的迷信权威和相互影响,一般协调者只起联系、协调、分析和归纳结果的作用,专家们互不见面,互不通气,只与协调者发生联系,并做出自己的判断。

专家判断法的优点是:主要依靠专家判断,基本不需要历史信息资料,适合于全新的项目。它的缺点是:如果专家的水平不一,专家对于项目的理解不同,就会造成项目资源计划出现问题。在得不到更多的专业信息的情况下,借助专家知识的方法被决策者广泛采用。专家判断对于资源计划的制定是最为常用的,专家可以是任何具有特殊知识或经过特别培训的组织和个人。

（二）头脑风暴法

头脑风暴法（Brainstorming）是20世纪30年代由美国科学家A.奥斯本提出的,其主要特点在于能够最大限度地挖掘专家的潜能,使专家能够无拘无束地表达自己关于某问题的意见和提案,让各种思想火花自由碰撞,好像掀起一场头脑风暴,一些有价值的新观点和新创意可能在"风暴"中产生。

采用头脑风暴法应遵守如下原则:①严格限制预测对象的范围,使参加者把注意力集中于所涉及的问题,并就所论问题提出具体要求,规定所用术语;②不能对别人的意见提出怀疑,不能放弃和中止讨论任何一个设想,不管这种设想是否适当和可行;③鼓励参加者对已经提出的设想进行补充、改进和综合,为准备修改自己设想的人提供优先发言权;④创造一种自由发表意见的气氛,使参加者能解除思想顾虑,激发参加者的积极性;⑤发言简单,不需详细论述;⑥不允许参加者宣读事先准备好的建设发言稿。

"头脑风暴"领导者的发言应能激起参加者的思维"灵感",促使参加者感到急需回答会议提出的问题。通常,在"头脑风暴"开始时,领导者必须采取强制询问的做法。一旦参加者被鼓动起来,新的设想源源不断地涌现,这时,领导者只需根据"头脑风暴"的原则进行适当引导即可。头脑风暴法还仅是一个产生思想的过程,要形成最后决策还须有其他方法辅助。头脑风暴法在帮助解决资源计划方面被证实是很有效的方法。

(三) 资源平衡法

资源平衡就是力求每天的资源需用量接近平均值,避免出现短期内的高峰或低谷,在不延长项目要求的完工时间的情况下建立资源均衡利用的进度计划。资源平衡法是指通过确定出项目所需资源的确切投入时间,并尽可能均衡使用各种资源来满足项目进度计划的一种方法。它是均衡各种资源在项目各阶段投入的一种常用方法。

在项目实际运转中,资源总是有限的,我们需要考虑资源的可获得性、资源的功能以及它们与项目进度之间的关系,即项目团队不得不考虑成本、时间和员工的熟练程度等相关因素对项目的制约,资源平衡的首要工作就是进行资源约束的分析。

(1) 活动之间的技术限制分析。首先可以通过网络图表示出各项活动之间的逻辑关系,从而来配置资源。下面以简单的小型校乒乓比赛筹备为例进行分析,图4-9是其资源需求网络图。

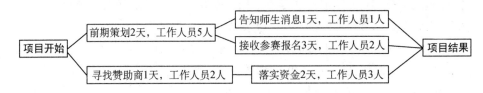

图4-9 校乒乓比赛筹备的资源需求网络图

(2) 资源限制分析。在资源约束的分析完成之后,可以绘制资源需求甘特图,进一步考虑资源限制的问题。图4-10为校乒乓比赛筹备的资源需求甘特图。

筹备期	第一天	第二天	第三天	第四天	第五天
2	前期策划5人				
1			告知师生1人		
3			接收报名2人		
1	寻找赞助2人				
2		落实资金3人			
人数	7	8	6	2	2

图4-10 校乒乓比赛筹备的资源需求甘特图

从该图可以看出该活动的时间段内，每天需要的工作人员依次是：7、8、6、2、2人，累计需要 7×1+8×1+6×1+2×1+2×1＝25 个工作日。同时发现该活动的人力资源的配置很不均衡，如何优化配置这些工作人员就是资源平衡所要解决的根本问题。资源平衡分析就是指在某种特定资源的需求频繁波动时，在不延长项目工期的条件下，使资源配置尽可能均衡，即使资源需求的波动最小化的一项工作。如果该活动每天只有5个工作人员，通过资源平衡分析，该活动筹备的资源需求甘特图变为下图4-11所示。

筹备期	第一天	第二天	第三天	第四天	第五天
2	前期策划5人				
1			告知师生1人		
3			接收报名2人		
1			寻找赞助2人		
2				落实资金3人	
人数	5	5	5	5	5

图 4-11　校乒乓比赛筹备的资源需求甘特图

（3）资源约束进度安排。资源约束进度安排是在各种资源有限而且又不准超过该资源约束的情况下制定最短进度的一种方法。由于资源约束进度安排必须遵守资源约束条件，所以应用这种方法时可能导致项目的完工时间延长，这也是一种在最小时差原则下反复地将资源分配给各个活动的方法。

假设校乒乓比赛筹备中寻找赞助需要3天，同时该活动每天只有5个工作人员，则告知师生、接收报名、寻找赞助不能同步进行，这将导致筹备工作的完工时间从5天增加到6天。

在资源平衡分析时，如果项目网络图不是很复杂，并且仅有几种类型的资源时，资源平衡分析的过程可以通过手动来完成，但如果项目网络图很大而且需求种类很多时，资源平衡分析工作就变得十分复杂，此刻就需要借助项目管理软件来帮助进行资源分析的工作了，如2008年北京奥运会就是很好的例子。

五、会展项目资源计划的编制工具

常用的项目资源计划的编制工具包括：资源矩阵、资源数据表、资源甘特图、资源负荷图或资源需求曲线。

(一) 资源矩阵

资源矩阵是用以说明完成项目中的工作需要用到的各种资源的情况。表 4-6 列出了某会展项目的人力资源需求状况,其中:"P"表示主要资源,"S"表示次要资源。

表 4-6 某会展项目资源矩阵

工作	资源需要					
	项目经理	咨询人员	营销人员	设计人员	策划人员	公关人员
制定会展目标	P	S				
制定会展计划	P	S			S	
媒体公关				S		P
会展营销			P			S
……						

(二) 资源数据表

资源数据表以表格的形式说明各项资源在项目周期中各时间段上数量的需求情况。表 4-7 列出了某会展项目的所需人力资源数量状况,如在整个会展项目期间都需要一个项目经理,但咨询人员、策划人员主要在会展项目的前期才需要。

表 4-7 某会展项目资源数据表

资源需求种类	时间安排(不同时间资源需求量)											
	1	2	3	4	5	6	7	8	9	10	11	12
项目经理	1	1	1	1	1	1	1	1	1	1	1	1
咨询人员	2	2										
营销人员			4	4	4	4	4	4	2	2	2	
设计人员	1	1	1	1								
策划人员	2	2										
公关人员			2	2	2	2	2	2	2	2	2	2
……												

(三) 资源甘特图

资源甘特图就是用以反映各种资源在项目周期各阶段用于完成哪些工作的情况。格式详见图 4-8、图 4-9。

(四) 资源负荷图

资源负荷图一般以条形图的方式反映项目进度及其资源需求情况,格式如图 4-12 所示。

(五) 资源需求曲线

资源需求曲线是以线条的方式反映项目进度及其资源需求情况,反映项目不同时间资源需求量的资源需求曲线,其格式如图 4-13 所示。

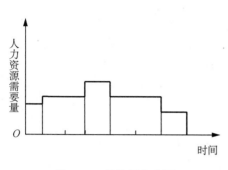
图 4-12　某资源负荷图

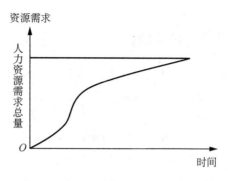
图 4-13　某资源需求曲线

六、会展项目资源计划达成的结果

资源计划达成的结果是制定资源的需求计划,对各种资源需求及需求计划加以描述,资源的需求安排一般应分解到具体的工作上并以图表的形式予以反映。资源计划达成的结果包括：

（1）资源的需求计划；
（2）各种资源需求及需求计划的描述；
（3）具体工作的资源的需求安排。

本章小结

会展项目计划工作是项目团队成员在预算范围内为了完成会展项目的预定目标而进行的系统安排任务的一系列过程。项目计划工作是项目管理过程的基本组成部分。本章节探讨会展项目计划的形式、编制内容和程序等。会展项目范围计划管理是以会展项目实施动机为基础,确定项目范围并编制项目范围说明书的过程。会展项目范围计划编制的工具和方法包括工作分解结构、责任矩阵等。会展项目范围计划达成的结果包括项目范围说明书、项目范围管理计划等。

会展项目进度计划管理是为保证会展项目各项工作及总任务按时完成所需要的一系列的计划工作与过程。会展项目进度计划编制的工具包括甘特图、里程碑计划、网络计划、日程表等。会展项目资源计划涉及到决定什么样的资源以及多少资源将用于会展项目的每个工作的执行过程之中。通过资源平衡,可以减少资源的过度分配,提高资源的使用效率。充分利用非关键线路上的浮动时间,确保进度计划的实现。会展项目资源计划编制的方法包括专家判断法、头脑风暴法、资源平衡法。常用的项目资源计划的编制工具包括：资源矩阵、资源数据表、资源甘特图、资源负荷图或资源需求曲线。

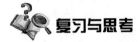 **复习与思考**

1. 会展项目计划工作的涵义是什么？包括哪些内容？
2. 会展项目计划编制的程序是怎样的？
3. 会展项目范围计划的涵义是什么？
4. 会展项目进度计划的编制目的是什么？
5. 会展项目资源计划的编制依据包括哪些？
6. 会展项目资源计划的编制方法和工具包括哪些？
7. 试收集某会展项目的相关资料，运用本章所学知识编制该会展项目的范围计划、进度计划和资源计划。

 **案例分析**

2008年北京奥运会大型活动项目工作分解结构（WBS）

奥运会有它独特的发展历史和来源，其特点是：工程庞大、复杂性高、周期长、耗资巨大等。国际奥委会下发给北京奥组委的总体工作计划涉及体育、比赛场馆、非比赛场馆、城市运行、媒体、市场、形象及交流、文化、运动会服务、技术、财务、法律等40多个领域的工作。为了做好各项筹备工作，北京奥组委建立基于P3E/C的企业级项目管理信息系统。本文重点研究大型项目工作分解方法，设计分解架构，对奥运会大型项目工作进行合理规划和组织，借助先进的项目管理信息系统，实现全面、科学和规范的项目管理，保证北京奥运会筹备工作顺利进行、按期保质完成。

1. 北京奥运会大型项目的工作分解要素

奥运会大型项目的工作分解要素很多，包括组织机构、领域、任务类型、重点标识、协作类型、任务来源等，因此必须了解每种要素的来源、特点及使用方式。

（1）北京奥组委组织结构

北京奥组委是为筹办奥运会而建立的临时性组织，其内部机构主要是按照工作领域（Function Areas，简称 FAs）进行设置，一个部门对应一个或多个功能领域，领域内任务关联性较强，跨领域工作较少，有利于工作的分配、监控和责任落实。2002年8月，北京奥组委共设置秘书行政部、总体策划部、国际联络部、体育部等15个部，部下设业务处室，部处的岗位设置和级别按照政府行政级别，工作方式按照政府机构的运行方式进行。

随着奥运会的临近，筹办工作要求对任务和工作做进一步细分，计划和控制越来越细致。2006年3月开始，北京奥组委下设部门从原来的15个增至22个，表明项目管理工作的范围新增7个新领域，项目工作分解结构（WBS）呈现出"渐近渐细"的特点。因此，我们研究奥运筹备项目工作分解结构，必须充分考虑领域和子领域的协同性和扩展性。

（2）北京奥组委工作计划来源及特点

奥组委工作计划工作主要来源于：国际奥委会总体指导计划（Master Plan）、国际残奥委会的 Master Plan、北京奥组委总体工作计划、北京市政府折子工程、北京奥组委各职能部门工作计划。计划来源分为五类：

第一，国际奥委会(IOC)的 Master Plan，是根据历届奥运会的经验总结出来的关键工作的里程碑计划。按照工作领域和工作性质进行分类，包括重要事件、核心管理、体育、工程建设等十多个领域，共有1300个重要里程碑点任务，也是 IOC 重点监控的范围。IOC 的 Master Plan 中前两级架构反映了奥运会项目特点，将所有监控点按照领域、工作性质这两个关键要素来划分。这一点值得借鉴，但在计划执行中发现，不能将 Master Plan 中的监控点简单地作为项目进行多级分解，这样会产生许多重复的工作，这是因为多个监控点可能耦合在一起同属于一个项目。

第二，国际残奥委会(IPC)的 Master Plan，也是根据历届残奥会的经验总结出来的关键的里程碑计划，其形式和分解原则与 IOC 的 Master Plan 相同。IPC 提供给北京奥组委的 Master Plan 中共有600多项里程碑任务，是 IPC 重点监控的范围。

第三，北京奥组委总体工作计划，将 IOC/IPC 提供的 Master Plan 作为指导计划，结合各职能部门的实际工作而编制的总体工作计划。与 IOC/IPC 的 Master Plan 明显不同的是，北京奥组委总体工作计划有任务历时，即有明确的开始和结束日期，也包含有 IOC/IPC Master Plan 中所有的里程碑任务，便于国际奥委会、国际残奥委会及北京奥组委全面实施进度监控。在工作分解结构上，前两级按"领域、工作性质"进行分类，在逐层向下的结构分解中，则根据项目的性质采取不同的分解方法。

第四，北京市政府折子工程。政府根据奥运会的筹办工作要求制定倒排工期工作计划，具有明显政府行政管理的特点，折子工程直接列出所有工作（项目），而且没有对项目进行详细分解，按季度编制工作计划。

第五，北京奥组委职能部门工作计划。根据 IOC/IPC 总体工作计划要求，结合筹办工作实际需要编写的部门执行计划，它细化了总体工作计划，便于执行与监控。其形式与北京奥组委总体工作计划相似，任务有明确的开始和完成日期，有责任单位和责任人。分析其工作计划综合分解要素如下：

项目阶段——赛前准备阶段、测试赛阶段、实战阶段等。

工作流程或步骤——启动、计划、执行、总结等。

工作类别——人员、计划、竞赛组织等。

责任部门——主责、协作工作等。

交付成果——奖牌、证书、播报音乐、播报视频等。

工作内容——设计、制作等。

综上所述，我们可以根据 WBS 的不同分解要素，把北京奥运会大型项目分为两类，一类称之为项目群，由领域、子领域要素确定，另一类称之为项目内部工作，分解要素包括：项目阶段、工作流程或步骤、工作类别、责任部门、交付成果、工作内容等。

2. 北京奥运会大型项目工作分解结构(WBS)的规划

(1) 项目群规划原则及模板

根据北京奥组委的组织机构特点、IOC/IPC 及中央和北京市政府的要求，项目群的工作分解应遵循如下四个原则：

第一，全面覆盖IOC/IPC Master Plan及中央和北京市政府要求，不重不漏。

第二，所有任务根据领域/子领域进行归类形成项目群。

第三，对子领域内的项目，可以根据其特点再进一步分解为子项目。

第四，项目应有可检验的交付成果，便于管理工作结果。

为方便职能部门对项目群的工作进行层层分解，应从领域、子领域等要素向下进行分解，并设计出分解模板。需要说明的是，在实际操作中，有些子领域并不一定需要，可以直接从领域分解到项目。

(2) 项目内部工作分解结构

项目内的工作分解结构由项目本身的特点决定，综合考虑各种分解要素，遵循以下原则：

第一，项目内部的WBS应益遵循"自上而下，自下而上"的原则，要上下一致。

第二，根据项目的规模及复杂程度，确定工作任务分解的详细程度，工作任务并不是分解得越详细越好，而是分解到可控为止，一般周期不超过一个月，并有明确的可交付成果。

第三，项目内工作分解时一般选择下列分解要素：项目阶段、工作流程或步骤、工作类别、责任部门、交付成果、工作内容等。但同一节点下，只能使用同一种分解方法分解出下一级节点，不能同时使用两种以上的方法。同时，不同的项目有不同的特点，因此分解要结合实际的工作，不能简单拷贝分解模板和步骤。

内部工作分解结构很多，也很复杂。本文以某一部门的工作计划为例，进一步阐明上述分解方法。

首先，分析该项目工作计划来源。本项目工作计划由"规定动作"和"自选动作"组成。其中，规定动作包括：IOC、IPC总体计划和北京奥组委总体工作计划、北京市政府折子工程。项目的主责部门根据工作实际需要或奥组委外部机构的工作要求制定本部门的工作计划，即"自选动作"。

其次，将上述"规定动作"与"自选动作"放到一起进行梳理，合并产生本项目的范围目标，既是该项目的工作范围，也是项目完成时要达到的目标，还是项目进行或完成过程中的检验标准。

确定项目目标后，根据该项目的特点进行详细分解，如果项目分阶段进行，则先分阶段，阶段的下一级为主要任务，任务再细分为子任务……分解直到工作单元可控为止。

总之，奥运会筹办工作从上到下可以分为三个层次：领域/子领域、项目/子项目、任务/子任务。每个层次中，又可分为多层，即子领域中可以再分出子子领域，子项目中可以再分出子子项目，子任务中又可以再分出子子任务。

3. 奥运会大型项目工作分解结构的软件实现（略）

4. 结论

(1) 找出了奥运会大型项目的分解方法，建立三层分解架构。

(2) 在P3E/C上成功实现了奥运会筹办工作三层分解结构。

资料来源：http://www.mypm.net.

讨论题
1. 通过该案例探讨如何在大型会展项目中进行项目的范围管理。
2. 讨论工作分解结构(WBS)在会展项目中运用的实际意义。
3. 讨论项目计划管理在会展项目全过程管理中的作用。

第五章

会展项目财务管理

学习目标

学完本章,你应该能够:
1. 掌握会展项目财务管理的涵义、对象和内容;
2. 理解会展项目财务管理的目标;
3. 掌握会展项目财务预测的涵义和内容;
4. 掌握会展项目利润预测分析的方法;
5. 掌握会展项目财务预算的涵义和内容;
6. 理解会展项目筹资方式。

基本概念

会展项目财务管理　会展项目财务预测　会展项目利润预测　会展项目财务预算

第一节　会展项目财务管理概述

会展项目财务管理包括哪些内容?

一、会展项目财务管理的概念

　　财务管理是根据财经法规制度,组织企业资金运动或财务活动、处理和协调企业财务关系的一种管理活动,它具有价值管理、综合管理和动态管理的特点,其实质是以价值形式对企业的生产经营全过程进行综合性的管理,财务管理基本环节包括财务预测、财务决策、财务预算、财务控制及财务分析等。

　　会展项目财务管理就是遵循客观经济规律,通过对会展项目资金的筹集,运用和分配的管理,利用货币价值形式对会展项目的经营状况进行的综合性管理。

二、会展项目财务管理的对象

财务管理主要是资金管理,其对象是资金及其流转。因此,现金流转的平衡是财务管理中最基本的平衡。

(一) 现金流转的概念

在生产经营中,现金变为非现金资产,非现金资产又变为现金,这种周而复始的流转过程称为现金流转。这种流转无始无终,不断循环,又称为现金的循环或资金循环。由于会展项目最终交付的是会展项目服务产品,而不是实物产品,所以会展项目的现金流转主要反映为资金的耗费,如用现金支付人工成本、租借活动场地、支付营销费用等。这些被耗费的资金是活动主办方制定活动各项收费价格的参照基础,通过销售门票、出租广告牌位、出租摊位、赞助等方式取得收入而得到价值补偿。

在会计记账中,有两种记账原则:权责发生制和收付实现制。一般企业的都是按权责发生制原则记账,而会展项目的记账则遵循收付实现制,收付实现制可以准确地反映会展项目的现金流动,更能反映会展项目的现金支付能力。在会展项目主办企业进行财务管理时,再结合权责发生制原则分析根据收付实现制原则所记载的各项收入和支出项目。

(二) 现金流转的平衡

在会展项目中,如果在同一会计期间现金流入量和现金流出量相等,财务工作将大大简化。但在会展项目实际运作过程中,现金收支平衡的情况极少,而会展项目财务管理的目的就是要使会展项目的现金流不中断。

不同会展项目的现金流转情况是不同的。一些不以盈利为目的的会展项目,主要依靠举办单位拨款或其他企业赞助获得收入,由于在活动筹备前期已经获得大部分收入,在此类会展项目的前期准备中,现金收入应该是大于现金支出,最后活动是否盈利要看收支差额,一般其现金流转比较顺畅。而一些会展项目主要是靠销售摊位、销售门票、提供其他服务等方式获得收入,活动参与方只是提前交纳一小部分的预定费,大部分收入在活动举办前期才能收到,现金流转不平衡,需要依靠其他筹资方式获得,如获取赞助收入或借款等。在日常财务管理工作中,应将按权责发生制编制的净利润还原成按收付实现制的经营活动净现金流量,并且善于将经营活动应得与实得现金加以比较分析,通过找出差异,对现金流量(入、出)项目进行深入分析,发现不平衡,加强对现金流量的管理,使之逐步地从不平衡走向平衡。

三、会展项目财务管理的内容

(一) 筹资管理

为了保证会展项目的如期成功举办,必须预先筹集一定数量的资金。会展项目的主要资金来源包括主办单位拨款、预收摊位费、报名费、赞助费、代办费等，内容多，弹性大。

筹集资金必然要付出一定的代价，不同筹资方式下的资金成本有高有低，会展项目组织者要考虑从多种渠道用多种方式来筹集资金，要考虑资金的使用期限长短，附加条款和使用成本的大小等，科学预测资金需要量，尽量合理确定筹资规模，选择经济可行的筹资方式；要正确处理资金成本和财务风险之间的关系，把成本和风险控制在安全范围之内；同时要考虑资金的时间价值，合理安排资金到位时间，既要避免资金闲置，又要防止资金滞后。任何决策都有一定的风险性，因此必须做可行性分析，对于新的投资项目，必须做出更加深入细致的分析和研究。如筹备一个新主题的会展项目，需要先做详细的会展项目主题策划和可行性研究，进行收益预测和成本费用预算。

（二）营运资金管理

营运资金是指流动资产减流动负债的余额。营运资金在会展项目的全部资金中占有相当大的比重，而且周转速度快，形态易变，所以是财务管理工作中的一项重要内容。由于许多参与方在活动举办前期才支付参加费用的余款，很多会展项目服务活动在签订外包合同时只预付一部分定金等情况发生，造成会展项目的应收账款增加，而会展项目的周期一般长达数月到数年，在这期间，需要预订会展项目场馆、广告宣传、邮电费、差旅费、经营人员工资、交际应酬费、水电费、折旧费及其他费用开支。

为了保证资金的正常周转，会展项目组织者必须重视营运资金的管理，要合理预测会展项目的规模和成本费用，确定营运资金需求量；在保证会展项目顺利进行需要的前提下，节约使用资金；加速营运资金周转，提高资金利用效率；合理安排流动资金和流动负债的比例关系，降低偿债风险。

（三）成本费用管理

成本费用管理也就是对资金耗费的管理，降低成本费用是提高会展项目利润的根本途径。会展项目的成本费用管理，就是指项目组织者为保证项目目标的实现而制订成本预算，并对项目实施过程中发生的成本费用进行检查、监督和控制，努力将实际成本控制在预算范围内的管理过程。

会展企业的商品说到底就是服务，而服务具有无形性的特点，会展企业"商品"的特殊性，使成本控制的复杂程度提高，因此成本控制管理中要正确处理成本、服务质量和服务价格三者之间的关系，在保证服务质量的前提下，合理控制成本，努力提高经济效益。

（四）利润管理

利润是一定时期内的经营成果，是会展项目在经营期内的收入减去成本后的总额，提高经济效益是一切经济工作的出发点和归宿点。会展项目组织者通过合理制定项目的目标利润规划，采取各种有效措施，挖掘各项资源的潜力，尽可能地提高项目的盈利水平。

利润管理时要综合分析和预测会展项目的规模、各项成本和价格定位等因素对目标利润的影响，合理地制定目标利润；注意开源节流、讲求实效，采取各项措施增收节支，提高经济效益；同时认真进行税务策划，依法履行纳税义务，在兼顾各方利益、正确处理眼前利益和长期利益的前提下,制定合理的利润分配政策。如某会展项目在创办之初不一定是以盈利为目的,而是要通过优质的服务等创建品牌。

四、会展项目财务管理的目标

明确会展项目财务管理的目标是有效组织财务工作的前提,同时也是合理评价财务管理工作质量的客观标准,财务管理的目标具有可变性、层次性和多元性的特点。例如世博会这样大型的会展项目,其财务管理目标需要分为总体目标、分部目标和具体目标三个层次,由于筹备时间长,一般需要3—5年,期间存在很多的不确定性因素,其财务管理目标可能发生变化,如汇率的变动会带来预期收益的变化。会展项目的核心财务管理目标应是达到利润最大化,并以此实现各方共同的利益。

案例5-1

上海市闵行区投促中心开展进博会招商工作会议

为进一步承接第五届进博会溢出带动效应,加大招商引资工作力度,2022年10月20日,区投促中心第五届进博会招商工作专题会召开,提前布局、系统谋划,全力开展进博会期间的精准招商,推动进博会招商成果落地见效。

会上研讨了《区投促中心关于开展进博会专业招商的工作方案》,并对相关工作进行了部署。结合闵行"南北联动,双核辐射"空间发展战略,聚焦"4+4"产业布局,区投促中心全面梳理了进博会参展企业名录,锁定重点招商企业,建立招商企业信息库,进博会期间,将从全区抽调精干力量,根据展商产业定位及展馆分布情况,组建由区投促中心领导担任组长的6个进博会专业招商小组,在展前、展中、展后完成锁定招商企业、扩大招商成果、形成闭环管理等几个方面的工作任务。

针对进博会期间的具体工作,区投促中心主任顾耀强提出:要提前系统谋划,做好展前准备。进博会的招商工作要早谋划、早部署,包括在展前做好拟重点对接企业信息梳理、个性化政策包梳理、物业载体的梳理等,并形成规范的清单或宣传册,推进展前展中深入对接洽谈,开展进博期间的高效招商、精准招商。要整合相关资源,做好联动招商。与市级部门、区职能部门、街镇、园区以及各合作伙伴、金融机构、重点企业加强对接与联动,借助各大平台整合相关资源,同时,采取灵活多样方式,做好进博会场馆内外的联动,同心同向精准发力,吸引更多跨国企业和行业龙头到闵行投资兴业。

资料来源:https://www.shmh.gov.cn/shmh/tzdt/index.html

第二节 会展项目财务预测

会展项目如何进行财务预测？

一、会展项目财务预测的内容

财务预测是财务人员根据历史资料，依据现实条件，运用特定的方法对企业未来的财务活动和财务成果所做出的科学预计和合理判断。

会展项目财务预测是指会展项目组织者对会展项目未来资金需求的估计。财务预测可以提供日常控制所需要的财务信息，找出资金筹措安排中的规律性，有利于企业财务管理人员根据变化适时调整，保证财务收支的综合平衡，保证财务目标的顺利实现。会展项目财务预测包括以下内容。

1. 投资预测

研究会展项目所处的投资环境，预测环境因素对会展项目的影响方向和程度；预测会展项目所要达到的规模水平；估计投资额发生的数量和时间；估算投资项目引起的现金流量情况和预计投资效果等。

2. 销售收入预测

预计会展项目销售摊位的数量和租赁设备、赞助收入等的变化趋势和程度，进而预测会展项目的现金流入量和流入速度的变化情况。

3. 成本预测

预测会展项目现有规模水平下需要的成本水平，合理化建议、科学的管理、原材料市场变化、劳动力市场变化等诸多因素对成本的影响方向和影响程度，预测会展项目现金流出量和流出速度的变化情况。

4. 利润预测

根据会展项目未来发展的需要、现有的运营能力和今后的发展潜力，分析影响利润的有关因素对利润的影响方向和程度，预计会展项目未来一定时期的利润水平。利润预测应建立在销售收入和成本费用预测的基础上，科学的利润预测有利于对会展项目现金净流量的预测。

5. 筹资预测

结合会展项目的性质、规模等综合平衡，预测会展项目各种资金的动态需要量和期末的应有数额，做出是否筹资的决定。进行筹资预测时，要对各种筹资渠道和筹资方式、筹资时机和期限、筹资成本和风险、筹资环境等进行分析和研究，预测会展项目的最佳资金结构。

案例 5-2

2010年上海世博会收支结余为10.50亿元

经对上海世博会事务协调局提供的财务决算报告审计,世博会运营收入累计为130.14亿元,由于门票收入、特许经营权收入、场馆出租收入等好于预期,较预算增加6.96亿元。运营支出累计为119.64亿元,由于加强了对预算资金的支出控制,实际支出较预算略减少0.79亿元。

运营收入具体包括:门票收入73.55亿元,赞助收入39.73亿元,特许经营收入6.74亿元,场馆出租收入4.79亿元,商业销售提成收入2.22亿元,捐赠收入0.96亿元,企业参展费等其他收入2.15亿元。

运营支出具体包括:场馆和设施运营维护支出41.24亿元,活动支出15.20亿元,新闻宣传、主题推介、网上世博会等沟通推介支出6.54亿元,行政办公、物业管理等行政管理支出15.38亿元,办博人员经费支出6.20亿元,礼宾接待支出1.59亿元,信息化及安全保障支出19.51亿元,保险及财务费用支出2.32亿元,国际展览局(BIE)门票提成1.48亿元,布展支出8.79亿元,市场开发、特许经营、园区商业服务等其他支出1.39亿元。

据上述数据计算得出,上海世博会运营收支结余为10.50亿元。经上海世博会执委会批准,世博会运营资金结余将主要用于中国国家馆续展、世博会博物馆、当代艺术馆等公益性文化展览和设施建设。

针对世博会的运营收支,公告评价称,基本做到制度健全完善、预算控制有效、收支程序规范、管理监督严格、资金使用效益总体较好,审计未发现重大违法违规问题。

资料来源:《中国2010年上海世博会跟踪审计结果公告》

二、会展项目筹资预测需要考虑的因素

不管会展项目采取何种筹资方式,均应从筹资数量、筹资成本、筹资风险和筹资时效这四个方面综合考虑。

(1) **筹资数量**:指会展项目筹集资金的多少,它与项目的资金需求量成正比,因此必须根据会展项目资金的需求量合理确定筹集数量。

(2) **筹资成本**:指会展项目为取得和使用资金而支付的各种费用。商业信用主要是现金折扣成本;吸收直接投资、联营筹资主要是谈判费和劳务费等;内部积累主要是机会成本,银行借款主要是借款利息;信托筹资主要是借款利息和手续费;融资租赁主要是租金。

(3) **筹资风险**:指假使企业违约是否可能导致债权人或投资人采取法律措施以及是否可以引起企业破产等潜在风险。

(4) **筹资时效**:指会展项目各种筹资方式的时间性灵活性如何,即需要资金时,能否立即

筹措;不需要时,能否即时还款。通常,期限越长,手续越复杂的筹款方式,其筹款时效越差。

三、会展项目利润预测分析

会展企业依据会展项目在筹划运营活动中有关因素变化情况,运用科学的方法进行研究和分析,对未来一定时期内的利润数额进行预计和测算,并寻求实现预计利润的各种措施方案。利润预测是确定目标利润、编制利润计划的基本依据。销售利润在利润总额中所占比重最大,销售利润的预测是利润预测的重点。

(一) 量本利分析预测法

量本利分析法就是项目的盈亏主要取决于项目产品的销售收入和成本费用。销售收入大于总的成本费用时,项目就盈利;否则就亏损。当销售收入等于总的成本费用,即利润为零时的产销量即为盈亏平衡点,也称保本点。

项目利润＝销售收入－总成本费用
　　　　＝单价×产销量－(固定成本＋单位变动成本×产销量)
　　　　＝(单价－单位变动成本)×产销量－固定成本

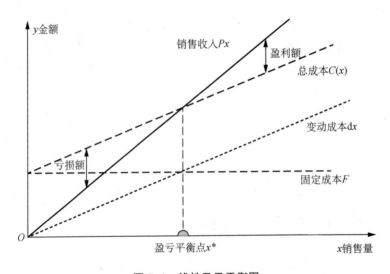

图 5-1　线性盈亏平衡图

会展项目组织者根据会展项目广告牌位、摊位、门票等销售数量、成本和利润之间的依存关系来预测会展项目销售利润。可用下列公式测算其利润数额:

利润数额＝销售单价×标准广告牌位(摊位、门票等)销售量
　　　　－单位变动成本×标准广告牌位(摊位、门票等)销售量－固定成本
　　　＝(销售单价－单位变动成本)×标准广告牌位(摊位、门票等)销售量
　　　　－固定成本

其中,固定成本是指在一定的产销量(业务量)范围内,其发生总额不随产销量(业务

量)的变动而变动,而是保持相对稳定的那些成本费用支出。固定成本总额在一定时期内保持不变,因此随着产销量(业务量)的增加,单位产销量(业务量)所分摊的固定成本将减少。

会展项目的固定成本是指在会展项目的既定规模内,不随参加者和观众人数的变化而变化的那部分成本费用支出,如项目小组成员的工资、宣传广告费、场地租金、设备租赁费、保险费和通信费等,一些大型会展项目的固定成本还包括固定资产折旧和财产税金等项目。固定成本的确定和一定时期的一定产销量(业务量)密切联系。从长期来看,所有的成本都是变化的,没有绝对不变的成本。当产销量(业务量)超过项目预定的规模时,企业就必须增加必要的设备和人员,固定成本总额也随之增加。

变动成本是指在一定的产销量(业务量)范围内,其发生总额随产销量(业务量)的变动成正比例变动的那些成本费用支出,包括直接材料、直接人工、流转税金和佣金等项目。与固定成本不同,变动成本总额随产销量(业务量)的变动成正比例变动,而单位产销量(业务量)所支出的变动成本则保持不变。

会展项目的变动成本是指在会展项目的既定规模内,随参加者和观众人数或赛事活动次数的变化成正比例变化的那些成本费用支出,如住宿费、运动员出场费、注册工本费、资料费、招待费、礼品费、交流研讨会费用和营业税金等。

① 预测盈亏平衡点。

盈亏平衡点也称保本点,它是区别赢利和亏损的分界点,是衡量会展项目盈亏的一个标准,在这一点上销售利润为零,即销售收入总额与成本总额相等,不亏不盈。假设某会展项目以门票收入为主要销售收入来源,其计算公式为:

盈亏平衡点门票销售量＝固定成本总额/(销售单价－单位变动成本)

② 预测销售利润。

预测销售利润可以采用边际贡献法,其计算公式为:

单位边际贡献＝单位售价－单位变动成本
边际贡献总额＝销售总额－变动成本总额
边际贡献率＝单位边际贡献/单位售价
盈亏平衡点销售数量＝固定成本总额/单位边际贡献
盈亏平衡点销售收入＝固定成本总额/边际贡献率

会展项目利润的多少,关键是解决成本和销售量之间的数量关系,是各种有关因素变动影响的结果,正确利用相关公式具体测算各种有关因素变动对最终利润的影响,对于正确进行管理具有重要作用。

假设一家活动组织管理公司从每个人身上可以获得50元的收入,但花在每个人身上的可变成本是40元(25元的食品和15元的酒水),因此,如表5-1所示。

单位边际贡献＝每个人收入　每个人可变成本＝50－40＝10元

假设全部固定成本是3 000元,则盈亏平衡点销售数量＝3 000÷10＝300人

即如果出席活动的人数少于300人,这项活动组织就是亏本的。

盈亏平衡点销售收入＝50元/人×300人＝15 000元

表 5-1 损益平衡点分析

	亏损	损益平衡点	盈利
人数(人)	290	300	310
收入：50元/人	14 500	15 000	15 500
费用合计：	14 600	15 000	15 400
其中：1.可变费用			
1.1 食品：25元/人	7 250	7 500	7 750
1.2 酒水：15元/人	4 350	4 500	4 650
2.固定费用			
2.1 租金费用	2 000	2 000	2 000
2.2 娱乐费用	1 000	1 000	1 000
利润：(元)	−100	0	100

(二) 目标利润预测法

目标利润是指在销售收入一定的情况下，根据目标成本、销售费用和既定的税率来确定目标利润的方法。其计算公式为：

$$目标利润=预计销售收入-目标成本-目标期间费用$$

从量本利关系分析增加利润的途径：增加标准广告牌位（摊位、门票等）销售数量；提高售价；降低单位变动成本；降低固定成本。以上均为项目组织采取单项措施实现目标利润的例子。在实际工作中，单独采取某一方面的措施可能无法实现目标利润，这时应综合运用多种措施，以实现目标利润。

(三) 比例测算法

比例测算法是根据利润与有关财务指标的比率关系来测算未来一定时期目标利润数额的方法。其计算公式为：

销售利润率法：

$$目标利润=预计销售收入\times计划期销售利润率$$

资金成本率法：

$$目标利润=预计资产平均占用额\times计划期资金利润率$$

第三节　会展项目预算管理

会展项目如何进行财务预算？

一、会展项目财务预算的内涵

会展项目财务预算是对会展项目在未来一定时期内的各种资源的来源和使用的详细计划，以数字形式对会展项目未来一定时期内的经营活动进行的概括性表述。会展项目组织者通过对某具体会展项目举办期间所需要的经费和预算收入进行初步的预算，根据每个会展项目的签约商和供应商提供的准确报价核算预期的收支。会展项目财务预算提供了整个筹备期间的收支预算，从而确保会展项目的各项财务支出充足、合理和高效。会展项目组织者要结合会展项目的特点，预计各项收支在每个月份、季节或年份的详细预算，协调人力、物力、财力，组织综合平衡，为财务决策的确立和财务控制提供依据。

整个会展项目预算体系的基础是对市场情况的预测与分析，因此会展项目组织者要明确"面向市场编制预算"的出发点。为了应对市场的变化，会展项目组织者制定的预算指标值应该具有一定的弹性，为预算工作的顺利开展留有余地，减少过大的预算刚性给预算管理工作带来的风险。总之，会展项目组织者制定的预算指标要经得起市场的检验，否则，预算计划的不周密，可能造成极大的浪费。当前提起举办奥运会，所有的举办城市都会感到兴奋。但在上个世纪 80 年代之前，举办奥运会的城市却都是赔钱的，其中最引人注目的就是 1976 年蒙特利尔奥运会，出现了 10 亿美元的巨额亏空，15 天的奥运会使蒙特利尔负债长达 20 年。给当地居民和奥林匹克运动蒙上了阴影，预算只有 1.25 亿美元的简朴奥运会，到后来资金失去控制，修主体育场的费用就达到 3.5 亿美元，花费 2 500 万加元修建的划船湖，基本上没有什么使用价值，花费 7 500 加元修建的自行车场地，与奥运会要求无关，奥运会后蒙特利尔市也不需要。除此以外，修建大型豪华的体育设施和一些相关设施，如昂贵的喷泉和人行横道等，给城市带来极大的经济负担，一些体育设施会后大量的闲置，造成不必要的浪费。

每种活动的预算都是这个活动组织者财务理念的代表，不同的活动所实现的目的自然不同。以下三类情况代表了活动组织者的财务理念，在编制预算之前，首先要明确活动组织的财务理念。

（1）利润导向型活动。在这类活动中，收入大于支出，其典型代表是公司为了宣起新一轮的促销活动而创作的活动。

（2）收支平衡型活动。在这类活动中，收入与支出保持平衡。最突出的例子是协会举办的年会活动。

（3）领导人或主办人亏损型活动。在这类活动自一开始就是准备亏本的。代表性的例子如慈善性活动、大学毕业典礼或政府组织的庆典。这类活动举办的目的一般是为了推动一项事业或发起一个有目的的运动，而不是为了保持收支平衡或盈利。

二、会展项目财务预算的实施模式

会展项目组织者提供的主要商品是服务，其主要业务收入都是以现金形式反映，所以会展项目财务预算的实施模式可以考虑主要实施以现金流量预算为中心的财务预算管理制度。这样可以凭借资金运动及其信息所具有的综合性，以资金管理为龙头，带动其他方面的管理活动。通过以现金流转为起点的财务预算模式，可以有效地了解到会展项目组织者的现金何去何从，在某一时点能被用于周转使用的余额是多少，会展项目组织者将对未来何时需要现金有全面的了解，能够控制现金支出和收入的合理程度，避免不合理的现金支出。

在会展项目管理中，预算是在预测的基础上进行的，会展项目组织者可能忽略一些意外事件而造成预测数据不可能完全准确，所以预算要有一定的幅度，即需要实行弹性预算。弹性预算是在固定预算模式的基础上发展起来的一种预算模式，它的主要用途是控制成本支出。在计划期开始时，弹性预算提供控制成本所需要的依据，在计划期结束时，它可以用来评价和考核实际成本。

三、会展项目预算工作程序

1. 确定财务预算的目标

财务预算要以会展项目组织者经营目标为前提。会展项目组织者经营目标包括：利润目标以及为实现这一目标的相关目标，如销售收入目标、成本控制目标、费用控制目标等。

2. 资料的搜集

要充分搜集会展项目组织者内部及外部的历史资料，掌握目前的经营及财务状况以及未来发展趋势等相关资料，并对资料采用时间数列分析及比率分析的方法，研究分析会展项目组织者对各项资产运作的程度及运转效率，判断有关经济指标及数据的增减变动趋势及相互间的依存关系，测算出可能实现的预算值。

3. 汇总会展项目组织者业务方面的预算

会展项目组织者各部门编制的各项业务预算，如销售预算，成本费用预算，材料、低值易耗品采购预算，直接人工预算等，都是编制财务预算的重要依据。

4. 财务预算的编制

财务预算的编制以销售预算的销售收入为起点，以现金流量的平衡为条件，最终通过预算损益表及资产负债表综合反映企业的经营成果及财务状况。财务预算的一系列报表及数据环环紧扣、相互关联、互相补充，形成了一个完整的体系。

四、会展项目财务预算内容

预算是实现会展项目目标所需要的资金计划，是针对预测结果而采用的一种预先的风险补救及防御系统。一旦确定了预算开支,就需要从内部、外部和客户三个角度来寻找支持预算的财源。为了保证会展项目在经济上的可行性,可以通过寻求赞助等方式寻找财源。在会展项目中,如何计算赞助商的投资回报,并对赞助商的赞助行为进行激励是非常重要的。会展企业的预算内容包括收入预算、支出预算和现金预算等。

(一) 收入预算

销售收入是企业现金流入的主要来源,也是实现利润的基本前提,而且很多财务项目是随着销售量的变化而变化,如销售成本、销售费用等,所以销售预测的精确与否对现金预算的可靠性影响很大。一般大型会展活动的收入预算包括广告收入、优惠销售收入、捐款、投资利息收入、注册费收入、商业销售收入、大型活动票房收入、经销商佣金收入(酒店支付)等。会展项目组织者通过出租摊位费、设备租赁、赞助费、代办费等方式取得销售收入,可以根据上年、上届、同类会展项目等的销售情况预测本年、本届、此类会展项目的销售收入,为编制现金预算提供更详尽的资料。会展项目组织者收入预算的主要内容是销售预算。它是在销售预测的基础上编制的,即通过分析会展项目过去的销售状况、目前和未来的市场需求特点及发展趋势,比较竞争对手和本企业的经营实力,确定会展项目组织者在未来时期内为了实现目标利润必须达到的销售水平。

在销售预算编制后,就可以进行应收账款的预算。应收账款是按照规定日期应付给组织者的款项,必须及时回收到期的应收账款,以便清算欠经销商的应付款。很多活动参加者在预订摊位时只是预付部分定金,项目组织者真正收到出租摊位收入的大部分余款是在会展项目开展前夕。会展项目组织者把会展项目服务承包出去时,通常也只是在签订合同时要求交纳小部分定金,余款在会展项目服务提供之前或之后支付,故会展项目组织者存在较多的应收账款,编制应收账款预算主要是对应收账款的回收情况做出计划,保证企业现金的正向流动,为编制现金预算提供资料。

(二) 支出预算

为实现销售收入预算必须支付日常管理费、印刷费、邮资、交通费、保险费等相关费用,有些是固定费用,有些随会展项目的规模和数量而变化,在预算时要加以注意,尽量细化预算方案。一般大型会展活动的支出预算包括:

(1) 会计费用;
(2) 市场营销费用:广告费、专项广告费、宣传手册设计费、宣传手册邮寄费、宣传手册印刷费、公共关系费等;
(3) 日常管理费用:装饰费用、保险费用、现场电话费、法律咨询费、执照费、许可证、复印费、摄影费、邮费、活动节目单编辑设计和印刷费、报告编制与出版费、按比例分摊的日常管理等;
(4) 职员/志愿者费用:职员住宿费、志愿者住宿费、志愿者表彰和奖品费用、合同工注册费等;
(5) 劳务费:视听人员劳务费、音响人员劳务费、照明人员劳务费等;
(6) 租赁费:视听设备租赁费、汽车租赁费、照明设备租赁费、音响设备租赁费、现场办公家具租赁费、场地租赁费等;

(7) 运输费：汽车里程碑补助费、材料运输费、杂费、宾客交通费、职员交通费等；

(8) 评估费：咨询事聘用费、评估费等；

(9) 注册费：注册材料费、补充注册和入场费等。

以奥运会为例，从奥运会的历史来看，现代奥运会的开支主要在以下两个方面：

(1) 奥运会的组织支出：规模庞大的现代奥运会的组织工作，是一个复杂的系统工程，需要相当数量的组织支出，它包括：制定各项计划、组织管理、文化活动、竞赛、交通、奥运会村和新闻村、通讯、医疗、保险、安全、礼仪和其他的方方面面。这些方面的支出，都是筹备奥运会必不可少的，必须通过制定周密的计划，提高管理水平和工作效率，大大提高其经济效益。

(2) 奥运会的工程支出：奥运会工程的直接支出是用于新建、改建、扩建举办奥运会必须使用的比赛场馆、奥林匹克主体育场、奥运村等方面的支出，另外，还有奥林匹克公园、新闻中心、记者村等，这也是成功的举办奥运会必不可少的工程支出。奥运会工程的间接支出指为了举办奥运会用于新建、改建、扩建城市基础设施、环境保护、宾馆饭店与餐饮服务设施和其他方面的支出，城市基础设施建设中包括交通、通讯、电力、供水和排水等。

（三）现金预算

现金预算是财务预算的重要内容，也是财务计划不可缺少的部分。现金预算是对会展项目组织者未来特定时期的现金流入和现金流出所作的预计，也是对现金收支差额提出平衡措施的计划。通过现金预算的编制，可以使财务人员了解企业现金需求，以便更好地筹措资金，控制现金的流转，会展项目组织者可以按会展项目的周期编制现金流量预算，也可以按月编制现金流量预算，时间越短编制的现金预算准确性越高。

现金预算是汇总反映预算期内由于生产经营引起的一切现金收支及其结果的计划，一般包括现金收入、现金支出、现金余缺和现金融通四部分。现金收入和现金支出的差额就是现金余缺，会展项目组织者在会展项目处于招展阶段时很可能出现现金短缺的情况，需要采用拉赞助、政府拨款等方式筹措资金，以保证资金的正向流动。现金融通是指对现金结余和现金短缺的弥补。一般情况下，现金发生结余时，可以进行偿债或投资等；而现金短缺时，通常通过举债、赞助等方式弥补现金不足。

（四）资金支出预算

资金支出预算是一种长期的具有投资性质的预算，主要包括：研究开发支出，如新会展项目策划研究费；更新改造生产设施，如场馆的更新改造；人事培训与发展支出；市场发展支出，如宣传促销费用等。

中国国际进口博览局2022年预算

中国国际进口博览局（以下简称"进口博览局"）是商务部直属公益二类事业单位，牵头落实中国国际进口博览会实施方案，受委托承担组织招展和招商具体工作，参与组织进口博览会期间重要会议论坛的组织工作，负责国家展区布置工作等。下设综合办公室、财务处、新闻宣传处、招展处、招商处、论坛处、保障保卫处等七个处室。

按照综合预算原则,进口博览局所有收入和支出均纳入部门预算管理。收入包括:一般公共预算拨款收入、事业收入、其他收入、上年结转;支出包括:一般公共服务支出、社会保障和就业支出、商业服务业等支出、住房保障支出等。

收入预算情况说明:

进口博览局 2022 年收入总预算 72 506.27 万元,其中:一般公共预算拨款收入 5 000 万元,占 6.9%;事业收入 55 000 万元,占 75.86%;其他收入 200 万元,占 0.27%;上年结转 12 306.27 万元,占 16.97%。

支出预算情况说明:

进口博览局 2022 年支出总预算 72 506.27 万元,其中:基本支出 67 506.27 万元,占 93.1%;项目支出 5 000 万元,占 6.9%。

财政拨款收支预算情况的总体说明:

进口博览局 2022 年财政拨款收支总预算 5 000 万元,收入 5 000 万元,全部为一般公共预算拨款(无政府性基金预算拨款及国有资本经营预算拨款)。支出 5 000 万元,全部为商业服务业等支出。

一般公共预算支出情况的说明:

进口博览局 2022 年一般公共预算支出 5 000 万元,比 2021 年执行数增加 5 000 万元,主要原因是 2021 年统筹利用结转资金保障第四届中国国际进口博览会举办,无当年财政拨款。进口博览局 2022 年一般公共预算拨款全部为商业服务业等支出,用于第五届中国国际进口博览会专项项目支出,保障虹桥国际经济论坛、国家综合展等重要活动举办。

资料来源:http://images.mofcom.gov.cn/ciieb/202204/20220429140810770.pdf

第四节　会展项目的资金筹集

会展项目通过哪些途径进行资金筹集?

一、合理选择会展项目筹资方式

筹集资金是项目资金运动的起点,是决定资金运动规模和生产经营发展程度的重要环节。会展项目筹资是指会展项目组织者通过一定的渠道、采取适当的方式获取所需资金的一种行为。对于会展项目而言,所筹集的资金是会展项目的主要收入来源,筹资工作的好坏直接影响到会展项目能否顺利成功地举办。

筹资方式是指可供组织者在筹措资金时选用的具体筹资形式。要提高筹资效率,减低筹资风险,会展项目组织者在选择筹资方式时应注意以下几个方面。

(1) 比较项目筹资成本和项目投资回报。会展项目投资回报是指会展项目组织者用筹集的资金投资于会展项目后取得的报酬。筹资成本是会展项目取得和使用资金所付出的代价,包括资金的筹资费用和用资费用。

(2) 分析项目筹资风险的大小。筹资风险是指项目筹资中不能偿还到期债务的风险。风险总是与收益成反比,与成本成正比。由于自有资金是会展项目组织者的永久性资金,在会展企业存续期内不需要偿还,因而其筹资风险最低,而负债筹资形成的资金一般要按事先约定的期限还本付息,而偿还期限越短,筹资风险就越大,筹资期限越长,筹资风险就相对较小。

(3) 考虑资本市场状况和公司的经营现状。

(4) 优化筹资结构。筹资结构是指各种筹资方式之间的比例关系。合理的筹资结构包括两方面的内容。①确立负债筹资和自有资金的合理比例。②确立长期筹资和短期筹资的合理比例。

会展项目组织者在进行筹资决策时,应在控制筹资风险与谋求最大投资收益之间寻求一种均衡,即可以对不同的筹资方式进行组合得出多种筹资方案,对不同的方案分别计算出加权平均资本成本,然后选择加权平均资本成本最低的几种方案,再根据会展企业财务现状、项目预算以及市场的未来趋势等因素,综合分析最终选择最合适的方案以构造合理的融资结构。

二、会展项目资金筹集的方式

随着会展活动的发展,越来越多的会展项目以赞助收入为其主要收入来源,能否获得更多的赞助收入是决定其最终是否获利的重要因素。此外,会展项目还可以通过其他市场开发形式筹集资金,尤其是在一些大型活动中更是如此。由于会展项目前期现金流出大于现金流入,为了保证现金流的正向循环,维持活动的正常运营,在无从获得其他现金流时也可以考虑负债筹资。负债筹资是一般企业的主要筹资方式,但目前会展项目较少使用负债筹资的方式。中小型会展项目初始资金的投入以会展项目组织者的自有资金为主,辅助采用赞助、借入资金等方式筹资。根据会展项目的共性和个性特点,以下介绍几种主要的筹资方式。

(一) 自有资金筹资

会展项目的自有资金是指活动主办机构自行拨付的款项,即拨款收入。拨款可以采用现金、实物资产等形式。

第一,现金。现金拨款是主办机构对会展项目进行投资的主要形式,它可以直接用于购买会展项目举办所需的各种材料、设备等,也可以直接用于支付场地租金、广告宣传费及人员培训费等开支,具有很大的灵活性和自主性。

第二,实物资产。除了现金外,主办机构还可以为活动组织者提供场地、设备、材料等实物资产,这些实物资产可以直接增加项目提供服务的能力。在预测过程中,财务人员必须对主办机构提供的耗费性实物资产(如纸张、油墨、木材等)进行估价,并根据市场租金确定主办机构提供的非耗费性实物资产(如场馆)的成本,并将这些成本统一纳入筹资成本。

（二）借入资金筹资

借入资金又称债务资金、负债资金，按资金可使用时间的长短分为短期负债和长期负债。

1. 短期负债筹资

短期负债是在一年或超过一年的一个营业周期内必须清偿的债务，它融资速度快、容易取得，可以解决会展项目对资金的临时性需要。但由于归还期限较短，如果会展项目资金安排不当，不能及时归还，容易陷入财务危机，融资风险高。短期负债主要包括短期借款、商业信用等形式，项目组织者向银行借入短期借款时，银行一般会附加一些信用条件，如补偿性余额条件和担保条件等，同时要支付利息。商业信用产生于企业之间的日常交易，是在交易中由于延期付款或预收账款而形成的企业间的借贷关系。和短期借款相比，商业信用程序简单、成本低，在会展项目中得到较为广泛的应用。

2. 长期负债筹资

长期负债是清偿期在一年以上或超过一年的一个营业周期的债务，其筹资的渠道主要有银行长期借款、发行公司债券和融资租赁等，主要用于大型会展项目的筹资，如2010年世博会这样大型的活动就采用发行债券的筹资方式。通过长期负债筹得的资金一般用于项目的基础设施建设和购置其他固定资产，这些项目的资金占用时间长且资金需求量巨大，单靠自有资金和短期负债难以满足其长期运营的需要。

（三）商业赞助

1. 商业赞助的涵义

商业赞助就是以某个活动为支点，以冠名、主办、协办、鸣谢、指定产品等为形式，从企业获得资金、实物支持，然后再以一定的广告、新闻媒体的宣传作为回报来进行操作的商业行为。一项活动可以有许多不同层次和地位的赞助商，而这种状况与赞助商从会展项目中获得的权益密切相关。这些权益包括使用特定名称和头衔的权利等。下面列举了几种不同层次的权益。

（1）冠名权：企业通过对某项活动出资赞助，取得用自己的商标或品牌为活动命名的权利，它是企业出资赞助的一种形式，但一般只有出资较高的企业才能获得冠名权。如上海旅游节的主要冠名企业有：中国移动通信出资50万元冠名承办"移动通信杯"花车巡游评比大奖赛；扬子江万丽大酒店出资30万元冠名举办"扬子江万丽德国啤酒节"；万事达信用卡公司出资20万元冠名承办"万事达卡杯"摄影大赛。花车冠名权采用社会招标制，即花车由中标企业出资设计、建造，旅游节组委会授予冠名权。

（2）展示权：这种情况允许赞助商的头衔与活动的名称并列（作为活动名称的一部分），也可以用于活动的各项标识。如2003年在保加利亚举办的国际雪地降落运动比赛就是体育服装生产商奥奈尔（O'Neill）赞助的，因此，此项赛事又被称为"奥奈尔（O'Neill）Todorca杯"。

（3）命名权：这种权益一般在长期赞助合约中出现，如使用赞助商的名字重新命名一个建筑物或体育馆，同样，公司名称、产品和品牌名称都可以使用。如美国科罗拉多（Colorado）州的"百事（Pepsi）中心"。

(4) 范畴权:此时,赞助商在他们赞助经营的某一领域中享有非竞争性垄断地位,因为他们是此方面的唯一合法代表。如赞助商日本佳能公司作为职业高尔夫协会联赛的正式合作伙伴,在经营方面被给予长期承认,并提供照相机、望远镜、传真机和复印机等产品服务。

(5) 供应权:此权利允许赞助方向活动提供服务、设备和产品。一项活动可以拥有多个赞助商,如2003年夏季残奥会,AerLingus作为签约航空公司提供飞行服务,丰田公司作为官方汽车赞助商提供公共交通服务。

2. 赞助的分类

① 按内容可分为现金赞助、实物赞助、现金和实物结合赞助;
② 按主题赞助的类型可以分为体育赛事赞助、重大节庆活动赞助和公益活动赞助等;
③ 按形式可分为独家赞助和联合赞助;
④ 按对象可分为单项赞助、多项赞助、冠名权赞助等;
⑤ 按赞助的类型可分为全额赞助或部分赞助。

赞助是一种商业交易/投资,而不是无偿的捐款,赞助企业通过赞助可以提高知名度、宣传企业形象、推广企业产品等,赞助类型的选择得当与否,大都对赞助的效果直接产生着影响。从赞助中获得的回报最终将对企业的利润产生积极而深远的影响。

3. 赞助商决定会展项目赞助时应考虑的因素

赞助商在决定会展项目赞助时,需要考虑以下因素:

① 比较在会展项目前后某一特定时段的销售量与前几年同一时段的销售量;
② 比较在会展项目举办地区的销售量与全国在相同市场上的平均销售量;
③ 分析能刺激购买的促销方法(打折票或凭优惠券打折购买);
④ 在会展项目举办前后追踪分销商数量的变化;
⑤ 衡量会展项目的覆盖范围。追踪会展项目在电台或电视台的曝光率以及在印刷媒体上的版面大小,就可以直观地了解所获得的曝光度与付出的代价之间的比例关系。赞助商也可能会关心媒体曝光的类型,全国新闻还是当地新闻,在全国发行的媒体还是地方发行的周报。如1988年6月汉城奥运会共与142家公司签定了708亿韩元的赞助合同,其中赞助商23家,供应商57家,特许经销商62家,每家赞助商的赞助数额超过200万美元;各个供应商提供的现金、资金和服务不得低于200万美元。赞助商数量的减少,并没有使赞助的收益减少,反而突出了赞助商的价值,极大地增加了组委会的收入。

4. 赞助的程序

赞助程序所进行的时间和操作步骤可能在不同的情况有所不同,但主要内容基本是相同的。

(1) 评估活动方案。

在开始寻找赞助商以前,需要花一定的时间来评估活动方案,该活动是高品位的吗?计划是否周详?是否新颖/创意/有趣?有无明星参与?谁将要参加出席?能否吸引媒体报道?换句话说,是否值得赞助?赞助商如何支持活动?活动所需要的支持是什么。资金、设施、服务、志愿者等?是一个赞助商还是几个赞助商(避免相同类别行业中的赞助商之间的冲突)?

(2) 确定赞助商的机会。

在决定活动有赞助价值之后,就需要开始撰写好赞助计划书,在计划书中列明所有赞助商的获利点。如果可以,应尽量写明可评估的等同价值,如媒体报道的广告等同价值。

对赞助商有价值的要点：
① 在活动期间，赞助商是否有机会促销产品或服务？
② 对潜在赞助商最有价值之处可能是展露度。
③ 活动将会得到媒体报道吗？
④ 活动的地点和经费？
⑤ 其他宣传/展露的可能性：T恤衫、门票、横幅、张贴、海报、气球等悬挂物及其他带有公司标记的印刷材料。
⑥ 其他增值和扩大活动的影响？
⑦ 有无赞助商的员工参与活动的机会？大公司可能是志愿人员的主要来源，公司参与可以振作员工士气。

（3）定义潜在的赞助商。

寻找潜在赞助商是一项费时而需要耐心的工作。任何有业务往来的公司都可能成为赞助商，但需要记住：不能同时要求相互之间有竞争关系的公司成为赞助商。

必须考虑活动的类型和规模：
① 目标受众是谁？是否了解他们？
② 活动在一年中的哪个时间段进行？
③ 估计参与的人数？
④ 赞助商宣传/展露和参与的机会点？
⑤ 促销的机会点，如参与人员的资料信息等？（注意有关保护个人隐私的权利）

必须考虑赞助的形式：是现金？是实物还是人力？不要忽视实物赞助和提供的服务（如旅行）。这些能抵消成本的赞助形式与现金同等价值。结合企业的目标市场和经营目标，根据以上的考虑列出适合本次活动的公司名单。

（4）研究潜在的赞助商。

在接触一个潜在的赞助商以前，需要对赞助商的业务进行一些研究。
① 该公司的经营哲学？
② 该公司有没有赞助经费？
③ 该公司做预算的时间？
④ 该公司过去所赞助的活动类型？
⑤ 最近的相关媒体报道？
⑥ 潜在赞助商所在行业的发展趋势？
⑦ 购买和使用其产品/服务的顾客？
⑧ 广告的策略？
⑨ 该公司在企业形象、宣传推广、顾客关系和经济发展方面的目标？
⑩ 赞助的决策者？

了解潜在的赞助商的信息渠道：该公司的年报、报刊杂志、合作伙伴等。记住一句谚语："如果你需要钱，就去寻求建议；如果你需要建议，就去寻求钱"。

（5）赞助建议书。

赞助商的类型：独家赞助商/联合赞助商，实物赞助商/媒体赞助商。根据每个赞助商的需要，撰写一份正式的赞助建议书。赞助建议书的内容必须简洁，不要超过5—6页。记住，建议书的目的有两个：避免对方说"不"和确保下一步的会谈。

赞助建议书的基本格式：

① 综述：简单扼要地介绍活动方案，赞助商的宣传点或获益点，赞助商的投资，决策期限。

② 简介：如果赞助商不了解活动的主办单位，必须对主办单位作一简介，以及活动的背景资料，包括构思和主要参与者（明星）。

③ 活动方案：详细介绍活动方案，时间/期限、地点、参与人数和目标受众；表明活动的目标；包括过去类似活动的资料，如新闻剪报等。

④ 赞助投资方案：这部分应包括一个详细的赞助内容，如现金/产品/奖金/广告/促销/服务/专业咨询等。每项内容必须转换成定量的价格。必须清楚所有成本和利润的数量；同时，赞助的投入应与所提供的回报相关联，不要过低估计成本，也不要高估活动的商业价值。

⑤ 赞助商的获益点：明确列出赞助商所有的展露点/宣传机会和获益；包括无形的利益如提高形象/增加公众认知度。如果可能，将所有回报进行量化。

⑥ 决策的期限：明确表明公司最后答复的日期和联系资料。每隔10天打电话跟踪，也可以要求会见面对面讨论细节。

⑦ 附录：包括其他相关材料，如赞助计划书和大概的预算，推荐函或支持函，新闻剪报，照片，以前活动的方案，以及一切可能增强说服力的材料。

(6) 赞助协议。

在所有条款达成一致后，双方需要就此确认。对于小型的赞助活动，双方可能简单地签署一个意向书。一般对于超过5 000美元的赞助方案，建议双方签定一个正式的书面协议确认所有条款。

（四）市场开发

市场开发行为是指以会展项目的标志、名称、形象等所有知识产权的转让为条件而获得资金、物资、技术和服务的行为。市场开发是大型活动尤其是体育赛事的重要收入来源，奥运会就是一个很好的例子。

2008北京奥运会的市场开发计划

奥运会市场开发由国际奥委会的市场开发计划和举办城市奥组委的市场开发计划组成。国际奥委会市场开发计划由奥运会电视转播权计划和奥林匹克伙伴计划（TOP计划）以及相关计划组成。奥林匹克伙伴计划是国际奥委会的全球赞助伙伴计划，每4年为一个周期，加入这个计划的企业获得奥林匹克最高等级赞助商的称谓——奥林匹克全球合作伙伴，不仅得到了全球范围内使用奥林匹克知识产权、市场营销的权利以及其它相关权益，还得到了指定产品和服务类别的排它权。

> 2008年北京奥运会市场开发计划由赞助计划和特许计划组成。其中,赞助计划分为2个层次,一个是北京奥运会赞助商计划,另一个是北京奥运会供应商计划。
>
> 北京奥运会赞助商计划又将赞助商分为2个级别,即合作伙伴和赞助商,它们均享有规定产品(服务)类别的奥林匹克市场营销排它权。北京奥组委合作伙伴和赞助商的市场营销期为4年左右。
>
> 北京奥运会供应商计划同样分2类,即独家供应商和供应商。前者享有规定产品(服务)类别的奥林匹克市场营销排它权。同一或相似类别产品(服务)2家以上的供应商共享规定产品(服务)类别的奥林匹克市场营销排它权。北京奥组委供应商的市场营销期为3年左右。
>
> 2008年北京奥运会特许计划的内容是,由北京奥组委授权企业生产、制造、销售带有北京奥运会标志、吉祥物和中国奥委会商用标志的产品。特许企业以交纳特许使用费的形式对奥运会做出贡献,不享有赞助商和供应商的权益,不能进行使用奥林匹克标志的市场营销活动。
>
> 资料来源:http://www.olympic.cn/index.html

根据申报预算,2008年北京奥运会举办经费为20亿美元,除中央政府和地方政府将提供少量补贴外,其中80%以上的收入要通过市场开发实现。下面以奥运会为例列举筹资的方式,其他会展项目可以参照采用。其中商业赞助也包括在内。2008年北京奥运会市场开发收入主要来自8个方面:

(1) 电视转播权收入(见表5-2);
(2) 赞助收入(TOP计划和国内赞助)(见表5-3);
(3) 供应商收入;
(4) 捐赠收入;
(5) 特许经营收入(生产和零售);
(6) 邮品纪念币收入;
(7) 主题文化活动(火炬接力等)收入;
(8) 票务收入。

表5-2 夏季奥运会电视转播权收入情况

时间	举办城市	电视转播收入(亿美元)
1980	莫斯科	1.01
1984	洛杉矶	2.87
1988	汉城	4.03
1992	巴塞罗那	6.36
1996	亚特兰大	8.95

(续表)

时间	举办城市	电视转播收入（亿美元）
2000	悉尼	13.18
2004	雅典	14.82
2008	北京	17.37

表 5-3　历届 TOP 计划实施状况

名称	TOP Ⅰ	TOP Ⅱ	TOP Ⅲ	TOP Ⅳ
	1985—1988	1989—1992	1993—1996	1997—2000
赞助商数量（个）	9	12	10	11
计划创收（亿美元）	0.8	1.4	3.5	3.5
实际收入（亿美元）	0.94	1.75	3.5	3.65

资料来源：邹保禄，张建哲. 2008 年北京奥运会经济展望. 集团经济研究，2006.12

总体而言，财务人员应根据会展项目的性质和规模，并结合主办机构的实际情况来进行筹资预测，考虑筹资方式的选择对筹资额和资金成本的影响，综合利用多种筹资方式，尽可能以较低的成本和风险获取所需资金。

本章小结

　　会展项目财务管理就是会展企业遵循客观经济规律，根据国家计划和政策，通过对会展项目资金的筹集、运用和分配的管理，利用货币价值形式对会展企业的经营活动进行的综合性管理。会展项目财务管理一般包括筹资管理、营运资金管理、成本费用管理和利润管理等内容。会展项目财务预测是指会展企业对项目未来资金需求的估计，具体包括投资预测、销售收入预测、成本预测、利润预测、筹资预测等内容。

　　会展项目财务预算是对会展项目在未来一定时期内的各种资源的来源和使用的详细计划，以数字形式对会展项目未来一定时期内的经营活动进行的概括性表述。会展项目财务预算提供了展会筹备期间的收支预算，从而确保会展项目的各项财务支出充足、合理和高效。会展企业的财务预算以收付实现制为基础，预算内容包括收入预算、支出预算和现金预算等。会展项目所筹集的资金是会展项目的主要收入来源，其筹集的方式主要包括自有资金、负债筹资、商业赞助、市场开发等。筹资工作的好坏直接影响到会展项目能否顺利成功地举办。

1. 简述会展项目财务管理的概念、特点和主要内容。
2. 谈谈你对会展项目财务管理的目标的认识。

3. 会展项目财务预测包括哪些主要内容？
4. 会展项目筹资预测需要考虑哪些因素？如何进行筹资方式的选择？
5. 会展项目的利润预测包括哪些方法？
6. 会展项目预算工作程序是怎样的？
7. 会展项目预算管理的主要内容有哪些？
8. 会展项目筹资方式包括哪些？
9. 某机构计划举办第一届丰收杯上海市高校男生足球友谊比赛。①作为一名项目策划者，请问你如何策划该机构去获取商业赞助？②请你列出拟选择的6家潜在赞助企业名单（同一行业只选一家企业），并以其中1家潜在赞助企业为例，说明选择该企业的理由。

案例分析

2008年北京奥运会是否盈利？

一、北京奥运会收益分析：

1. 北京奥组委奥运会直接收入213.63亿元，其中包括：

① 国际奥组委全球范围内市场开发收入按协议分配给北京奥组委86.7亿元。

② 北京奥组委市场开发收入（赞助商、供应商、合作伙伴等）与电视转播收入共98.7亿元。

③ 门票、住宿、利息、资产处置等约19.6亿元。

④ 残奥会收入8.63亿元。

2. 北京市与国家举办奥运会收益包括：

① 国家审计署和统计部门报告显示，奥运投入期（2001—2008）北京市GDP平均增速11.8%，约1%由奥运会贡献，人均GDP翻了一倍多。全国范围内奥运经济潜力的释放达6 000亿元以上。

② 承办奥运会带动了北京建筑、交通、环保和信息技术等产业发展。

③ 奥运经济带来的辐射效应拉动北京市旅游、商业、会展等消费增量约1 000亿元，提供了200万就业岗位。

④ 社会效益：国家与民族凝聚力增强，人民身体素质与素养提升，和谐社会建设得到加快。

⑤ 品牌效应：打响了中国与北京的国际知名度，提升了中国经济文化政治地位。

⑥ 观念提升：奥运精神中的绿色环保、科技创新、人文关怀深入人心，给人们的生产生活带来了观念上改变。

二、北京奥运会支出分析：

1. 北京奥组委奥运会+残奥会总成本202.06亿元，其中包括：

① 场馆改造（小部分）及比赛用的帐篷、板房、围栏隔断、管线等设施设备的购买和租赁共39.62亿元。

② 比赛计时记分通讯系统技术支出32.98亿元。

③ 比赛及训练器材、线下奥运主题活动器材、场馆能源消耗和运行保障费用19.65亿元。

④ 赛事电视转播技术运行费用17.23亿元。

⑤ 运动员及相关代表团官员工作人员代表团住宿餐饮、出行交通、兴奋剂检测、医疗服务费用33.69亿元。

⑥ 开幕式、闭幕式创意组织实施,火炬境内传递,奥运宣传和主题活动共12.72亿元。

⑦ 工作人员工资,工作人员及志愿者招募培训、奖励、服装等人力资源费用14.24亿元(其中招募志愿者10万人,开支1.71亿元)。

⑧ 北京奥组委行政办公、法律咨询,运动员人身保险、财产保险、一卡通运营费用共18.46亿元。

⑨ 奥运会对残奥会补助4.84亿元,残奥会支出8.63亿元。

3. 北京市与国家为举办奥运会在改善环境和基础设施建设方面成本:

① 场馆建设和设施搭建:新建场馆12座,扩建场馆11座,临时搭建场馆8座,改造独立训练场馆45座,总投资约130亿元(中央和北京市政府大约出一半,社会融资及国内外捐赠约占一半)。

② 建设相关配套设施:奥林匹克花园,国际会议中心,奥运村,媒体村等(由社会企业出资,赛后利用营收也归企业)。

③ 改善城市运行的基础设施建设投入:基础设施,能源交通,水资源和环境改善建设,人民生活基础设施等等共2 800亿元左右。

4. 北京市举办奥运会隐性社会成本和未来潜在成本:

① 居民搬迁、工厂停办、志愿者奥运期间无法工作导致原工作单位行政效率损失等等。

② 奥运会的眼球效应及曝光热度使部分其他企业正常宣传收益下降。

③ 人群大量涌入北京带来的治安行政压力,为提高居民素质开展的讲文明树新风活动的成本。

④ 新建的场馆和生产设备日后运营维护的成本。

资料来源:北京奥运会财务收支和奥运场馆建设项目跟踪审计结果

讨论题

1. 运用会展项目财务管理的知识对该案例进行分析。
2. 大中型会展项目筹资过程中,如何合理规避可能面临的筹资风险?

第六章

会展项目的实施控制

学习目标

学完本章,你应该能够:
1. 了解项目控制的主要概念;
2. 掌握项目质量控制的理论和方法;
3. 掌握项目成本控制的理论与方法;
4. 掌握项目进度控制的理论与方法;
5. 掌握项目变更控制的理论与方法。

基本概念

项目控制　全面质量控制　成本控制　进度控制　变更控制

第一节　会展项目控制概述

什么是项目控制?

一、项目控制概述

控制过程是管理过程的重要内容,对组织实施过程能否与计划方案相一致起保证和监督作用。正如法约尔曾指出:"在一个企业中,控制就是核实所发生的每一件事是否符合所规定的计划、所发布的指示以及所确立的原则,项目控制就是要指出计划实施过程中的缺点和错误,以便加以纠正和防止重犯。控制在每件事、每个人、每个行动上都起作用。"控制的有效与否,直接关系管理系统能否在变化的环境中实现管理决策及计划制订的预期目标。

项目控制过程贯穿于整个项目实施阶段,并且是一个动态过程,在跟踪项目进展信息的基础上，对发现的问题及时采取措施解决。问题发现得越早，就越好改正。因此，项目组织在各项资源允许的前提下，可适当缩短报告期，以便及时发现问题。尤其是当项目已偏离轨道时，更应该增加项目报告的频率，直到项目回到轨道上来。

由于会展项目的独特性以及各种不确定因素的干扰，即使事先经过周密的计划，在实施过程中难免偏离预先计划的轨道。会展项目控制要监督和检测项目的实际进展，若发现实施过程偏离了计划，就要找出原因，采取行动，使项目回到计划的轨道上来，如果偏差很显著，则须对计划做出相应调整。会展项目控制具有两方面的作用。一是检验作用，即检验各项工作是否按预订计划进行，并检验计划方案的正确性和合理性。二是调整作用。通过调整不合理的计划或消除各种干扰因素，使项目活动回到计划的轨道。一般来说，会展项目控制的目标主要有四方面：一是确保会展项目的成本控制在预算范围内；二是确保会展项目的进度保持在计划范围内；三是确保会展项目的质量达到计划目标。四是采取必要的变更措施。总之，控制的目标是保证会展项目达到预期目标。

二、项目控制类型

如表 6-1 所示，会展项目控制包括前馈控制、反馈控制和同期控制三种类型。

1. 前馈控制

前馈控制，又称预先控制，即在项目开始之前就实施管理控制工作。根据已掌握的信息（包括以往的经验和最新的情报），将所有可能出现的情况及其影响进行详尽分析、预测，充分做好出现某些变故的准备，不断地修正计划和实施方案，力求使预测和实际情况一致。前馈控制能将各种偏差消灭在萌芽状态，使项目实施时能够避免重大损失。在偏差未出现但征兆已显露时，应及时采取预防措施。如在会议报名阶段发现报名情况未达到预期目标，应在报名截止日期前采取增加宣传力度、提高会议知名度、增加服务项目、取得权威机构支持等有力措施，努力消除因参会人数不足带来的影响。在偏差已出现时，应及时采取纠正措施。

2. 反馈控制

项目管理者应根据会展项目各阶段的实施结果，与计划目标相比较后，制订相应的措施，将出现的偏差及时纠正和调节，使会展的实施朝预定的方向前进。如在展览招展过程中，应根据具体的招展进度计划，分阶段对照检查，发现偏离预先的计划时，需立即分析偏差产生的原因，并预测未来的发展趋势，采取相应的纠偏措施，及时调整策略，使招展工作能顺利完成。由于从掌握实际情况到比较、评估、分析原因、制订措施并付诸实施都需要时间，常常贻误时机，增加控制的难度，会展项目活动的现场控制不宜采取此控制方法，因为不利的偏差一旦出现，造成的损害往往很难弥补。

3. 同期控制

这是在会展项目计划实施过程中，在现场及时发现存在的偏差或潜在的偏差，及时提供改进措施使偏差得以修正的一种方式，这是一种既经济又有效的控制方法，也是难度较大的控制方法，它要求控制人员具有敏锐的判断能力、快速的反应能力以及机智的应变能力。因此，同期控制的成效取决于现场管理人员的素质，也需要实际操作人员的密切配合。会展项目控制人员应采取"走动管理"，尤其是项目活动进入实施阶段时，多到现场走走，观察项目进展情况，能及时发现潜伏的隐患，并及时采取措施纠正偏差。如展览接待过程中发现为参展商预订的酒店入住率较低，有大量空房，给组展方带来较大损失。接待人员应及时将情况向组委会汇报，组委会在分析原因后应立刻采取相应措施，积极联系酒店出售空置的客房，调整次日的订房数量，落实参加酒会的人数，尽量将损失降到最少。

表 6-1　三种控制类型比较表

控制类型	所处阶段	主要功能
前馈控制	输入阶段	预知问题
同期控制	执行阶段	问题发生时纠正问题
反馈控制	输出阶段	改正问题

三、项目控制系统

要实现对项目的有效控制，应使控制工作程序化、规范化，建立项目控制系统，具体如图 6-1 所示。

图 6-1　项目控制系统图

四、项目控制流程

1. 建立绩效标准

控制标准是管理者期望的绩效标准，也是管理者采取控制行为的依据。并不是计划实施过程的每一步都要制订控制标准,只要选择一些关键点作为主要控制对象,如邀请参展商数额、海外参展商所占比重、展位出租数量以及专业观众比例等。会展项目控制标准要求尽量简明、可操作性强,做到具体化、数字化,容易测定,容易执行。因此,选择关键点时,管理者必须具备丰富的经验和敏锐的观察力,要对会展项目计划进行全面分析,充分考虑组织实施过程中的具体情况以及外部环境的影响因素。在项目控制中,一些重要标准包括:工作范围、项目规格、工作分解结构、工作包、成本估算和预算、进度计划、质量、项目所有者的满意、项目团体的满意、资源利用、生产率、可靠性等。

2. 实施绩效观察

在项目实施的过程之中,要对其完成情况进行持续的跟踪,不断获得项目执行有关情况的最新信息。绩效观察就是收集充分的项目信息,对计划和实施的绩效情况作出正确的比较。项目绩效的信息来自多种渠道,绩效观察的过程也可以采取正式和非正式的多种形式。正式的信息渠道包括报告、简报、参加回顾会议、信件、备忘录和审计报告等。非正式的信息渠道包括不正式的谈话、观察、听取项目团队内和组织的其他部门的传说和闲话等。绩效观察所获取的信息是对项目进行监控,并对项目未来发展趋势进行预测的基础。因此无论是收集项目实际绩效的信息资料,还是有关变更情况的信息资料,都应该确保及时。具体说来,如果项目定期报告每月进行一次,那么应该在每月月中或月底收集信息,以便在采取纠偏措施或估测项目发展趋势时有最新的信息作依据。

3. 衡量成效

收集到最新信息资料后,应当将同绩效标准进行比较,一方面要寻找偏差,以确定工期进度是否提前,花费的成本是否节约,质量是否达标等问题,掌握项目实施的现状、偏差产生的原因以及处理偏差的措施等。另一方面需要判断原先制定的绩效标准是否科学、可靠,按照该计划生产出来的产品是否会被市场认可。项目管理者应深入分析现有偏差产生的原因,辨明问题的性质,预测偏差的未来走势,评价对实现项目目标的影响程度,以及决定是否采取纠偏措施。跟踪项目的完成情况并不能识别问题,它描述的只是一个机体的症状。当识别出症状后,必须调查研究,判断问题的实质原因,才能找到合适的解决方法。如实际进度落后于计划进度的原因,也许是工作量比预计的更多,也许是工作人员没有投入预计的时间,也许是进度记录不准确。通过项目检查,将检查报告提交给项目经理和管理者,可以使其准确地获悉:项目当前执行情况(主要是成本、进度及偏差情况),未来的趋势(是否会出现偏差,现有偏差的走势,偏差的性质),关键路线上的任务完成情况,风险状况(现有风险、潜在风险)等。项目检查报告应简洁明了,并配有数据,对重大偏差应突出显示,并作出解释。

4. 采取纠偏措施

识别出偏差产生的根本原因后,项目管理者就应该对症下药,及时提出纠偏方案。通常偏差越大,对项目成功的威胁就越大,纠正难度就越大,纠正成本也越高。在真正采取纠偏措施之前,应对拟实施的纠偏措施进行评估,以确保该措施可以使项目回到原先的范围、时间和预算约束之内。但一般来说,一旦项目发生偏差,采取措施加以纠正,一定会改变原订的进度计划和成本计划,从而导致基准计划发生相应的变动。因此在采取纠偏措施时一定要谨慎。改进绩效有两种一种方式。一是纠正,一是预防。所谓纠正是将现有的问题纠正到正确的轨道上，预防则是指解决问题的根源，避免以后类似问题的再发生。管理者如果只是纠正，而不去真正解决问题，容易造成"救火式"管理的恶性循环。应将调整后的项目绩效标准作为后续项目控制活动的基础，并应及时通知项目成员、项目业主以及其他利益相关者，获得他们的同意和支持。例如需要增加资源投入，增加项目成本时，需要征得项目出资方的同意，要增加排污量，要征得当地政府环境部门的同意。

第二节　会展项目质量控制

什么是项目质量控制？

一、全面质量控制的理念

质量是会展的核心要素之一，项目质量控制是为满足项目的质量要求而采取的作业技术和活动，包括确定控制对象，规定控制标准，制订具体的控制方法，明确所采用的检验方法，说明实际与标准之间产生差异的原因，为解决差异而采取的行动等。在企业质量控制活动中，国际上普遍运用全面质量控制的管理方法。全面质量管理是指企业内部的全体员工都参与到企业产品质量和工作质量工作过程中，将企业的经营管理理念、专业操作和开发技术、各种统计与会计手段方法等结合起来，在企业中普遍建立从研究开发、新产品设计、外购原材料、生产加工，到产品销售、售后服务等环节来贯穿企业生产经营活动全过程的质量管理体系。这是美国管理专家戴明创立的质量管理方法，其特点是一切为了顾客，一切以预防为主，一切凭借数据说话，一切按"计划—执行—检查—处理"循环办事。在会展项目管理活动中，为了建立科学的质量保证体系，不断提高会展质量和管理水平，塑造更多的品牌展会，也必须引入全面质量管理理念。

二、会展项目质量控制的特点

在会展市场竞争中，会展项目必须以质量为基础，凭借卓越的质量，才能实现会展项目的可持续发展。会展项目的质量控制就在于提高产品或服务质量，增强会展企业的市场竞争力，为塑造品牌会展项目打下坚实基础，从而提高会展企业经济效益，保证会展企业的生存与发展。

同其他行业的质量管理一样，会展项目的质量管理也讲求产品的内在品质与合格程度，满足顾客（消费者）的需求。会展项目是会展企业的产品，其质量具有两个方面的内容，一是项目本身的质量如何，即是否取得权威机构的支持，是否代表该行业的发展方向，是否获得国际有关机构的资格认可等；二是项目工作人员的工作质量，即能否提供专业、优质、全方位的会展服务。工作质量控制是通过会展项目组织内部各部门以及成员的工作态度、工作绩效等反映出来的。一方面,会展项目的实施过程中大量的工作是直接面对客户的,工作质量与产品质量合二为一,工作的过程,也就是向客户提供服务的过程。另一方面,工作过程中设计、策划产品的过程是工作质量和产品质量的保证,从一定意义上讲,提高工作质量也就是在提高产品质量,而且只有提高了工作质量才能提高产品质量。对产品质量的检验只有在事后才能准确得出,而对产品质量的事前控制必须通过控制工作质量来实现。因此,在现代质量管理中,会展项目组织越来越将质量控制的重点放在工作过程中。

由于会展业产品内容非常丰富,涉及面广,服务产品的质量控制相对复杂。如会议组织者与承办者要为与会人员提供会议场地、设备、餐饮、娱乐、交通、通讯等多种配套服务,展会中参展商要为观众特别是专业观众提供产品展示、展台搭建、宣传资料、导游解说、奖品礼物、表演介绍及展后服务等,而与会者和参展商可能来自不同的国家和地区,具有不同的文化背景,要使他们都满意殊非易事,况且会展服务在活动之前就开始,并延伸到活动之后。因此,会展项目的质量控制既要统筹兼顾,协调平衡,又要抓住核心,突出重点,并在不同的管理阶段采取相应措施。

三、编制项目质量控制计划

在编制项目质量控制计划前,需要收集的信息和文件主要包括五方面。一是项目的质量方针。这是项目组织和项目高级管理层对于项目质量管理的正式描述和表达,是项目组织对待项目质量的指导思想和中心意图。从项目质量管理的角度来看,质量方针主要包括项目设计的质量方针、项目实施的质量方针、项目完工交付的质量方针三部分内容。二是项目范围说明书,陈述投资者的需求以及项目的要求和目标,这是项目质量计划确定的主要依据和基础。三是产品说明书,通常包括详细的技术要求等内容,对制订项目质量计划非常有用。四是标准和规定。项目质量计划的制订必须考虑部门标准、行业标准等。五是项目其他工作的信息。

四、项目质量控制的方法

会展项目质量控制的方法很多,最常用的方法有四种。

一是成本/收益分析法。要求在质量控制时考虑收益与成本之间的平衡,符合质量要求的收益是降低返工率的保证,这意味着较高的生产率、较低的成本和项目有关各方满意程度的提高。成本/收益分析法的实质是分析质量的投入成本和所获取收益之比,选择那些对项目最有价值的质量活动。由于有些展会并不强调首届获利,而追求长远利益,因此在使用该方法时应与展会的总体目标一致。

二是流程图。这是表达项目运作过程中不同工作相互关系的工具,常用于分析和确定项目的质量形成过程。质量管理流程图常用因果关系图的形式表现,通过箭线将质量问题与质量因素之间的关系表现出来,因形同鱼刺,亦名鱼刺图。在绘制鱼刺图时,确定需要分析的质量特性,并分析影响质量特性的各种因素,用大枝表示大原因,中枝表示中原因,小枝表示小原因,并找出关键因素用文字说明或做出记号。

三是质量标杆法。这是指利用其他会展项目的质量管理结果作为比照目标而制订新项目质量计划的方法,大型展会的质量计划常采用此法。

四是排列图法。搜集一定时期内的质量数据,将影响质量的因素进行排列,统计出各种因素出现的频率和累计频率并绘制帕累特曲线。

五、填写项目质量检查表

如表6-2所示,质量检查表主要用于控制质量,分析质量问题、检验质量和评定质量,是项目质量控制的重要内容。通过编制质量检查表,可以对会展项目质量进行动态跟踪调查,从而保证项目质量达到预期标准。质量检查表简单明了,一般围绕构成会展项目质量的因素来展开,如参展商的实力和数量、专业观众的结构及人次、展会成交额预计、展馆面积和设施情况、展会配套服务是否完善、沟通渠道是否通畅、展会相关活动的价值等。

根据反映质量问题的不同和详细要求,质量检查表可采用表格式或询问式的形式。表格式是将展会中的各种质量情况列表统计,从而获得直观检查结果。询问式是将展会中涉及的质量问题一一提出来,并对照结果进行质量监督控制,如表6-3所示。

表6-2 表格式质量检查表

质量问题					
沟通不及时	A	B	C	D	总计
专业观众少					
场馆设施落后					
成交额低					
总计					

表6-3 询问式质量检查表模版

编号	问题	负责人
1	谁负责巡视展馆并处理日常问题?	
2	谁负责展会中的新闻发送和交易额统计?	
3	哪个部门负责解决参展商的疑难问题?	
4		
5		

第三节　会展项目成本控制

什么是项目成本控制？

一、项目成本控制的概念

1992年颁布的《企业财务通则》第二十六条规定："企业为生产经营商品和提供劳务等发生的各项直接支出，包括直接工资、直接材料、商品进价以及其他直接支出，直接计入生产经营成本。企业为生产经营商品和提供劳务而发生的各项间接费用，分配计入生产经营成本。"会展项目成本是指会展项目全过程中所耗用的各种费用总和，包括人工费、材料费、设备折旧费、管理费、税金等。除了要考虑完成项目工作所需资源的成本外，还要考虑项目的可行性、立项及项目完成后的使用和保障阶段等影响因素以及项目相关利益者的不同要求。

控制成本是实现目标利润的重要手段。会展项目的成本控制是指项目组织者为保证项目目标的实现而制定成本预算，并对项目实施过程中发生的成本费用进行检查、监督和控制，努力将实际成本控制在预算范围内的管理过程。简单地说，就是通过开源和节流，使项目的净现金流（现金流入减去现金流出）最大化。开源即增大项目的现金流入，节流即控制项目的现金流出。会展项目的成本管理包括编制成本计划、审核成本支出、分析成本变化、研究降低成本的途径和采取成本控制措施等五方面内容，前两方面是对成本的静态控制，比较容易操作，后三方面是对成本的动态控制，比较难以实现。具体而言，成本费用管理要做好以下工作：建立成本和费用的责任中心，制定预算成本或标准成本；分析实际成本与预算成本的差异；纠正偏差；编写成本控制总结报告等。

二、项目成本控制的原理

为保证会展项目财务预算的顺利进行，应将正确编制的预算指标逐级分解并落实到项目组织的各部门及责任者，并作为逐级考核工作绩效的依据。要达到预期财务目标，必须依靠项目组织的全体成员参与和努力。作为项目管理者，应以预算为起点，加强管理，强化控制功能，在预算执行过程中采取一系列控制手段，保证会展项目的顺利进行。这就要求项目管理者掌握项目费用控制原理。所谓项目费用控制原理，即在项目实施过程中，以项目的费用预算为基准，保证项目在预算或可接受范围内执行，并控制预算的变更。

三、项目成本控制的原则

1. 全面性原则

全面性原则是指对成本产生的全过程、项目实施的所有成员进行管理和控制。全面性原则包括全过程成本控制原则和全员成本控制原则。全过程成本控制是指会展项目成本控制不只发生在财务过程，而是发生在整个项目运作过程之中。全员成本控制原则认为成本是一项综合性指标，反映项目组所有成员的工作实绩。要想降低成本，提高项目经济效益，必须充分调动所有成员"控制成本，关心降低成本"的积极性。在设置成本控制的专职机构或配备专业成本人员时，必须充分发动广大员工人人参与成本控制活动，在加强专业成本管理的基础上，要求人人、事事、时时都按定额标准或成本目标实行成本控制。

2. 效益原则

在行业发展到一定程度后，企业间的竞争主要靠改善内部管理，成本管理也提到了战略高度。美国著名学者库珀指出："成本管理战略就是企业运用一系列成本管理方法同时达到降低成本和加强战略位置的目的。"也就是说，企业的成本管理不是简单的为节约而节约，而是要构建企业的长期竞争优势和盈利能力，如果削减某项成本却降低了企业竞争力，则不可取；反之，如增加某项成本却提升了企业竞争实力，则值得肯定。因此，在项目成本控制过程中，管理者要结合进度控制、范围控制和质量控制，不能单纯地控制费用，要正确处理成本、产品服务质量和产品服务价格三者之间的关系。在保证质量的前提下，合理控制成本，努力提高经济效益。

3. 例外管理原则

项目成本控制主要通过对各种成本差异进行分析，及时发现问题，挖掘降低成本的潜力，提出改进工作和纠正缺点的措施。但实际上项目运作中出现的成本差异往往千头万绪，管理人员不可能将全部时间和精力耗于对每个成本差异的因素分析上。为了提高成本控制的效率，管理人员会将工作重点放在那些不正常的或不符合常规的关键性差异上，对其追根求源，查明原因，并及时反馈给有关责任中心，以便迅速采取有效措施，消除这些不正常差异。

4. 统一原则

在成本控制中切实贯彻国家统一的经济政策，严格遵守国家统一的财经法规，认真运用统一规定的方法正确处理企业与投资者、企业与企业、企业与职工、企业与消费者之间的经济利益关系。这是我国企业成本控制的重要原则，会展企业的成本控制也不例外。

四、会展项目成本控制的流程

1. 制定标准成本

标准成本是通过精确的调查、分析与技术测定而制定的，用来评价实际成本、衡量工作效率的一种预计成本。在标准成本中，基本排除了不应该发生的"浪费"，因此被认为是一种"应该成本"。标准成本是成本控制的基准，会展项目成本控制主要是通过将实际发生的成本与标准成本相比较来监督成本控制情况。为了更好实现项目成本控制，制定的标准成本必须客观、准确。标准成本的制订一般有两种模式：一是大中型会展项目的分级编制，即先由各部门制订成本计划，再由项目经理部汇总，编制整个项目的成本计划；二是小型会展项目的集中编制，即由会展项目经理部事先编制各部门成本计划，再汇总编制整个项目的成本计划。

2. 实际开支的测量与记录

在实施过程中要及时对已发生的费用进行记录，填写费用状态报告，以便及时了解会展项目各项活动的实际开支,了解各项活动各时间段的实际开支。如表 6-4 所示,以某会议项目为例,编制费用状态报告表示。

表 6-4 某会议项目费用状态报告

时间单位:天
费用单位:元

编号	项目工作名称	预算费用	实际支出	将来支出	完成时费用估算	费用偏差	费用偏差率
\multicolumn{8}{l}{编制报告时间:8 天　项目开始时间:第 0 天　完成时间:第 12 天}
A	会议筹备	20 000	21 000	—	21 000	+1 000	+5%
B	会议接待	5 000	4 000	—	4 000	−1 000	−20%
C	正式开会	50 000	40 000	15 000	55 000	+5 000	+10%
D	会议参观	30 000	10 000	18 000	28 000	−2 000	−6.67%
E	会议结尾	10 000	2 000	7 000	9 000	−1 000	−10%
合计		115 000	77 000	40 000	117 000	+2 000	+1.739%

3. 实际开支和标准成本的比较

将会展项目各项活动实际开支同费用基准进行比较,活动 A 和 B 在第 8 天已经完成,其超支情况容易判断,前者超支 1 000 元,后者节约 1 000 元,但其他工作以后的活动不容易判断,因为在第 8 天时这些活动尚未结束,只有先了解它们已完成的工作量后才能做出判断。为此,在第 8 天先计算已完成工作量同该活动总工作量的比值 ω 和该活动实际开支同该活动预算费用的比值 b,然后进行比较,ω/b 分别大于 1、等于 1 和小于 1,表示该项活动有节余、符合预算和超支。要计算超支或节余数额,可采用挣值法。挣值法是通过分析项目目标实施与项目目标期望之间的差异,从而判断项目实施的费用、进度绩效的一种方法,又称偏差分析法。

4. 标准成本的差异分析

标准成本是一种目标成本,在项目运作中服务产品的实际成本会与目标成本存在差额。这种差异通常称为标准成本的差异,或成本差异。成本差异是反映实际成本脱离预定目标程度的信息。如表 6-5 所示,要深入分析成本差异产生的原因,以便采取措施。会展项目费用偏差的原因是多方面的,需要对其进行定量与定性的分析,一般来说,可分为宏观和微观两方面。宏观原因如政治因素、物价上涨、突发事件等;微观原因如工作效率低、管理协调差、沟通不好、执行人没有责任心等。具体来说,微观原因大致可分为三类:一是执行人的原因,包括过错,没有经验,技术水平低,责任心差,不协作等。二是目标不合理,包括原来制定的目标过高或过低,或者情况变化使目标不再适用等。三是实际成本核算有问题,包括数据的记录、加工和汇总有错误等。

表 6-5 标准成本的差异分析

支出项目	实际成本	预算成本	差异额	差异率
营销支出				
展览场地租赁费				

(续表)

支出项目	实际成本	预算成本	差异额	差异率
会展项目管理费				
提供各种服务费				
其他费用				
费用总计				

5. 采取措施，纠正偏差

纠正偏差是成本控制系统的目的，是各责任中心主管人员的主要职责。如果成本控制的标准健全并且适当，则产生偏差的操作环节和责任人在标准中已经指明，评价和考核也是按这些标准进行。具有责任心和管理才能的称职人员就能够通过调查研究找出具体原因，并有针对性地采取纠正措施。根据成本性态的不同，项目成本控制可分为变动成本控制和固定成本控制。变动成本控制的措施有：一是加强材料管理，改进材料的采购、收发、验收、挑选、分级等一系列工作，保证材料的质量；二是提高材料利用率，节约材料消耗。三是提高设备的利用率，充分发挥现有设备的能力。四是提高服务能力，减少差错的发生，降低运营过程中的修正费用。固定成本的控制措施有：一是对营业费用、管理费用和财务费用中属于固定成本的部分编制相应的预算，并随时反映和监督各项费用预算的执行情况。二是审核费用支出是否符合开支范围和开支标准。三是建立费用的审批制度，严格规定各种费用的审批单位和审批权限。

6. 编制成本控制报告

成本控制报告是成本控制的最终结果，主要内容是关于实际成本的资料，控制目标的资料以及两者之间的差异和原因。报告的内容应与其责任范围一致，报告的列示要简明、清晰、实用，便于总结经验教训，便于告知利益相关人及时采取相应的改进措施。

第四节　会展项目进度控制

什么是项目进度控制？

一、项目进度控制概述

会展项目进度控制是对项目各实施阶段的工作内容、工作程序、持续时间和衔接关系编制计划，在实际进度与计划进度出现偏差时进行纠正，并控制整个计划的实施，以确保项目进度计划总目标得以实现的过程。

在会展项目实施过程中，需要经常检查项目的实际进展情况，并与项目进度计划相比较，采取相应纠正措施。如实际进度与计划进度相符，则表明项目完成情况良好，进度计划总目标的实现有保证。如发现实际进度已偏离计划进度,应分析产生偏差的原因及其对后续工作和项目进度计划总目标的影响,找出解决问题的办法和避免进度计划总目标受影响的切实可行措施,并根据解决措施和办法,对原进度计划进行修改,使之符合现在的实际情况,并保证原进度计划总目标的实现。

二、项目进度控制的内容

进度控制在项目实施中与质量控制、成本控制相互影响、相互依存、相互制约。项目进度控制包括从会展项目开始实施,直到完成总结评价等后续工作的各个阶段,会展项目进度控制主要包括准备阶段进度控制、实施阶段进度控制和后续阶段进度控制。

(一) 准备阶段进度控制

在会展项目正式实施前准备阶段的进度控制,具体任务是客观地编制会展阶段进度控制工作细则,编制或审核会展总进度计划和日程安排,审核各部门工作实施进度计划,编制年度、月度、季度工作进度计划。

(二) 实施阶段进度控制

在会展项目实施过程中进行的进度控制,是决定会展计划能否付诸实现的关键过程。在此阶段,进度控制人员应要求各部门定期汇报工作进展情况,视具体情况定期或不定期召开各部门工作会议,一旦发现实际进度与目标偏离,必须及时采取措施纠正偏差,以保证各项工作沿正常轨道顺利进行。

(三) 后续阶段进度控制

在完成整个会展任务后进行的进度控制,具体内容包括:及时组织评估工作;处理工程索赔;整理本次会展有关资料,及时将有关信息向客户通报;将客户档案、总结评估报告及时整理归档;根据实际实施进度,对有关人员进行答谢,以保证下一阶段工作的顺利开展。

在项目进度控制时必须明确,计划的不变是相对的,变化是绝对的,制订项目进度计划所依据的条件也在不断变化。影响项目进度原计划的因素有很多,既有人为因素,也有自然因素。因此,控制者即使制订了科学合理的进度计划,也不能忽视对进度计划实施的控制。同时,也不能因进度计划肯定要变,而忽视进度计划的制订,忽视进度计划的合理性和科学性,应该采取正确的态度看待计划与控制调整的关系。一方面在确定进度计划制订的条件时,要具有预见性和前瞻性,使制订的进度计划尽量符合变化后的实施条件;另一方面,在项目实施过程中要依据变化后的情况,在不影响进度计划总目标的前提下,及时对进度计划进行调整。

三、会展项目进度控制程序

(一) 记录项目的实际进度

要知道会展项目的实际进度是否与计划相符合,先要做好基础的记录工作,了解会展项目每项活动的实际进度,包括各项活动实际的开始时间、持续时间、结束时间,以及哪些工作已经完成,哪些尚未完成。例如会议接待的接机活动原计划是 2 天,实际用了 3 天,整个会议议程因此推迟一天。再如展览会的招展工作原计划从 3 月 1 日持续至 3 月 30 日,结果到 4 月 3 日尚未结束。对会展项目的实际进度跟踪时可采用日常观测法和定期观测法。对周期短的项目如短期会议等可采用日常观测。

(二) 项目进度偏差分析

将项目的实际进度进行比对,若发现出现偏差,应对产生偏差的原因进行分析。基本方法为横道图比较法,如表 6-6 所示,该方法是将在项目进展中通过观测、检查和搜集到的信息,进行整理后直接用不同的颜色或不同粗细的实线横道线并列于原计划的横道图上,进行直观比对。例如,经分析,会议接待时间超过原计划,主要原因是天气影响了参会人员的交通。为保证会展不延期,将市外参观考察改为市内参观考察,缩短一天。

表 6-6 某会议实际进度与计划进度比较分析

工作编号	工作名称	工作时间/天	项目进度								
			1	2	3	4	5	6	7	8	9
A	会议筹备	2									
B	会议接待	2									
C	正式开会	2									
D	会议参观	2									
E	会议结尾	1									

注:细实线为计划进度,粗实线为实际进度。

(三) 项目进度计划更新

项目进度计划更新包括分析进度偏差的影响和进行项目计划的调整。首先分析进度偏差的工作是否为关键工作,并计算出偏差的大小,判断对项目总周期有无影响。根据以上分析,对项目进度计划特别是关键工作进行调整,因为如果关键工作没有机动时间,其中任何一项活动持续时间的延长或缩短都会对整个项目产生影响。因此,关键工作的调整是项目进度调整的重要点。另可通过改变某些活动的逻辑关系,增减工作项目和调整非关键活动来调整项目进度,当采用以上方法都不行时,可通过重新编制计划来满足要求。

第五节 会展项目变更控制

什么是项目变更控制?

一、项目变更控制概述

由于各种原因,项目的范围、进度、质量、费用、人力资源、沟通、合同等常发生变化,并将影响到其他方面。为了确保项目目标的实现,有必要对这些变化进行变更管理。对项目变更进行控制,由变更控制系统进行。变更控制系统就是一套事先确定的修改项目文件或改变项目活动时应遵循的程序,其中包括必要的表格或其他书面文件、责任追踪和变更审批制度、人员和权限等。变更控制系统应当有处理自动变更的机制。自动变更,又称现场变更,是不经事先审查即可批准的变更。多数的自动变更是由意外的紧急情况造成的。变更控制系统可细分为整体、范围、进度、费用和合同变更控制系统。

二、项目变更控制的种类

变更管理与风险、机会以及问题管理有关。如果事件已经发生,风险或者机会就成为了问题。如果这个问题要通过变更项目来解决,就应该评估这个变更给项目带来的影响,特别是对预期收益的影响。导致变更的原因很多,如由于项目发起人或者其他关系人的业务需求发生变化;业务环境的变更,比如经济的、社会的、竞争者行为等;在项目运作过程中本身出现的问题或者机会;由项目团队确定需要予以修正或者补充;项目团队或者用户发现的必须予以解决的错误等。一般来说,项目变更包括整体变更和辅助变更两类。其中项目辅助变更又分为范围变更、进度变更、费用变更、质量变更和风险变更。会展活动中则要关注范围变更、配置变更和综合变更的控制。

1. 范围变更控制

范围有两个层次:高级范围描述项目的边界和需要完成的主要可交付项;低级范围则通过你认可的需求加以定义。范围变更管理的主要目的是确定变更,并对其进行有效管理。它还有助于保护项目团队,避免团队就时间进度和预算达成一致后出现变更。也就是说,项目团队根据高级和详细的范围定义承诺一个最终期限和预算。如果在项目进行过程中可交付项发生变化(这一般意味着客户希望附加额外的条款),最初的成本、努力和持续时间估计就会失效。如果主办方需要将新工作增加到项目范围中，项目经理有权要求对当前的预算和最终期限进行修改（通常是增加预算，延长最终期限），以反映这些增加的额外工作。

2. 配置变更控制

这是对所有项目资产和资产特性（元数据）进行确认、追踪和管理的过程。大多数项目并不进行配置管理，如果项目需要使用或建造大量的组件、零件、工具和设备等，配置变更管理就非常重要。

3. 综合变更控制

除了范围变更管理或配置管理之外，其他的变更管理可归为综合变更管理。例如一名团队成员离职，需要有人来填补他的职位，即属于综合变更。在这种情况下，项目管理者可能需要记录所发生的资源变更情况，确定变更的影响并制定一个变更管理计划。范围变更如果得到批准，项目团队就可以修改预算和时间进度，以适应变更的要求，而综合变更则不能有这种期望。项目经理应集中精力确保对范围变更进行有效管理，它是造成项目问题的主要原因。但也不要忽视对配置变更和综合变更的管理，这样可以免去许多麻烦。

三、变更控制体系的职能

1. 变更申请人

变更申请人最早意识到对项目进行变更的必要性，并就此需求与变更经理进行正式沟通。其主要职责为：及早识别对项目进行变更的需求；填写变更申请表；将变更申请表提交变更经理以供审核。

2. 变更经理

变更经理负责对项目中所有的变更进行接收、记录、监测和控制。其主要职责为：接收所有的变更申请，并将其记录于变更登记簿中；将所有的变更申请进行分类、优选；审核所有变更申请，以确定在提交变更审核小组前是否需增加有关信息；确定是否需要进行一个正式的可行性研究，并提交变更审核小组；委派变更可行性研究小组，启动变更可行性研究；对所有变更申请进展情况进行监测，以确保项目按时完成；将所有变更申请的问题和风险上报变更审批小组；就变更审批小组做出的决定进行下达和沟通。

3. 变更可行性研究小组

变更可行性小组负责完成由变更经理签发的对于某变更申请的可行性研究。其主要职责为：通过摸拟研究确定变更可能的要素：成本、利益和变更带来的影响；撰写变更可行性研究报告；对报告进行认真审核并批准交其上报；将报告转变更经理，以提交变更审批小组。

4. 变更审批小组

变更审批小组决定是否批准变更经理转来的所有变更申请。其主要职责为：审核变更经理转来的所有变更申请；考虑所有变更支持性文件；根据每个变更申请的相关价值决定批准还是拒绝；解决变更争议（当两个或两个以上变更撞车时）；解决变更问题；决定实施变更时间表。

5. 变更实施小组

变更实施小组对项目中所有变更的实施进行计划、落实和审核。其主要职责为：计划所有变更的进度(在变更审批小组提供的总体时间框架范围内);在实施前对所有变更进行测试;实施项目中的所有变更;实施后审核变更的成功度;在变更日志中请求结束变更。

四、项目变更控制的程序

为了进行有效的项目变更控制,应有一个科学的程序。

1. 提交和接收变更申请

变更申请人识别项目中任何方面的变更需求(如范围、可交付成果、时限、组织)填写变更申请表(如表6-7所示),并将其呈交变更经理。变更申请表对需要进行的变更做一概述,包括:变更描述、变更原因(包括商业驱动)、变更利益、变更成本、变更带来的影响、支持性文件。

表6-7 变更申请模版

项目名称			
项目编号			
变更编号			
第一部分 提出变更(由项目经理完成)			
变更描述			
提出变更的原因/收益			
需要由谁批准		在(日期)之前批准	
第二部分 总结由变更造成的影响(由项目经理完成)			
量化的收益(损失)			
估计由变更增加的成本			
对时间进度的影响			
额外需要的资源			
对其他项目/活动的影响			
额外风险			
建议(接受或拒绝)			
评估人		日期	
第三部分 决策(由批准人完成)			
□ 接受变更 □ 是否接受变更取决于下面的备注 □ 拒绝变更 (＊在合适的框内打勾即可)		批准人姓名: 批准日期:	
所需采取的行动/备注			

2. 审核变更申请

所有提出的变更都需要在实施或者拒绝之前得到审查,并对其影响程度进行评估。一个项目可能有几个审查和授权等级,这取决于变更的严重程度和影响程度(如表 6-8 所示)。授权变更经理对变更申请表进行审核,根据呈请的变更数目、变更难度以及解决方案,决定是否向变更批准小组提交一份详细的可行性研究报告,以供其全面评估变更可能带来的影响。

表 6-8 变更的影响程度及其决策层次

变更的影响程度	批准层次
· 对整个进度、成本、收益无影响。 · 储备金的分配。	项目经理(记录在变更日志中)。
· 轻微影响,影响日程或者成本的变更可以不在影响其他项目的情况下予以调整,并且变更在项目发起人所授权的权力之内。 · 意外时间的调配。	项目发起人(使用变更申请表并记录在变更日志中)。
· 重大影响,影响范围、目标、收益、日程或者成本的变更,不能在项目发起人所授权的权力内得到调整,或者对其他关联项目有影响。	项目管理组(使用变更申请表并记录在变更日志中)。

3. 识别变更可行性

在调查的基础上完成一份完整的变更可行性研究,其内容包括:变更需求、变更可选项、变更成本及利益、变更风险及事项、变更带来的影响、变更的建议和计划。变更经理将整理所有变更文件(原始的变更申请表、已通过的变更可行性研究报告、所有支持性文件)呈报变更审批小组做最终审核。

4. 批准变更申请

变更审批小组对变更申请进行正式审核(如表 6-9 所示)。根据实施变更给项目带来的风险、不实施变更给项目带来的风险以及实施变更对项目产生的影响(时间、资源、财务、质量方面)等标准,对变更申请做出一种结论:或批准变更申请,或在特定条件下批准变更,或要求与变更相关的更多信息,或拒绝变更。

表 6-9 项目变更控制审查表

序号	审查项目	说明
1	规模	更改范围的大小
2	期限	更改完成的时间要求
3	复杂性	实现的复杂程度
4	费用影响	对项目和产品费用的影响
5	风险	相关的风险分析
6	外部影响	对用户、市场策略的影响
7	资源需求	对项目资源,比如人员技能、软硬件资源的需求
8	项目影响	对项目当前和后续工作的影响
9	替代方案	有无更好的替代方案
10	实现状态	该更改是否已经进行等

5. 实施变更申请

对变更的全面实施,包括确定变更进度(如实施变更的日期)、实施前对变更进行测试、实施变更、对实施变更的成功度进行审核、就实施变更的成功度进行沟通、在变更日志中结束变更(如表6-10、图6-2所示)。

表6-10 项目变更日志模版

序号	问题描述	发起人	提出日期	影响评估人	批准人	批准日期	授权日期	备注
1								
2								
……								

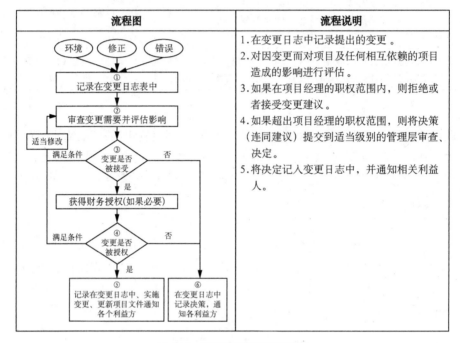

图6-2 项目变更控制流程图

五、项目变更控制的误区

1. 没有明确的授权

应该事先明确客户方有权提出变更申请的人员和实施方有权受理变更的人员,并要控制双方人数。这样才能对变更有整体的控制。绝不能进行"私下交易",而没有人能完整地知道到底改了些什么。另外,授权双方接口人的好处是可以屏蔽客户内部的矛盾,如果只有一个接口人,内部尚未达成一致时变更是无法提出来的。从实际经验看,授权可以显著减少变更,特别是那些因内部看法不同而导致的反复变更。

2. 对变更没有进行必要的审核

并不是所有的变更都要修改,也不是所有变更都要立刻修改,审核的目的就是为了决定是否需要修改和什么时候修改。

3. 对变更的影响没有评估

变更都是有代价的,应该评估一下变更的代价和对项目的影响,要让客户了解变更的后果,并与客户一起做判断。如果客户不知道你为变更付出的代价,对你的辛苦便难以体会。

4. 应该让客户确认是否接受变更的代价

在评估代价并且与客户讨论的过程中,可以请客户一起做判断:"我可以修改,但您能接受后果吗?"

本章小结

控制过程是管理过程的重要内容,对组织实施过程能否与计划方案相一致起保证和监督作用。项目控制过程贯穿于整个项目实施阶段,是一个动态过程,包括前馈控制、反馈控制和同期控制三种类型。要实现对项目的有效控制,应使控制工作程序化、规范化,建立项目控制系统,并按建立绩效标准、实施绩效观察、衡量成效、采取纠偏措施的控制流程进行操作。质量是会展的核心要素之一,必须在会展项目管理活动中引入全面质量管理理念。会展项目的质量管理也讲求产品的内在品质与合格程度,满足顾客(消费者)的需求。会展项目的产品质量中,除了本身的品质外,更重要的是项目团队人员的工作质量。在项目质量控制过程中,必须编制项目质量控制计划,填写质量检查表。

控制成本是实现目标利润的重要手段。会展项目也需要通过开源和节流,使项目的净现金流最大化。项目成本控制时一般要遵循全面性原则、效益原则、例外管理原则和统一原则。其流程一般为制定标准成本,测量与记录实际开支,比较实际开支和标准成本,分析标准成本的差异,采取纠正偏差的措施,并编制成本控制报告。

在会展项目实施过程中,需要经常检查项目的实际进展情况,并与项目进度计划相比较,采取相应纠正措施。会展项目进度控制主要包括准备阶段进度控制、实施阶段进度控制和后续阶段进度控制,其控制程序是记录项目的实际进度,分析项目进度偏差,更新项目进度计划。由于各种原因,项目的范围、进度、质量、费用、人力资源、沟通、合同等常发生变化,为确保项目目标的实现,有必要对这些变化进行变更管理,并建立变更控制系统。项目变更包括整体变更和辅助变更两类。其中项目辅助变更又分为范围变更、进度变更、费用变更、质量变更、风险变更。在变更系统中,变更申请人、变更经理、变更可行性研究小组、变更审批小组、变更实施小组共同组成变更控制系统,按一定的变更控制程序,各司其职。

复习与思考

1. 项目控制有哪些类型?控制流程包括哪些要素?
2. 什么是全面质量管理?如何编制项目质量控制计划?
3. 项目成本控制要遵循哪些原则?项目成本控制流程包括哪些要素?
3. 会展项目的进度控制的程序是什么?

4. 项目变更控制包括哪些类型？
5. 营销物流决策的步骤有哪些？项目变更控制系统由哪些因素组成？

案例分析

展览项目管理的要点

一、时间管理中应注意实施工作日程均衡化

时间管理在整个展览项目管理中的作用非常突出。时间管理的内容包括：项目活动的定义、项目活动排序、项目活动所需的资源估算、项目负责人对该项目活动的背景理解和熟悉程度，为完成项目活动所必须付出的工作量、行政审批所需的时间、须投入的资源数量，以及为完成该计划所需的工作时间，项目的进度表、项目进度的监督、控制等等。

工作日程均衡化的概念来自日本丰田的精益生产理论，该理论强调价值流程，以杜绝不能创造价值的活动为目的，力求以最少的资源投入创造最大的价值。提出工作日程均衡化的时间管理概念，目的是提高工作效率，杜绝浪费。

在展览会项目管理中，展览的业务细节和工作项目繁多，一个完整的展览会工作流程涉及到客户关系管理、场馆销售、展览设计、施工、展览品运输、报关、商检、参展人员的后勤工作、展览会的宣传广告、展后的评估及信息反馈等等，因此非常有必要对投入的工时、人力、物力、工作日程进行合理安排，细化并按照工作进程均衡的落实在每个工作阶段，否则，如果组织工作不力，工作日程均衡化落实不好，造成临近展览开展时工作量、人员、经费投入的突然增加，将产生许多工作失误，造成人力、物力的浪费。

相对于生产领域的均衡化工作流程，展览项目管理中引入均衡化管理具备了很多相对优越的条件。如展览工作的目标是可以预期的，没有生产领域中货物库存积压的风险等，因此展览组织者不仅可以对筹展人员的架构形式予以均衡化管理，还要对展览筹备的内容、工作流程进行均衡化管理，如对参展者的需求与处理时间、完成每个工作阶段的时间、完成服务的标准等都可依照既定的目标予以均衡化安排。

二、提高效率，减少浪费

相对于生产领域，在很多情况下，展览组织方面的浪费情况更甚，如由于沟通不畅造成的浪费，时间的浪费，各类文件、请示报告太多，请示报告的周转时间过长，决策失误造成的浪费等等普遍存在。因此，在展览项目管理中，为提高工作效率，杜绝展览工作流程中不能创造价值的活动，减少浪费，我们可以考虑借鉴以下几个工具：

1. 合理掌握授权制度。明确职责，建立授权范围，剔除强制性官僚主义，即不必要的行政工作和文书，鼓励采取对员工的有效授权制度，减少沟通层级和书面汇报。
2. 简洁的语言：忌浮夸、冗长、华而不实的行文。
3. 剔除工作流程中不同阶段的重复性工作。
4. 增值评估，分析、解决在工作流程中哪些是增值作业，哪些是不能增值的作业。
5. 标准化、专业化、简单化。详细的标准化及培训和教育，保持员工的竞争力。简化、降低工作流程复杂程度，减少工作流程周期。

6. 建立错误预防机制。

7. 有效升级：在现有工作环境基础上，挖掘、有效利用和提升设备和工作环境，改进整体的工作绩效。

8. 处理好合作部门的关系，业务流程的绩效依赖于各部门的合作，如果合作部门的工作流程和绩效没有改进，那么整体工作绩效也不会改进。

三、会展项目成本编制程序

第一，广泛收集并整理相关资料：如国家和上级部门有关编制成本计划的规定；会展项目组织者与项目经理签订的有关经济指标的合同；有关成本预测、决策的资料；会展组织者举办同类项目的历史资料；国内外举办同类项目的历史资料；会展项目所需材料消耗、基建投资、场地租金和劳动工资等。

第二，确定会展项目所需资源的种类与数量，根据项目的工作分解结构、项目进度计划和类似项目的相关信息等进行确定。

第三，会展项目成本估算，大致有经验估算法、自上而下估算法、自下而上估算法三种方式。经验估算法即由具有专门知识与经验的人提出一个近似数字。这种方法不准确，适合要求很快拿出大概数字的项目，如短期的小型会议。自上而下估算法指根据经验、历史数据和主观判断，先估算出整个会展项目的成本，然后按工作分解结构，从高到低逐层分解。其优点是上层管理者能比较准确地掌握项目的整体费用分配，较好地控制成本开支，但需要建立良好的上下级沟通渠道。自下而上估算法指从工作分解结构的最底层工作单元开始，计算出所需人工费、材料费、场地及设备使用费等，逐层汇总到最高层，估计出总成本数。这种成本由执行项目具体任务的基层管理人员估算，可减少基层与上层成本计划的矛盾，但基层估算的成本往往偏高，导致项目组织者无法接受总成本估算数。实际工作中通常将自上而下估算法与自下而上估算法结合起来使用。

讨论题

1. 什么是工作日程均衡化？
2. 作为一名项目经理，应如何考虑节约项目成本？
3. 会展项目成本估算主要包括哪几种方式？

第七章

会展项目合同管理

学习目标

学完本章,你应该能够:
1. 了解会展项目合同的基本概念;
2. 掌握会展项目合同订立的程序、要约和承诺;
3. 运用法律解决项目合同纠纷的实际问题。

基本概念

要约　承诺　缔约过失责任　违约责任

第一节　会展项目合同概述

什么是会展项目合同?

一、会展项目合同

会展项目是以各种会展活动为对象的项目形式。在会展项目策划、运作以及实施的过程中,项目合同管理应当是最基础的工程。无论是哪种形式的会展,都离不开各种各样的合同。建立以合同管理为核心的会展项目管理体系,能极大提高项目管理的水平。

会展项目合同是为实施会展项目而订立和履行的合同。会展项目的策划方案不管多么美好,最终要落实到实施上。而会展项目的实施,很大程度上是依赖合同的推进。

会展项目合同作为会展项目策划以及方案实施的外部行为,最终将决定会展项目是否成功。如果会展项目合同顺利签订并且履行,会展项目的策划会得到顺利实施;相反,会展项目如果没有订立合同、或者订立后没有履行或者产生其他合同争议,会展项目的策划就会产生问题,甚至可能会落空。

二、会展项目合同种类

会展活动主题众多,会展项目也种类较多。因而涉及到的会展项目合同也比较多。

(1) 根据会展的类型以及会展项目的主题,会展项目合同可以分为会议合同、展览合同以及重大节日合同等。这也是按照会展的分类而确立的合同分类。

(2) 从会展所涉地域看,会展项目合同可以分为国内合同和国际合同。国内合同按照我国的法律规定处理;但是,会展国际合同从内容上看比国内合同要复杂些。而且,重要的是,在出现合同争议时候,国内合同和国际合同解决的途径尽管相同,但是在具体程序上并不完全一致。

(3) 按照在法律中有无明确规定的合同名称,会展项目合同可以分为有名合同和无名合同。有名合同在我国合同法及相关立法中有明确的名称,有比较详细的法律规定;无名合同是指在我国合同法及相关立法中没有确定名称的合同。会展运输合同、会展租赁合同以及会展保险合同都属于有名合同;会议合同就是无名合同。有名合同直接适用有名合同法律;无名合同在出现没有法律规定时候,当事人应按照合同的一般条款或者参照相类似的有名合同的条款处理。

(4) 从会展项目的具体实施来看,会展合同可以分为会展运输合同或会展物流合同、会展保险合同、会展广告合同等。这也是实践中对会展项目合同最为常见的一种分类。

法国名画来京展出,多家保险公司全程无免赔保险

为庆祝中法建交五十周年,中国国家博物馆联合法国国家博物馆共同在北京举办了"名馆·名家·名作——纪念中法建交五十周年特展"。特展展出了拉·图尔的《木匠圣约瑟》、让·克鲁埃的《法国国王弗朗索瓦一世像》、雷诺阿的《煎饼磨坊的舞会》等世界级名作。这些作品涵盖了法国从16至20世纪的重要艺术成就,堪称法国国宝级艺术品。这些珍贵的文物在展出过程中如何包装?路上如何运送?文物安全如何保障?

"路易十四"等6幅画绕道荷兰,空运成本较普通货物高10倍

这些名画虽然一同来北京参展,它们却要分乘两个航班来到中国。其中6幅体积较大的作品是取道荷兰阿姆斯特丹机场飞往北京,其余4幅则是从法国戴高乐机场出发。6幅远赴荷兰出发的名画,包装后高度较高,比如凡尔赛宫的《着加冕服的路易十四》的包装箱高度就达到2.88米,因此只有货仓最高达到2.9米的波音747-400宽体机才能运输,但法国戴高乐机场直飞北京的航班并没有这种机型,所以这些"大块头"不得不先经过将近10个小时的陆路运输到荷兰阿姆斯特丹机场后,再搭乘荷兰航空KL897航班的宽体机出行。

即便这些名画不是因为体积问题,也不能搭乘同一航班集体出行。这既是国际艺术品运输的惯例,也是保险公司提出的硬性要求,其目的是分散风险。一旦航班出现意外,不至于所有艺术品都受到影响。

围板恒温恒湿专车接送,进国博先"静养"24小时才开封

　　到达首都机场以后,这些名画也是由造价不菲的专车接送,对运输车辆有严格的恒温、恒湿、减震要求。运输车辆要在名画到达两个小时前就开始待命,提前打开货舱内的空调设定好温度。同时,全车精密的减震系统也使得名画在"坐车"过程中不被惊扰。到了国博后,它们并不能被立即开封,而是要先至少"静养"24小时,在适应了这里的环境后才能真正亮相。

"墙到墙""钉到钉"的全程无免赔保险,总保额超80亿元人民币

　　按照国际惯例,像这样珍贵的艺术品旅行时,必须是"墙到墙""钉到钉"的全程无免赔保险。也就是说,一幅名画从原博物馆墙上的钉子上卸下来开始,一直到在国博墙上的钉子上挂好期间,无论因什么情况出现损坏,保险公司都必须赔付。这些天价艺术品哪怕出现一点意外,对于任何一家保险公司可能都将是致命的事故,因此业界通常对这类项目采取保险再保险的模式予以分担。至少有三家法国保险公司参与了这项业务,总保额据称超过了80亿元人民币。其中保额最高的一幅是凡尔赛宫的《着加冕服的路易十四》,投保金额就有1.2亿欧元。

　　而在整个过程中,这些名画的保险责任也被划分得非常精密,比如从法国博物馆出发至荷兰或在法国机场期间主要是陆运保险;飞行途中则是空运保险;从首都机场至国博期间又是陆运保险;国博展出期间则为展出险等。除了这些常规保险,这些名画还涉及第三方疏忽险。假如工作人员布展时不小心损坏了画作,或者观众参观时无意损坏了作品,也都能获得保险公司的赔偿。

　　资料来源:http://3d.cdcaa.net/artinfo

三、会展项目合同条款

　　会展项目合同的条款因有名合同和无名合同而有所不同,因会展的环节不同而不同。对于一般的会展无名合同,可以参照合同法中的一般条款或者参考行业形成的合同范本;而对于有名合同来说,除了满足合同的一般条款外,还必须满足法律作出的特别规定。

　　就一般的合同条款而言,下列合同的内容由当事人约定:①当事人的名称或者姓名和住所;②标的;③数量;④质量;⑤价款或者报酬;⑥履行期限、地点和方式;⑦违约责任;⑧解决争议的方法。

　　除了以上条款外,会展有名合同往往还需要遵循特别的法律规定。例如,展览承办代理合同就需要对代理项目、代理项目标准、费用及支付方法、不确定事项约定、生效、免责、变更及取消生效等诸多事项进行规定,而这些事项必须符合合同法以及民法等法律的要求。

第二节　会展项目合同的签约与履行

如何履行会展项目合同？

会展项目合同的订立与履行问题遵循一般合同法的规定。在会展活动中，合同的成立也往往成为合同当事人产生纠纷的根源，所以认识和判断合同的成立非常重要。合同订立的程序主要包括两个环节：要约和承诺。所以签约是否成功，或者说合同是否成立，关键看是否存在有效的要约和有效的承诺。而在合同成立后，当事人应当履行合同。

一、要约

（一）要约概念和构成要件

要约，又称发价，是希望和他人订立合同的意思表示。要约是有缔约能力和缔约资格的人向他人发出的订立合同的建议，如果内容具体确定，并且表明在得到接受时承受约束的意思表示，即构成要约。其中，发出要约的人为要约人，接受该要约的人为受要约人。要约是合同成立的第一步。构成要约一般应当符合以下要件：

1. **主体要件：要约是由具有订约能力和资格的人向他人作出的意思表示**

当事人的缔约能力与当事人的年龄、智力和精神状况有关。一般未成年人和精神病人的订约能力是受到限制的。在我国，年满18周岁的人，以及年满16周岁不满18周岁但以自己的劳动收入作为主要生活来源的人，都有缔结一般合同的能力。但仅有缔约能力还是不够的，有时候当事人还必须具备订立合同的资格。例如，我国《对外贸易法》在2004年修订前就不允许我国自然人从事对外贸易，自然人就不具有签订对外贸易合同的资格。

2. **主观要件：要约须有订立合同的直接目的**

要约本质上是民事法律行为，总有一定的目的。要约应有订立合同的直接目的。如果无此目的，而仅仅是向对方询问价格或者询问是否中意自己的货物的，不是要约。询价并不必然要订立合同，只是为订立合同做准备，因而订立合同并非当事人的直接目的，只能是间接目的。要判断是否有订立合同的直接目的，可以从当事人之间交往的情况、交往的前提和背景以及当事人在交往之间或者之后的客观行为等因素来综合加以判断。

3. **内容要件：要约的内容必须具体确定**

所谓"具体"是指要约的内容必须具有足以使合同成立的主要条款。合同的主要条款，需要根据合同的性质和内容加以判断。不同的合同，具体和确定的内容也不相同。对于订立买卖合同而言，一般认为要约具有了货物名称、数量和价格，就属于具体确定。

4. **形式要件：可以采用书面、口头或其他形式**

各国国内立法对要约的形式几乎没有任何限制，我国也不例外。而且，我国民法典还及时对电子合同的形式进行了规定，确定了数据电文的书面属性。"当事人订立合同，有书面形式、口头形式和其他形式。法律、行政法规规定采用书面形式的,应当采用书面形式。当事人约定采用书面形式的,应当采用书面形式。""书面形式是指合同书、信件和数据电文(包括电报、电传、传真、电子数据交换和电子邮件)等可以有形地表现所载内容的形式。"

要约的口头形式最常见,要约的书面形式最正式。除这两种形式外,要约还可以采取其他形式,例如在投标中竞标人的举标。当然,就订立正式合同而言,最好用书面形式缔结,而且这种书面合同不是指双方当事人往来的电报和传真等文件或者信件,而是一份正式的尽可能详尽的合同书。

(二)要约邀请与要约的区分

要约邀请,又称要约引诱,是指希望他人向自己发出要约的意思表示。要约邀请和要约容易混淆,这也是实践中争论合同是否成立的关键。在理论和司法实践中,往往从如下几方面来区分要约和要约邀请:

1. 根据法律规定区分

例如,《民法典》第三编合同中规定,寄送的价目表、拍卖公告、招标公告、招股说明书、商业广告等为要约邀请。商业广告的内容符合要约规定的,视为要约。所以寄送的价目表、拍卖公告、招标公告及招股说明书可直接认定为要约邀请;但商业广告是否构成要约还要进一步分析。

2. 根据当事人的意愿区分

当事人明确的意思表示可以帮助确定是要约还是要约邀请。例如,商业广告一般为要约邀请,但是如果当事人在广告中表明"本广告构成要约",则该广告为要约。

3. 根据当事人意思表示的内容是否具体确定区分

就订立买卖合同而言,意思表示中包含了货物的名称、数量和价格,构成要约;反之,为要约邀请。至于订立其他类型的合同,应当根据合同的性质、交易性质以及可履行状况等因素来确定。

4. 根据交易习惯区分

我国《民法典》明确承认了交易习惯或惯例的法律效力。交易习惯成为当事人没有约定或者约定不明确时的补充。例如,甲乙为常年合作的商业伙伴。一次,甲向乙发出传真文件,说明需求货物的名称和数量,但并未提及价格。该传真是否构成要约?答案是可以构成。因为这时候货物的价格可以根据双方交易习惯来确定。

(三)要约的撤回与撤销

要约是当事人订立合同的意思表示。要约发出后,随着主客观情况的变化,要约人可能会改变想法,反悔要约。这就涉及到要约的取消问题。应此需要,《民法典》设置了两种措施:要约的撤回和撤销。

1. 要约的撤回

要约的撤回是指要约人在发出要约以后,到达受要约人之前取消要约的意思表示。任何一项要约都是可以撤回的,只要撤回的通知先于要约或与要约同时到达受要约人。所有的要约,只要时间合适,都可以撤回。

2. 要约的撤销

要约的撤销是指要约人在要约到达受要约人以后,在受要约人作出承诺之前将该项要约取消的意思表示。

与要约的撤回不同,并不是任何要约都可以撤销。有的要约,一旦生效,便无法撤销,这就是不可撤销的要约。根据我国合同法,以下要约为不可撤销的要约:

第一,要约中规定了承诺期限或以其他形式明示要约是不可撤销的。要约规定承诺期限的方式很多,例如,"在×年×日前回复有效""一个月内回复有效"等。载有这样期限的要约到达受要约人后,受要约人会本着要约当中规定的期限来作进一步考虑和安排,如果将要约取消,会给当事人造成信赖利益的损失。且要约人既然自己规定了承诺期限,在要约生效后应当受要约的约束。至于其他明示的形式,可以在要约中写明"本传真为不可撤销要约""这是实盘"等来体现。以上情形是要约人以明示的方式告知受要约人,属于明示的不可撤销的要约。

第二,受要约人有理由认为要约是不可撤销的,并已经为履行合同作了准备工作。这属于默示的不可撤销的要约。即使要约没有以明示的方式表明为不可撤销的要约,要约也不能随便撤销,尤其是在这种要约已经给受要约人产生影响的情况下。为履行合同作准备工作在客观上有多种表现方式,例如,为买方准备货物生产,为买方准备发运货物,为卖方准备支付价款等。

尽管要约的撤回和撤销都是要约人将要约取消,都属于要约的终止,但是两者之间还是有区别的。从本质上看,要约的撤销是针对生效要约,而要约的撤回则适用未于生效要约。从时间上看,要约的撤回发生在要约到达受要约人之前或者同时;而要约的撤销则是发生在要约到达要约人后在受要约人作出承诺之前。注意,要约的撤销不能发生在受要约人作出承诺之时或者之后。

(四) 要约的生效和失效

要约的生效采用到达主义原则,也就是要约到达受要约人时生效。采用数据电文形式订立合同,收件人指定特定系统接收数据电文的,该数据电文进入该特定系统的时间,视为到达时间;未指定特定系统的,该数据电文进入收件人的任何系统的首次时间,视为到达时间。

要约的失效是指已经生效的要约失去法律效力。要约的失效与要约的终止是两个不同概念。要约的终止是指要约的消灭,与要约是否生效没有必然的联系。例如,要约发出后,在送达受要约人之前,邀约人将其撤回,此时要约终止了,或者说要约消灭了,要约不存在了。但这并非是要约的失效。要约的失效主要有以下四种原因:①要约人依法撤销要约;②承诺期限届满,受要约人未作出承诺;③拒绝要约的通知到达要约人;④受要约人对要约的内容作出实质性变更。受要约人对要约的实质内容作出限制、更改或扩张从而形成反要约,既表明受要约人已经拒绝了要约,同时也向要约人提出了一项反要约。关于实质性变更的问题,后面将详细阐述。

二、承诺

(一) 承诺的概念和构成要件

承诺,又称接受,是指受要约人同意要约的条件以订立合同的意思表示。简言之,对要约同意的意思表示即为承诺。一般而言，构成有效承诺需满足下列条件：

1. 主体条件：承诺必须由受要约人向要约人作出

作为承诺的主体，可以是受要约人本人，也可以是其代理人。同样的道理，接受承诺的主体，既可以是要约人本人，也可以是要约人的代理人。受要约人和要约人不能是任何其他第三人。

例如，甲公司向乙公司发出购买某型号机械的要约，乙公司在收到该要约后发现不能满足要约要求，于是将此需求信息告诉了合作关系比较好的丙公司。而丙公司恰巧能够满足甲公司的需求，于是向甲公司发出传真："我方完全同意你方要约。"该传真能否构成承诺呢？当然不能，因为丙公司根本不是受要约人。

2. 时间条件：承诺必须在要约的有效期限内到达要约人

要约超过了有效期限则失效，就不存在承诺的问题。因而承诺总是有一定时间限制，不是无期限的。承诺的时间有的会在要约里面明确加以规定，而有的则没有规定。若要约中已经规定了有效期限，应该在该期限内作出承诺；若要约中没有明确规定的，承诺应当依照下列规定到达：①要约以对话方式作出的，应当即时作出承诺，但当事人另有约定的除外；②要约以非对话方式作出的，承诺应当在合理期限内到达。

如果要约不在规定的期限内到达要约人，就有可能构成"迟到的承诺"或者"逾期承诺"。逾期承诺是否为有效的承诺？其效力与逾期的原因和要约人的态度有关。逾期原因各种各样，可以分为主观原因和客观原因。主观原因是受要约人本身的原因，可能受要约人迟迟没有作出决定，也可能是受要约人因为出差在外而没有及时作出回复。客观原因是由于当事人无法左右的原因，是受要约人不能控制的原因。例如，交通因地震而中断，邮局工人罢工无法及时传递等。

如果逾期承诺是主观原因造成，根据《民法典》，除要约人及时通知受要约人该承诺有效的以外，为新要约。可见，在主观原因情况下，逾期承诺有两种结果：有效或者无效。这两种结果都将取决于要约人的态度。如果要约人承认逾期承诺的效力，可以及时通知受要约人，此时逾期承诺有效，合同就成立；反之，若要约人不承认逾期承诺的效力，就可以不用通知受要约人。当然，如果该通知并非"及时"，那么该承诺仍然为无效承诺。

如果逾期承诺是客观原因造成的，根据《民法典》，受要约人在承诺期限内发出承诺，按照通常情形能够及时到达要约人，但因其他原因承诺到达要约人时超过承诺期限的，除要约人及时通知受要约人因承诺超过期限不接受该承诺的以外，该承诺有效。可见，在客观原因情况下，逾期承诺也有两种结果：有效或者无效。这两种结果也都取决于要约人的态度。如果要约人不承认此时逾期承诺的效力，他可以及时通知要约人，认为承诺超过有效期限而不接受。此时，合同将不能成立。如果要约人承认此时逾期承诺的效力，要约人可以保持沉默，可以不需要通知，这时逾期承诺会自然生效，合同就会成立。

3. 内容要件：承诺的内容应与要约的内容一致

严格说，承诺应当是对要约的内容完全同意。这种完全一致规则称为"镜像规则"，意思是承诺应当为要约的镜像，两者内容应该完全一致。但是在实践中，有时"承诺"的内容与要约的内容并非完全一致。这种不一致可能是增添、删除或是直接改变要约内容。这种作出修改的回复是否属于承诺呢？

如果受要约人的答复对要约内容所作的修改非常重要，我们把这种修改称之为"实质性变更"；如果修改并不重要，我们称之为"非实质性变更"。关于"实质性变更"与"非实质性变更"的认定，《民法典》规定：有关合同标的、数量、质量、价款或者报酬、履行期限、履行地点和方式、违约责任和解决争议方法等的变更，是对要约内容的实质性变更。凡是符合该款规定的，都应当属于"实质性变更"。所以，受要约人的答复是否为有效的承诺，我们可以从两个方面分析。

如果答复构成"实质性变更"，那么该答复就不是有效的承诺，而是新要约，是反要约。而且这个反要约会构成对原要约的拒绝，使得原要约失去效力。

如果答复构成"非实质性变更"，该答复可能为有效的承诺，也可能为无效的承诺，是否能构成有效的承诺将取决于要约人的态度。如果要约人及时表示反对或者要约表明承诺不得对要约的内容作出任何变更，那么该答复就是无效的承诺，合同就不能成立。这里应注意要约人表示反对的有关问题：第一，反对的时间。要约人反对的时间是"及时"。第二，通知的内容。要约人的通知内容应当是反对受要约人所作的修改，反对对要约内容作出的任何变更。这两项条件缺一不可，如果要约人的通知不能同时满足上述条件，那么受要约人的答复将构成有效的承诺，合同成立。反之，该答复就是无效的承诺，合同就不成立。

4. 形式要件：承诺的方式符合要约的要求

承诺原则上应采取通知的方式。通知可以是书面形式，也可以是口头形式。不需要通知的，根据交易习惯或者要约的要求可以用行为方式承诺。一般而言，沉默的方式不是有效的承诺形式。

（二）承诺的生效

承诺生效意味着合同成立。关于承诺生效的时间，有的国家实行到达主义（受信主义）标准，即承诺通知到达要约人时承诺生效；有的国家则实行投邮主义（发信主义）标准，即承诺通知一经发出就产生效力。

我国实行到达主义，承诺通知到达要约人时生效，但也存在例外：第一，如果承诺为口头方式，那么除了个别情况外，应当即时作出承诺。第二，如果承诺采用行为方式，根据交易习惯或者要约的要求作出承诺的行为时，承诺生效。例如，支付价款或者发运货物时，不需要发出通知，一旦承诺行为作出承诺即可生效。此时，合同也成立。所以，承诺行为作出之时，也是承诺生效之时，也就是合同成立之时，而且此时也往往为合同履行之时。

关于"到达"，应把握以下几点：①送达可以是送交或者通知对方本人，也可以是其代理人。②送达并不一定实际送达到要约人及其代理人手中，只要送达到对方所能够控制的地方即可。③如果采用数据电文形式订立合同，收件人指定特定系统接受数据电文的，该数据电文进入该特定系统的时间，视为到达时间；未指定特定系统的，该数据电文进入收件人的任何系统的首次时间，视为到达时间。④采用数据电文形式订立合同的，收件人的主营业地为合同成立的地点；没有主营业地的，其经常居住地为合同成立的地点。当事人另有约定的，按照其约定。

（三）承诺的撤回

与要约一样，承诺也存在"撤回"的问题。承诺的撤回是指受要约人在发出承诺通知以后,在承诺到达要约人之前或者同时可以撤回其承诺。

关于承诺的撤回,我国也是采用到达标准。撤回承诺的通知应当在承诺通知到达要约人之前或者与承诺通知同时到达要约人。另外,承诺只有撤回的问题,而没有撤销的问题。因为承诺一旦生效,合同就成立,当事人任何一方都不能单方面撤销。

无论是要约的撤回还是承诺的撤回,在新的通讯技术与旧的通讯技术并用时候效果明显。例如,甲向乙发出订立合同的要约航空信,此信到达对方需要三天。在要约发出后的第二天,要约人甲反悔,这时甲可以用电话、传真或者数据电文方式通知乙,将要约撤回。但是如果甲不是用航空信而是以传真方式向乙发出要约,第二天甲再反悔也无法撤回。像电话、传真以及数据电文这些快速通讯方式,一旦发出就很难撤回或者根本无法撤回。而如今采用航空信、电报方式订立合同的情形已经比较少见,当事人往往当面或电话磋商,或用传真发出要约和承诺。在快速通讯方式被广泛采用的今天,要约一旦发出就会到达,要约马上生效,所以要约的撤回在技术上已经比较难以实现。承诺的撤回也如此。当然,要约的撤销一般不受此影响,因为要约的撤销时间是在要约到达受要约人以后在承诺作出之前。

总之,关于要约的撤回、撤销以及承诺的撤回,无论在时间上还是法律后果上,都不完全相同。但从意思表示的角度看,要约的撤回与承诺的撤回在时间上应该是一致的。

三、合同的成立

经过要约和承诺,合同即可成立。承诺生效的时间和地点就是合同成立的时间和地点,但也存在例外:

1. 需要签章的合同书

当事人采用合同书形式订立合同的,自双方当事人签字或者盖章时起合同成立,双方当事人签字或者盖章的地点为合同成立的地点。如果双方同时签字或者盖章,合同成立的时间和地点不成问题。如果不同时,则最后一方签字的时间和地点为合同成立的时间和地点。

法律、行政法规规定或者当事人约定采用书面形式订立合同,当事人未采用书面形式,但一方已经履行主要义务,对方接受的,该合同成立。采用合同书形式订立合同,在签字或者盖章之前,当事人一方已经履行主要义务,对方接受的,该合同成立。

2. 需要用确认书来确认的合同

当事人采用信件、数据电文等形式订立合同的,可以在合同成立之前要求签订确认书。要求签订确认书的,签订确认书时合同成立。

确认书是合同当事人在通过交易磋商达成一致意见后,对双方交易条件的书面确认。确认书包括销售确认书和认购确认书。确认书不仅是合同存在的书面证明,还会对合同的成立产生影响。

当事人一旦在要约承诺过程中要求签订确认书,则合同成立时间就不能以承诺到达生效时间来定,而应根据当事人在合同确认书上签字盖章的时间来确定。如果当事人双方同时在确认书上签字或者盖章,则合同成立时间为签字盖章时间。如果当事人签字盖章不在同一时间签字或盖章,则最后签字盖章时间为合同成立时间。需要注意的是,签订确认书的要求要在合同成立之前即要约承诺阶段提出;如果在承诺生效以后才提出,合同的成立时间为承诺生效时间,是否签订确认书本身并不影响合同成立。

四、合同的履行

合同订立后,当事人应当严格按照合同的规定履行。在履行过程中,如果合同的有关内容没有规定或者规定不明确,当事人该如何履行?《民法典》规定了一系列原则和规则作为补充。

合同订立后,当事人应当按照合同的约定来履行合同。但是,有时当事人对合同有关内容没有约定或者约定不明,此时可以协议补充;而不能达成补充协议的,应按照合同有关条款或者交易习惯确定。如果仍然不能确定,那么应当适用下列规则:

(1) 货物质量标准:质量要求不明确的,按照国家标准、行业标准履行;没有国家标准、行业标准的,按照通常标准或者符合合同目的的特定标准履行。

(2) 货物价格确定:价款或者报酬不明确的,按照订立合同时履行地的市场价格履行;依法应当执行政府定价或者政府指导价的,按照规定履行。执行政府定价或者政府指导价的,在合同约定的交付期限内政府价格调整时,按照交付时的价格计价。逾期交付标的物的,遇价格上涨时,按照原价格执行;价格下降时,按照新价格执行。逾期提取标的物或者逾期付款的,遇价格上涨时,按照新价格执行;价格下降时,按照原价格执行。

(3) 履行时间、地点和方式:①期限不明确的,债务人可以随时履行,债权人也可以随时要求履行,但应当给对方必要的准备时间。②地点不明确,给付货币的,在接受货币一方所在地履行;交付不动产的,在不动产所在地履行;其他标的,在履行义务一方所在地履行。③履行方式不明确的,按照有利于实现合同目的的方式履行。④履行费用的负担不明确的,由履行义务一方负担。

案例 7-2

展会退展或延期,参展商该怎么办?

原定于 2021 年 8 月在上海举行的第 24 届亚洲宠物展览会,由于受新冠病毒感染影响,推迟至 10 月国庆黄金周。展会延期,退费问题让全国多家宠物用品公司参展商很是纠结。

参展商:展会延期 退费不合理

亚洲宠物展览会是全球行业内最大的展览会,参展的上海一家宠物用品公司一名工作人员向记者透露,他们今年交付了 26 万元的参展费用。"展会因为疫情推迟,我们也都理解,可是现在主办方在没有与我们商量的情况下,直接通知展会推迟至国庆黄金周,让我们措手不及!"他解释道,十一黄金周是假期,很多员工都要放假,人手肯定不够,这意味着这次公司无法参展。"如果我们今年不参展,之前交付的 26 万元的参展费不予退还,用来抵扣明年参展的费用。而主办方还要从中扣除 15%的费用,这意味着我们在没有参展的情况下,白白损失了 3.9 万元。如果决定不再合作,主办方还要再扣除 35%的费用。"

> 主办方:前期投入 合同有规定
>
> 主办方上海万耀亚宠展览有限公司的一位工作人员表示,这次由于疫情原因延期,公司作为主办方已经尽了最大努力协调,最终确定展会于国庆黄金周在上海国际博览中心举办。他强调:"这已经是综合评估下来最好的时间段了,同时,公司给出了很多补贴优惠,也尽力协调给与参展商相关的酒店机票的优惠折扣。"
>
> 对于扣除费用的情况,他解释道,公司前期的市场推广和宣传等硬性成本都增加了。双方之前签订的合同中都有过约定,遇到不可抗力的情况下,主办方是可以扣除50%以内的费用的。如今,扣除15%及不再合作的35%的费用是在合理范围内的。
>
> 另一位企业负责人表示,"就因为在行业内,这个展会规模和影响力很大,主办方所有的通知和条款我们参展商只能被动接受,国庆不能来,啥都还没展出,就被扣了很多钱,确实让人胸闷。"
>
> 商务委:商业行为 应沟通协商
>
> 对于主办方的回应,参展商们表示:谁也不愿意疫情原因展会延期,按照合同的约定是合理的,但却不合情。主办方应该在延期时与参展商多沟通协调,而不是直接"发布号令",让参展商被动接受,承担损失。
>
> 商务委会展处工作人员表示,主办方与参展商的退费问题,还需要以他们签订的合同条款为依据,双方多沟通、协商处理。如果参展商觉得协议中存在不合理条款导致自己的权益受到影响,可以向市场监督管理部门反映。
>
> 资料来源:2021年9月15日 新民早报

第三节 会展项目合同纠纷的处置

会展项目合同纠纷如何处置?

一、会展项目合同纠纷概述

合同纠纷是平等主体的自然人、法人、其他组织之间设立、变更、终止债权债务过程中产生的争议。或者说,合同纠纷是合同主体在订立、履行合同过程中产生的纠纷。这种纠纷可能发生在订立合同的过程中,也可能发生在订立合同后履行合同的过程中,还有可能发生在合同履行完毕后。

会展项目合同纠纷是在会展合同订立和履行中产生的纠纷。目前,在会展活动中,无论是会展组织者还是展商都不太重视会展合同。在加上目前有些展会存在恶性竞争情形,会展合同纠纷就更常见。

二、会展项目合同违约责任

(一) 合同违约责任的概念和构成要件

1. 违约责任的概念和特征

违约责任是指当事人不履行或不适当履行合同所应承担的民事法律责任。违约责任主要是一种补偿性责任，特定条件下也具有一定的惩罚功能。

违约责任是因不履行或不适当履行合同所引起的责任，这种责任主要是用当事人的财产来承担，是一种财产责任；而且违约责任可以通过当事人之间的约定来确定，是一种民事法律责任。

2. 违约责任的构成要件

一般违约责任的构成要件包括：①违约行为具有违法性；②有损害事实；③违约行为与损害之间有因果关系；④违约行为人主观上有过错。特殊违约责任的构成要件根据具体违约种类的不同可以不包括损害事实或者主观过错。

(二) 违约行为

从不同的角度看，违约行为有不同的分类。按违约的时间来划分，有实际违约和预期违约之分。实际违约指的是合同一方当事人在合同履行期限届满后的违约行为。而预期违约则是指一方当事人在合同成立后至合同约定履行期限临届前的违约行为。

1. 实际违约

从履行的角度看，实际违约可以分为不履行、不完全履行和延迟履行。不履行指履行不能和拒绝履行，履行不能指在法律上或事实上不能履行，拒绝履行指能够履行而明确表示不履行。不完全履行是虽然已经履行，但是履行不符合合同规定。延迟履行是虽然已经履行，但是超过了合同的履行期限。实际违约是最为常见的违约形态。

2. 预期违约

预期违约制度是英美法系的一项特有制度，最早起源于英国的合同法判例，有明示预期违约和默示预期违约两种形态。预期违约是指合同一方在合同约定的履行期限到来之前，以某种声明或行为表示其将不会履行合同的违约行为。明示预期违约是指在合同履行期限到来之前，一方当事人无正当理由而明确向另一方当事人表示，他将不履行或不能履行即将到期的合同义务。默示预期违约则是指在合同履行期限到来之前，一方当事人以自身的行为或客观事实，使另一方当事人预见其在履行期限到来时，将不履行或不能履行合同约定的义务。预期违约制度的目的是使受害方提前得到救济，防止损失扩大。

(三) 违约责任形式

违约责任的形式为承担违约责任的具体方式。具体违约责任的承担会因为合同的性质和内容的不同而不同。但是，一般而言，我国《民法典》上的违约责任有以下形式。

1. 继续履行

继续履行是指违约方应当按照合同约定或法律规定向非违约方实际履行。继续履行是一种独立的违约责任形式,不是一般意义上的合同履行。继续履行无条件适用于金钱债务,但是有条件适用于非金钱债务。在以下三种情形下,违约方可不继续履行非金钱债务:①履行不能;②债务标的不适用强制履行或履行费用过高;③债权人在合理期限内未要求履行。

2. 采取补救措施

采取补救措施作为独立的违约责任形式,是弥补合同不适当履行的一种措施。采取补救措施可与赔偿损失和继续履行并用。我国《民法典》规定:"质量不符合约定的,应当按照当事人的约定承担违约责任。对违约责任没有约定或者约定不明确,依照本法第六十一条的规定仍不能确定的,受损害方根据标的的性质以及损失的大小,可以合理选择要求对方承担修理、更换、重作、退货、减少价款或者报酬等违约责任。"这里的"修理、更换、重作、退货、减少价款或者报酬"都属于采取补救措施。

3. 违约金

违约金是指由当事人约定或法律直接规定的,在一方违约后向对方支付一定数额的金钱的责任方式。违约金原则上是补偿性的,例外情形下具有一定的惩罚性。违约金可分为法定违约金和约定违约金。违约金还可分为赔偿性违约金和惩罚性违约金。

约定的违约低于造成的损害的,当事人可以请求法院或仲裁机关予以增加,约定的违约金过分高于造成的损失的,当事人可以请求法院或仲裁机关予以适当减少。

4. 赔偿损失

赔偿损失,在合同法上即为违约损害赔偿,是违约方以支付金钱的方式弥补受害方因违约行为所减少的财产或所丧失的利益的责任形式。由于违约损害赔偿通常以赔付金钱的形式体现,因此又称损害赔偿金。

赔偿损失是最重要的违约责任形式,可以分为法定损害赔偿和约定损害赔偿。根据《民法典》的规定,法定损害赔偿应当遵循以下赔偿规则:

第一,全面赔偿原则。当事人一方不履行合同义务或者履行合同义务不符合约定,给对方造成损失的,损失赔偿额应当相当于因违约所造成的损失,包括合同履行后可以获得的利益。

第二,合理预见规则。合理预见规则是指违约方承担损害赔偿的范围不应超过其在订立合同时所能预见到或者应当预见到的损失的原则,是限制赔偿财产的总额或者可得利益的损失的规则。合理预见的标准是违约方的合理而正常的预见。当然,如果违约方滥用这种预见规则,则不能以违约人本人的预见为标准,而是考虑一个正常的当事人在类似情况下应当预见到的损失。

第三,减轻损失原则。一方违约后,另一方应当及时采取合理措施防止损失的进一步扩大,否则,不得就扩大的损失要求赔偿。减轻损失规则使得双方交易的损失减少到最低限度,节约了社会财富。

5. 定金

所谓定金是指合同当事人为了确保合同的履行,由一方按照合同标的额的一定比例预先给付对方的财物。定金属于纯粹的惩罚性民事责任。

我国《民法典》规定了定金罚则:当事人可以约定一方向对方给付定金作为债权的担保。

债务人履行债务后,定金应当抵作价款或者收回。给付定金的一方不履行约定的债务的,无权要求返还定金;收受定金的一方不履行约定的债务的,应当双倍返还定金。可见,当双方当事人履行合同时,定金具有预付款或者垫款的性质。但是,当合同当事人违反合同时,会呈现出很强的惩罚性:要么丧失定金,要么双倍返还,二者必居其一。尽管定金具有很强的惩罚性,但是为了防止一方利用定金获益或者另一方遭受重大损失,法律规定了定金的最高额度。《民法典》同时规定:定金的数额,不得超过主合同标的额的20%。但是,实际交付的定金数额多于或者少于约定数额的,视为变更定金合同,以实际交付为准。根据司法解释,超过20%的,超过的部分,人民法院不予支持。

三、会展项目合同的争议解决方式

我国《民法典》规定:当事人可以通过和解或者调解解决合同争议。当事人不愿和解、调解或者和解、调解不成的,可以根据仲裁协议向仲裁机构申请仲裁。涉外合同的当事人可以根据仲裁协议向中国仲裁机构或者其他仲裁机构申请仲裁。当事人没有订立仲裁协议或者仲裁协议无效的,可以向人民法院起诉。当事人应当履行发生法律效力的判决、仲裁裁决、调解书;拒不履行的,对方可以请求人民法院执行。

根据以上规定,当会展项目合同发生纠纷时,合同当事人可以选择的争议解决途径主要包括四种:和解、调解、仲裁和诉讼。

如果双方的争议不是太大,一般可以选择和解或者调解的方式。当事人通过协商达成和解协议,这是解决会展项目合同纠纷的最佳途径,有利于维护双方的合作关系,有利于以后继续合作。当然,如果当事人很难或者无法达成和解的话,可以由第三方进行调解。诉讼和仲裁属于典型的司法解决争议的方式,也是最终的处理方式。如果当事人无法达成和解,也无法调解,可以直接寻求仲裁或者诉讼。

四、诉讼

(一) 诉讼管辖权的确立

1. 属地管辖原则

属地管辖原则是指以一定的地域为联系因素来确定民事案件的司法管辖权。与地域有关的联系因素有当事人的住所、居所、营业地、诉讼标的物所在地、被告财产所在地、诉讼原因发生地等。属地管辖原则往往优先于其他管辖原则。

我国《民事诉讼法》第二十二条规定:"对公民提起的民事诉讼,由被告住所地人民法院管辖;被告住所地与经常居住地不一致的,由经常居住地人民法院管辖。对法人或者其他组织提起的民事诉讼,由被告住所地人民法院管辖。同一诉讼的几个被告住所地、经常居住地在两个以上人民法院辖区的,各该人民法院都有管辖权。"

对于合同案件,我国法律明确规定了合同履行地法院管辖的原则,并且确定了不同类型合同的履行地。我国《民事诉讼法》第二十四条规定:"因合同纠纷提起的诉讼,由被告住所地或者合同履行地人民法院管辖。"对于购销合同来讲,购销合同的双方当事人在合同中约定的交货地点为合同履行地;但是购销合同的实际履行地点与合同中约定的交货地点不一致的,以实际履行地点为合同履行地。如果没有约定,则依交货方式确定合同履行地。采用送货方式的,以货物送达地为合同履行地;采用自提方式的,以提货地为合同履行地;代办托运或按木材、煤炭送货办法送货的,以货物发运地为合同履行地。如果合同为加工承揽合同,则以加工行为地为合同履行地,但合同中对履行地有约定的除外。如果合同为财产租赁合同、融资租赁合同,则以租赁物使用地为合同履行地,但合同中对履行地有约定的除外。如果合同为补偿贸易合同,以接受投资一方主要义务履行地为合同履行地。

2. 属人管辖原则

属人管辖是以当事人的国籍来确定管辖权。只要当事人一方拥有本国国籍,本国法院就享有管辖权。双方当事人的国籍不同的,有的国家采用原告国籍,有的国家采用被告国籍,有的国家则兼而采之。属人管辖原则有利于维护国家的主权,有利于保护本国当事人的利益。但是,这种管辖原则有时不利于案件的公平解决。

3. 协议管辖原则

协议管辖是指双方当事人在争议之前或争议之后,用协议的方式来确定案件的诉讼管辖权。协议管辖按照当事人意思表示的方式可以分为明示协议管辖和默示协议管辖两种。明示协议管辖当事人通过口头或者书面协议明确约定管辖权。默示协议管辖权是指双方当事人没有订立选择管辖法院的口头或者书面协议,当一方当事人在某一国法院提起诉讼时,另一方当事人对该国法院行使管辖权不表示异议。不表示异议可能以应诉的方式体现出来,也可能以提出反诉的方式体现出来,但是必须是当事人没有提出管辖权异议。一旦当事人提出管辖权异议,默示协议管辖就会失效。

我国《民事诉讼法》规定:涉外合同或者涉外财产权益纠纷的当事人,可以用书面协议选择与争议有实际联系的地点的法院管辖。当事人选择我国法院管辖的,必须具备以下条件:协议必须采取书面形式;应选择与争议有实际联系的地点的法院管辖;不得违反有关级别管辖和专属管辖的规定。我国《民事诉讼法》对默示协议管辖也作了规定:"涉外民事诉讼的被告对人民法院管辖不提出异议,并应诉答辩的,视为承认该人民法院为有管辖权的法院。"

4. 专属管辖原则

专属管辖,又称独占管辖,是指一国主张其法院对某些国际民商事案件具有独占的、排他性的管辖权。如果说协议管辖是属人管辖和属地管辖的折中和协调,那么专属管辖就是属人管辖和属地管辖的例外。

我国《民事诉讼法》规定下面四类案件为专属管辖:①因不动产提起的诉讼,由不动产所在地法院管辖;②因港口作业中发生纠纷提起的诉讼,由港口所在地法院管辖;③因继承遗产纠纷提起的诉讼,由被继承人死亡时住所地或者主要遗产所在地法院管辖。④因在中华人民共和国境内履行的中外合资经营企业合同、中外合作经营企业合同、中外合作勘探开发自然资源合同发生纠纷提起的诉讼,由中华人民共和国人民法院管辖。需要注意的是,对于上述四类案件,如果当事人想要寻求诉讼解决,只能在中国法院起诉;但是如果当事人想要选择仲裁方式解决争议的话,那么仲裁协议具有排除我国法院专属管辖的法律效力。

(二) 诉讼程序

1. 一审程序

一审程序包括普通程序和简易程序。

第一,普通程序。

包括起诉和受理、审理前的准备、开庭审理、判决等几个阶段。

起诉和受理。人民法院收到起诉后,经审查,认为符合起诉条件的,应在7日内立案,并通知当事人;认为不符合条件的,应在7日内裁定不予受理,并说明理由,原告对裁定不服的,可以提起上诉。

审理前的准备。人民法院应在立案之日起5日内将其诉状副本发送被告,被告在收到之日起15日内提出答辩状,人民法院在收到之日起5日内将答辩状副本发送原告;被告不提供答辩状的,不影响案件的审理。人民法院应组成合议庭,合议庭成员确定后3日内应告知当事人,当事人可以提出回避申请。

开庭审理。原、被告及其他诉讼参加人应该准时出庭,审理前,书记员应查明当事人及其他诉讼参加人是否到庭并宣布法庭纪律。开庭审理时,由审判长核对当事人,宣布案由、审判员、书记员名单,告知当事人有关的诉讼权利和义务,并询问当事人是否申请回避。审理进程分为法庭调查、法庭辩论、最后陈述几个阶段。审理结束后,法庭应当进行调解,调解不成的,当庭或者择日宣判。

判决。开庭审理结束后,调解不成的,法院应及时判决。当事人对一审判决不服的,可以在规定的时限内提起上诉。

法院适用普通程序审理第一审案件的,应在立案之日起6个月内审结;有特殊情况需要延长的,由本院院长批准,可以延长6个月;还需延长的,报请上级人民法院批准。

第二,简易程序。

基层法院及其派出法庭审理事实清楚、权利义务关系明确、争议不大的简单民事案件时,适用简易程序,即由一名审判员独任审理,开庭审理程序简化。人民法院适用简易程序审理案件的,应在立案之日起3个月内审结。

2. 二审程序

二审程序是指上一级人民法院根据当事人的上诉,就下级人民法院的一审判决或者裁定,在其发生法律效力之前,对案件进行的审理活动。当事人不服第一审法院的判决或者裁定,应当在判决书送达之日起15日内或者裁定书送达之日起10日内提起上诉。二审人民法院对上诉案件,应当组织审判员组成合议庭进行审理,根据情况分别采用直接审理或者书面审理的形式,审理结束后,根据不同情况作出维持原判、依法改判、发回重审等判决或者裁定。二审人民法院作出的判决或者裁定是终审判决或者裁定。对判决的上诉案件,人民法院应在第二审立案之日起3个月内审结,有特殊情况需要延长的,需由本院院长批准;对裁定的上诉案件,应在第二审立案之日起30日内作出终审裁定。

3. 审判监督程序

审判监督程序也称再审程序,是指人民法院对已经发生法律效力的判决、裁定发现确有错误,依法对案件进行再次审理的程序。当事人在多种情况下可申请再审,如申请再审,应当在判决、裁定发生法律效力后6个月内提出;据以作出原判决、裁定的法律文书被撤销或者变更,以及发现审判人员在审理该案件时有贪污受贿、徇私舞弊、枉法裁判行为的,应当自知道或者应当知道之日起6个月内提出。等等。

(三) 裁决的效力

一审法院作出的判决、裁定,除了立即生效的外,判决送达之日起15日、裁定送达之日起10日内,当事人不提起上诉的,判决、裁定发生法律效力。当事人在法定期间提起上诉的,一审判决、裁定不发生法律效力,二审法院作出的判决、裁定是终审判决、裁定,一经宣告或者送达,即发生法律效力。当事人对生效一审判决、裁定和二审判决、裁定不服的,可以依照审判监督程序提出再审申请,但申请期间不停止生效的判决、裁定的执行。当事人应当履行生效的判决、裁定,否则,对方当事人可以申请强制执行。

五、仲裁

(一) 仲裁法的适用范围

仲裁是指当事人根据仲裁协议,在经济纠纷发生后,将经济纠纷提交选定的仲裁机构并请求依法作出裁决的活动。

仲裁适用于平等主体的自然人、法人和其他组织之间发生的合同纠纷、其他财产权益纠纷以及涉外经贸、海事、运输纠纷。婚姻、收养、监护、扶养、继承纠纷以及依法应由行政机关处理的行政争议不适用仲裁,劳动争议和农村土地承包纠纷的仲裁,不适用《仲裁法》。

(二) 仲裁协议

1. 仲裁协议的概念和种类

仲裁协议是仲裁的基石,只有当事人之间有仲裁协议,争议才可以提交仲裁。所谓仲裁协议是指各方当事人合意将已经发生或者将来可能发生的争议提交仲裁机构进行解决的一种书面协议。根据其表现形式的不同,仲裁协议主要可分为仲裁条款、仲裁协议书以及其他含有仲裁意思表示的书面文件。

仲裁条款是指双方当事人在签订合同时,在该合同中订立的,约定把将来可能发生的争议提交仲裁解决的条款。这种协议通常是在双方当事人订立民商事合同时,以合同条款形式订立在该主合同中,成为主合同的组成部分的协议。

仲裁协议书,是指争议当事人双方经过协商后共同签署的将争议提交仲裁解决的专门协议。这种类型的仲裁协议往往是在争议发生后,为将已发生的现有争议提交仲裁而订立的协议。当然,当事人也可以在争议发生前签订专门的仲裁协议书,把将来可能发生的有关争议提交仲裁解决。这类协议是单独订立的专门性的协议书。从形式上看,仲裁协议书跟合同是完全分开、彼此独立的。

除以上两种常见的仲裁协议外,有时候仲裁协议还会包含在双方当事人进行交易的来往函电中。

2. 仲裁协议的主要内容

一般而言,仲裁协议可包括仲裁事项、仲裁地点、仲裁机构、仲裁规则和仲裁效力五个方面的内容:

第一,仲裁事项。

仲裁庭在处理双方当事人争议时,须以双方当事人提交解决的事项为限制。当事人没有约定的事项,仲裁庭不可以处理,否则将成为无效裁决。所以,将什么样的争议和事项提交仲裁庭就非常重要。

第二,仲裁地点。

仲裁地点与仲裁所要运用的程序法和实体法有密切关系,因此如何约定仲裁地点非常重要。仲裁地点还影响着仲裁协议的有效性。一般地,一项仲裁协议如果规定了不可仲裁的事项,则仲裁协议无效。而可仲裁事项的范围是依规范仲裁的法律来确定的,规范仲裁的法律又通常是仲裁地法。此外,仲裁地点在很大程度上决定了仲裁裁决的依据哪国的法律,与将来的承认和执行有很大关系。

多数情况下,仲裁地是与仲裁机构所在地一致的。仲裁地往往包含仲裁机构所在地,如果当事人未有明示,仲裁庭时常也将仲裁机构所在地作为仲裁地。当然也不排除仲裁庭在考虑仲裁的各种情况后作出别的决定。所以,双方当事人还是就仲裁地点作出明示约定为佳。

第三,仲裁机构。

约定仲裁机构如同约定仲裁地点一样,当事人往往会倾向于约定有利于自己的仲裁机构。仲裁机构的选择必须具体确定,不能模棱两可。例如,双方当事人在合同中约定:"双方因为本合同所产生的一切争议将在北京的仲裁机构进行仲裁。"这个条款就存在问题。北京的仲裁机构很多,有属于国家性质的中国国际经济贸易仲裁委员会和中国海事仲裁委员会,还有北京市的仲裁委员会。所以,该条款属于仲裁机构约定不明确的情形,当事人达不成补充协议的为无效仲裁协议。

第四,仲裁规则。

仲裁规则主要规定进行仲裁的程序和做法,它包括仲裁申请的提出、答辩的方式、仲裁员的选定等内容。双方当事人在订立仲裁协议时,完全可以就上面提到的项目进行自由约定。

通常情况下,各个常设仲裁机构都有自己的仲裁规则。如果没有特别声明或者约定,当事人约定了某仲裁机构,也就意味着同时约定适用该仲裁机构的仲裁规则。但是,有些常设仲裁机构允许按双方当事人的约定,采用该仲裁机构规则以外的仲裁规则。

第五,裁决效力。

仲裁裁决的效力主要是指裁决是否具有终局性,是否具有一局终裁的效力。仲裁庭就有关争议所作出的实质性裁决具有终审裁决的效力,是终局性的,任何一方都不得向法院上诉。

3. 仲裁协议的法律效力

一般而言，一项有效的仲裁协议在仲裁中具有以下四个方面的法律效力：

第一，对双方当事人的法律效力：当事人丧失诉讼权利，不得再向法院提起诉讼。仲裁协议的有效成立对当事人能够直接产生约束力，即当事人丧失了就特定争议事项向法院提起诉讼的权利，而承担了不得向法院起诉的义务。如果协议一方当事人违背了这一义务而向法院提起诉讼，则另一方当事人有权依据仲裁协议要求法院终止诉讼程序。

第二，对仲裁机构的法律效力：仲裁协议是有关仲裁机构行使仲裁管辖权的依据。是否能够进行仲裁并且能够对什么事项进行裁决，对于仲裁机构来说，在法律规定范围内仲裁协议是唯一的标准。有效的仲裁协议是仲裁员或仲裁机构受理争议案件的依据。如无仲裁协议，或仲裁协议无效，则仲裁机构无权受理该项争议。

第三，对法院的法律效力：排除法院的司法管辖权。如果当事人已经订有仲裁协议，法院则不应受理此种争议，如已受理，当对方当事人提出请求时，应立即终止诉讼。当然，如果该协议是无效的、未生效的或不可能执行的，则当事人仍然可以起诉，法院也当然享有管辖权。

第四，仲裁协议还是裁决获得承认和强制执行的依据。一项有效的仲裁协议是仲裁裁决获得承认和强制执行的依据。如果一方当事人拒不履行仲裁裁决，他方当事人可提交有效的仲裁协议和裁决书，申请强制执行该裁决。

（三）仲裁程序

1. 申请

当事人可以向选定的仲裁机构申请仲裁，申请应该符合以下条件：①有仲裁协议；②有具体的仲裁请求和事实、理由；③属于仲裁机构受理范围。

2. 受理

仲裁机构收到仲裁申请书之日起5日内，认为符合受理条件的，应受理，并通知当事人；认为不符合受理条件的，应书面通知当事人，并说明理由。

3. 组成仲裁庭

仲裁庭由3名或者1名仲裁员组成，仲裁员可由当事人指定。当事人约定由3名仲裁员组成仲裁庭时，双方各自选择或者委托仲裁委员会主任指定1名仲裁员，第三名由双方共同指定或者委托仲裁委员会主任指定，该第三名仲裁员是首席仲裁员。

4. 开庭审理

仲裁应该开庭审理，当事人协议不公开审理的除外。在开庭过程中，当事人应出示证据，并质证，双方当事人有权进行辩论。

5. 裁决

开庭审理后，仲裁庭在作出裁决前，也可以先行调解，调解不成的，应及时作出裁决。裁决应按多数仲裁员意见作出，仲裁庭不能形成多数意见时，应按照首席仲裁员的意见作出。

 **本章小结**

会展项目合同是为实施会展项目而订立和履行的合同。会展活动主题众多,会展项目种类也较多,因而会展项目合同也比较多。会展项目合同的条款因有名合同和无名合同的不同而有所不同,因会展的环节不同而不同。对于一般的会展无名合同,可以参照合同法中的一般条款或者参考行业形成的合同范本;而对于有名合同来说,除了满足合同的一般条款外,还必须满足法律作出的特别规定。

会展项目合同的订立遵循一般合同的程序:要约和承诺。合同是否成立,关键看是否存在有效的要约和有效的承诺。要约是希望和他人订立合同的意思表示,承诺是指受要约人同意要约的条件以订立合同的意思表示。经过要约和承诺,合同即可成立。承诺生效的时间和地点就是合同成立的时间和地点,但也存在例外。合同订立后,当事人应当严格按照合同的规定履行。

在订立和履行合同的过程中,当事人违反了合同的约定或者合同法的规定,就应当承担合同责任。合同责任分为缔约过失责任和违约责任。缔约过失责任是指在订立合同的过程中,一方当事人因违反了以诚实信用原则为基础的义务而造成他方的损害,依法应承担的法律责任。违约责任是合同有效订立后才会产生的责任。一般而言,我国《民法典》上的违约责任形式主要有继续履行、采取补救措施、违约金、赔偿损失和定金等。

会展项目合同纠纷是在会展合同订立和履行中产生的纠纷。当会展项目合同发生纠纷时,合同当事人可以选择的争议解决途径主要包括四种:和解、调解、仲裁和诉讼。和解是解决会展项目合同纠纷的最佳途径,有利于维护双方的合作关系,有利于以后继续合作。当然,如果当事人很难或者无法达成和解的话,可以由第三方进行调解。诉讼和仲裁属于典型的司法解决争议的方式,也是最终的处理方式。如果当事人无法达成和解,也无法调解,可以直接寻求仲裁或者诉讼。

 复习与思考

1. 会展项目合同有哪些分类?
2. 要约的构成要件是什么?
3. 要约与要约邀请的区别是什么?
4. 承诺的构成要件是什么?
5. 合同抗辩权可分为哪几类?
6. 什么是缔约过失责任?
7. 违约责任的构成要件是什么?
8. 会展项目合同争议的解决途径有哪几种?

 **案例分析**

安徽首起会展合同纠纷案

历经了市场的开拓、发展、壮大,安徽汽车会展市场已初具规模。然而,在一起合同纠纷案件后,曾经独当一面的"安徽第一车展"的脚步却不得不延缓下来。

1. 同时同地"汽博会"PK"嘉年华"

2006年9月24日,在安徽国际会展中心举办的"现代人居环境展览会(以下简称人居展)暨2006汽车嘉年华"进入倒数第二天,此时距离由安徽省汽车行业协会主办的"第四届安徽国际汽车博览会"(以下简称汽博会)的开幕仅剩五天时间。"汽车嘉年华"的前称是"2006中国安徽汽车展示交易会",与人居展同时、同地举办。之所以由"交易会"改名"汽车嘉年华",源自行业协会与会展中心之间的一个排他性协议。

安徽汽博会组委会工作人员十分无奈地说:"我们早在2005年12月份就与会展中心签订了合同,然后在2006年4月份又补签了排他性协议,提出了在汽博会的前后六个月之内,会展中心不得承担任何相同类型的汽车展览。"显然,安徽国际会展中心(以下简称:会展中心)没有履行自己的承诺。

早前,安徽汽车行业协会曾要求会展中心停止举办"中国安徽汽车展示交易会"。值得一提的是,在政府有关部门协调下,安徽国际会展中心也曾于8月10日函复行业协会,称"2006安徽汽车展示交易会"将不在会展中心举办。在这种形势下,安徽汽车行业商会将"2006中国安徽汽车展示交易会"更名为"汽车嘉年华",对外宣传为:"人居展"将点爆"汽车嘉年华"。就这样,"2006安徽汽车嘉年华"如期在会展中心举办了。

安徽汽博会组委会的一位工作人员告诉记者,由于受到"人居展暨2006汽车嘉年华"活动的影响,第四届安徽国际汽车博览会招商情况很不理想。很多参展商表示:已经参加了"汽车嘉年华",对于一个地区来说,如果再参加安徽国际汽车展就显得有些浪费。也有参展商表示:"安徽市场出现了什么问题?一个小小的安徽汽车市场怎么会在短短的半个月之内有两个汽车展?看来安徽的车展规模大不了,两个车展都不值得我们参加。"

2. 对簿公堂双方激辩违约实质

2007年2月6日,安徽汽车行业协会以一纸诉状将安徽国际会展中心告上法庭,理由是:早在2006年4月份,安徽省汽车行业协会就根据安徽汽车市场的特征,与安徽国际会展中心签订一个排他性的车展协议:在安徽汽博会举办的前后六个月之内,在会展中心不能举办其他汽车类的展览。

庭审期间,双方就"汽车嘉年华"的性质——"展览"产生分歧。

安徽汽车行业协会方面出示了大量现场照片作为佐证。原告表示,人居展上的"汽车嘉年华"从规模、面积以及性质均属于展览会。人居展现场参展的房地产厂家不超过20家,而汽车参展商则接近50家,几乎占据了整个场馆的2/3面积。此外,"人居展"现场背景板上的汽车嘉年华主办方和招商函中也不一样,仅剩下安徽省工商业联合会汽车行业商会,其他原定的几家主办单位均变成了支持单位。因此,安徽国际会展中心应按此前双方签订的"排他性协议"赔偿损失。

被告安徽国际会展中心方面辩称,2006年9月22日至25日在其处进行的是"试乘试驾"活动,并非汽车嘉年华,亦非汽车展览会,该活动仅是合肥佳德会展服务有限公司举办的"人居展"四项活动中的一项,与安徽汽车行业协会举办的汽博会在名称、所涉及的内容、面向的群体、活动规模、活动宗旨、举办时间等方面均不相同,并没有对行业协会举办的2006汽博会造成损害。

2007年9月,这起长达一年的纠纷终于有了答案。安徽省合肥高新技术产业开发区人民法院最终作出判决:汽车嘉年华与汽博会两个展览相比较,虽然两者名称不同,但二者均在会展中心设立了固定的汽车展位,参展的汽车涉及大众、丰田、奇瑞、长安等众多家用轿车品牌,家用汽车参展商数量、展位面积均占整个展会室内展区面积的70%以上,因此足以认定二者无论从展览规模、展览目的、展览内容、面向对象看,均存在类似之处,属于类似的汽车展览,会展中心允许他人举办汽车嘉年华的行为已经构成违约。依据《中华人民共和国合同法》第一百零七条、第一百一十三条第一款、第一百一十四条第一款的规定判决如下:被告安徽国际会展中心有限公司于本判决生效之日起十天内赔偿原告安徽省汽车行业协会损失20万元。

3. 重复办展 怎一句"麻烦"了得

对于呈现混乱局面的安徽汽车展览市场,政府部门曾做过协调,在安徽省政府办公厅下发的《安徽省人民政府办公厅关于协调做好有关汽车展览展销活动的通知》中,记者见到这样的文字:"由省汽车行业协会和新安晚报共同主办的第四届中国安徽国际汽车博览会与省工商联主办的2006安徽汽车嘉年华活动,内容大致相同,几乎在同一时间、同一地点举办。为此,经省政府同意,请省商务厅会省经贸委等部门,调查、研究有关情况,按照市场规则和会展业管理办法处理。"

随后,合肥市政府会展办也对双方的矛盾做出相应的回应:"按照市场经济规律办展览,由市场主体做主。"但矛盾并未因此而消除。

"同类展会偏多,导致会展质量低下是整个行业存在的问题。就安徽汽车展的现实问题,政府已经进行了协调,但有关单位置之不理。我们只能借助法律手段来解决因违约造成的问题了。"安徽汽博会组委会的一位负责人在提到上诉的初衷时,如是说道。

安徽两个汽车展的"冲突",经过政府部门多次协调无果,最终对簿公堂。北京会展经济研究所所长刘宏伟表示,这起案件的整个过程极具参考价值和普遍意义,它首先体现的是地方会展行业协会的协调能力。在国外,会展行业协会运作机制相对成熟,展览的举办都是由协会负责协调,这样可以有效地避免出现一些混乱的局面。另一方面,会展业的法制化进程还应进一步加速,具体的法律条文应该再行细化,只有这样,才能尽可能避免类似事件的重复发生。

资料来源:http://finance.sina.com.cn/

讨论题

1. 安徽首起会展合同纠纷产生的原因是什么?
2. 该纠纷运用了哪几种途径来解决?最后是通过哪种途径解决的?
3. 安徽首起会展合同纠纷在办展方面有何启示?

第八章

会展项目危机管理

 学习目标

学完本章,你应该能够:
1. 掌握会展项目危机的概念与特征;
2. 了解会展项目危机的分类;
3. 掌握会展项目危机识别的原理及方法;
4. 掌握会展项目危机评价的内容、原则和方法;
5. 理解会展项目危机应对策略。

 基本概念

危机　会展项目危机　危机识别　危机评价　危机应对

第一节　会展项目危机

什么是会展项目危机?它的特点与分类?

一、危机及会展项目危机的概念

(一) 危机的概念

关于危机,我们首先考察几个学者的定义。罗森塔尔和皮内伯格(1991)认为:危机是"具有严重威胁、不确定性和有危机感的情景"。巴顿(1993)对危机的定义是:"一个会引起负面影响的具有不确定性的大事件,这种事件及其后果可能对组织以及员工、产品、服务、资产和声誉造成巨大的损害。"

从字面上理解,"危机"是"威胁"与"机遇"的组合。我们认为"危机"是:事情一个严重或关键的状态;一个转折点;一个将决定事情结果的状态,不论其结果是好是坏。

危机存在三个因素:几乎来不及行动(或反应);缺少信息或信息不明确、不可靠;对物和人存在威胁。

(二) 会展项目危机的概念

所谓会展项目危机,是指影响参展商、专业观众、相关媒体等利益相关主体对会展的信心或扰乱会展组织者继续正常经营的非预期性事件。

会展项目危机的发生,可能会导致以下情况的发生:

(1) 物质损失,包括各种财产和物资的运输、安装、参展、拆除、再运输的整个过程中,由于自然灾害或意外事故引起的直接经济损失。

(2) 财物损失,包括财产和物资在上述过程中遭受的物质损失,或会展所在地发生诸如战争、恐怖袭击、环境污染、疾病爆发等灾难性事件,导致会展推迟或取消,给组织者或参展者造成的损失。

(3) 法律责任,包括会展组织者或参展方在展览过程中由于疏忽或过失,造成其他方的财产损失或人身伤亡,根据法律规定需要承担的赔偿责任。

(4) 人员损失,包括组织者、参展方的员工或临时雇佣人员,在展览过程中由于自然灾害或意外事故受到的人身伤害。

二、会展项目危机的特征

会展项目危机具有以下特征:

1. 必然性

会展作为一个聚集人流、物流的平台,各种安全问题即危机是不可避免的。正如斯蒂文·芬克在《危机管理》一书中所讲:"危机像死亡和纳税一样不可避免。"

2. 突发性

很多危机事件都是突然发生的,主办方对其发生以前的变化过程有时会毫不知觉。例如场馆突然发生火灾等。突发性的危机事件会使原有的格局被打乱,人们处于一种必须立即采取行动来控制危机的状态中。主办方在进行会展危机管理时,必须做好危机的预警工作,制定处理突发事件的应急预案,做到有备无患。

3. 破坏性

会展活动是一种群体活动,通过人流带动信息流、物流、资金流的流动。危机一旦发生,就会出现混乱、无序的局面。如果危机没有得到及时的控制,可能给当事人造成很大的损失。有些损失是有形的,如经济上的损失;更多的损失则是无形的,如会展的声誉和主办方的形象遭到破坏。

4. 紧迫性

很多危机不但突然发生,而且很快蔓延,如果没有得到控制,危机造成的损失会呈几何级数增长。在危机中,时间非常紧迫,对有效反应时间的把握和利用在很大程度上决定了危机管理的有效性。危机的紧迫性特点使主办方必须注意在短时间内对危机做出正确的反应。

5. 恐慌性

危机感会迅速上升为恐慌，使参展商或公众对会展前景预期不确定，与繁荣时对前景看好的情况呈现巨大的反差。如果不及时控制危机的蔓延，会对会展组织产生长期的影响。

6. 信息不充分

危机发生时正常的沟通和联系渠道往往被破坏，各种信息真伪难辨，使会展企业对进行危机管理所需信息的掌握很不充分，当内部信息不充分时，危机管理的工作会被严重干扰；当外部不了解危机发生的真实情况时，不利于会展的社会谣言就会四起。危机的这一特点，使办展机构在进行会展危机管理时，有关管理人员之间进行的有效信息沟通显得非常重要。

7. 资源缺乏

一旦危机发生，如果对会展危机管理的准备不足，用以控制危机蔓延的物资和人力往往严重缺乏，可以调动的人员更是寥寥无几。办展机构在进行会展危机管理时，必须注意合理调度物资和安排人员。

三、会展项目危机的类型

会展项目危机主要有四类：

1. 市场危机

由自然环境、市场或社会宏观环境所产生的对所有办展机构都发生影响的危机。像自然灾害、经济衰退、政治法律因素等，来源于办展机构外部，办展机构仅靠自身力量很难规避，所以它们一般又称为不可控危机。虽然这类危机不可控制，但可以进行有效预防，并在危机发生时尽量降低损失。

2. 经营危机

因办展机构经营方面的原因而给会展项目带来的危机，如现场布置不当和设施老化等引起的会展现场火灾和展位坍塌，因通道安排不合理而引起的人群拥挤并出现事故，因会展定位不当、招展不力、招商不顺、宣传推广效果不佳、人力资源及人员结构不合理、出现新的竞争者而使会展无法继续举办等，展览期间的饮食卫生得不到保证、公众健康受到威胁，展览管理失误而引起参展商"闹展"和"罢展"等。这些都是办展机构内部造成的危机，可以有效预防和控制。

3. 合作危机

主办单位和各利益相关者之间在合作条件、合作目标和合作事务各环节上可能出现的不协调、不一致和其他不确定性都会对会展产生严重的影响。例如，某合作机构中途退出会展，会展指定展品运输商工作失误使展品运输紊乱，展馆因某种原因而延迟会展的排期等。合作危机在联合办展的模式中经常出现，不仅会影响各有关办展单位、机构、各会展服务商之间的合作，还会给会展本身、会展服务商等多方面带来不良的影响。对于此类危机，可以在会展举办前进行良好的沟通，把各方的权利和义务以书面形式确定下来，在运行的过程中本着双赢的目标，求同存异，规避风险，减小损失。

4. 沟通危机

主办单位和参展商以及受众之间由于沟通途径不顺畅所产生的误解或恐慌而带来的危机,如对会展不利的谣言的传播。在沟通中,媒体的作用不可不提,媒体对会展的正面报道会调控社会及有关人员的情绪,还可以帮助办展机构与其客户及其他利益相关者进行沟通,利于会展的顺利开展。而负面报道则会放大企业的缺点从而引发危机甚至加大危机。在危机管理中要充分重视媒体的作用,积极发挥其有利影响,减少其不利影响,通过疏通沟通渠道,改善沟通方式,减少此类危机的发生。

第二节 会展项目危机识别

什么是会展项目危机识别?

一、危机识别原理

(一) 危机识别的概念

危机识别就是对可能发生的各种危机进行系统的归类和全面的分析,确定危机的来源,查明何种危机事件可能影响项目,并将这些危机的特性整理成文档。由于危机的随机性和不确定性,不可能一次就把所有的危机都识别出来,需要随时注意项目环境及项目自身开展过程中各种因素的变化,它是项目危机管理的基础和重要组成部分。

(二) 危机识别的依据

危机识别的基本依据是客观世界的因果关联性和可认识性。基本方法主要有两种:一是从原因查结果,就是先找出本项目会有哪些事件发生,发生会引起什么样的结果;另一种是从结果找原因,如已知项目进度会拖延,查找造成进度拖延的危机因素。哪些东西能够提供有关迹象,帮助我们识别危机呢?有关项目本身、项目环境以及两者之间关系的内容均属此列,具体包括下列几个方面:

(1) 项目产品或服务的特点。项目完成后,要向市场或社会提供产品或服务,项目产品或服务的性质涉及多种不确定性,在很大程度上决定了项目可能遇到的危机。例如,某展览会项目为参展商提供服务,很大部分是依靠收取摊位费回收投资和获取利润,从该项目的服务中就可以识别出参展商下届可能不出席的风险。因此要识别项目危机,可从识别项目产品或服务的不确定性入手,而项目产品或服务的特点则为此提供了大量信息。

(2) 项目的前提、假设和制约因素。项目的建议书、可行性研究报告及其他文件一般都是在若干前提、假设(预测)的基础上做出的。这些前提和假设在项目实施期间可能成立,也可能不成立。因此,项目的前提和假设中隐藏着风险,从中我们可以识别出相应的危机。项目制约因素就是限制项目管理班子选择的各种因素,仔细研究这些制约因素就能够发现潜在的各种风险。例如展览项目主题策划就是通过了解产业政策,调研市场状况来预测某展览项目的举办与否,其中必然涉及可能影响成功举办的危机。

(3) 可与本项目类比的先例。以前搞过的,同本项目类似的项目及其经验教训对于识别本项目的风险非常有用。项目管理班子可以翻阅过去项目的档案,向曾参与该项目的有关各方征集有关资料,这有助于本项目的危机识别。如 2022 年 10 月首届中国(澳门)国际文化创意产业博览会在澳门成功举办,在此之前我国就已经举办过深圳文博会、北京文博会、西部文博会等,其中有许多经验教训是可以借鉴的。

(三) 危机识别的关联因素

危机识别是项目管理者识别危机来源、确定危机发生的条件、描述危机特征并评价危机影响的过程。危机识别需要确定三个相互关联的因素。

(1) 危机来源:如时间、费用、技术、管理等。

(2) 危机事件:给项目带来消极影响的事件。

(3) 危机征兆:危机征兆又称为触发器(triggers),是指实际的危机事件的间接表现。

(四) 危机识别的种类

危机识别包括识别内在风险及外在风险。内在风险指项目工作组能加以控制和影响的风险,如人事任免和成本估计等。外在风险指超出项目工作组影响力之外的风险,如市场转向或政府行为等。

(五) 危机识别的过程

危机识别是将项目的不确定性转变为危机的陈述过程,具体包括三个步骤。

(1) 收集记录资料。参考危机识别的所有依据,找出问题所在。

(2) 危机定义及分类。问题被识别出来以后,可通过定义可能性及结果这两个危机的主要属性来判断它是否是危机。同时危机管理人员要对大量的危机识别结果进行分类整理。

(3) 将危机编写为文档。需要把识别出来的危机简明地表述出来,为下一步危机管理提供参考的依据,通过编写危机陈述和详细说明危机场景来记录已知危机。

(4) 填写危机管理表。每个危机对应一个危机管理表,对于大型项目,如进博会、奥运会等,还需将危机信息记入数据库系统。

二、会展项目危机识别概念及特点

(一) 会展项目危机识别的概念

会展项目危机识别就是把会展项目的危机因子要素归类,并分层查找出来。会展项目危机识别要回答以下问题:会展项目中存在哪些潜在的危机因素? 这些危机因素会引起什么危机? 这些危机的严重程度如何? 简单地说,会展项目危机识别就是要找出危机之所在和引起危机的主要因素,并对其后果作出定性和定量的估计。危机识别不是一次就可以完成的事,应在会展项目的整个生命周期中定期进行。

危机产生于猜测的结果和现实的偏离。会展项目危机识别是对会展项目进行危机管理的重要一步,但它常被人们忽视,以致夸大或缩小了会展项目中危机的范围、种类和严重程度,从而使对会展项目危机的评估、分析和处置发生差错,造成不必要的损失。例如2010年的世博会引进外资的项目,在可行性研究的财务分析中总是要对利率和汇率做出预测(假设),从这些预测中就可以发现利率和汇率发生异常变化的风险。

会展项目危机识别是制定危机应对计划的依据,是项目计划和控制的重要基础工作,是危机分析与评估的基础性工作,也是进行危机管理决策的基础。通过危机识别了解面临的各种危机和致损因素,可以帮助找到最重要的合作伙伴,为以后的管理打下基础;能够为危机分析和评估提供必要有用的信息;有利于项目组成员树立项目成功的信心并确定被研究的体系或项目的工作量。通过对危机的识别,项目决策层或管理人员可以对项目危机状况有一个清晰而直观的认识,并可以根据各危机的具体情况采取相应的措施来管理危机,趋利避害,变被动为主动。筹备一个大型的会展活动如世博会,可能需要10年以上的时间,在这一漫长的筹备过程中一些突发的政治、社会和经济事件都会对其产生重大影响,通过危机识别,可以对一些可控的危机事件进行针对性的预防,最大限度地防止和降低危机损失。

(二) 会展项目危机识别的特点

(1) 全员性。项目危机的识别不只是项目经理或项目组个别人的工作,而是应由项目组全体成员参与并共同完成的任务。因为每个项目组成员的工作都有风险,每个项目组成员都有各自的项目经历和项目危机管理经验。如成立某展览会的组委会办公室需要该展览项目的主办方、承办方、协办方的协调配合、及时沟通,所有的成员都负责分管项目中的一部分,任何细小的差错均有产生危机的可能。

(2) 系统性。项目危机无处不在,无时不有,决定了项目危机识别的系统性,即会展项目整个寿命期的任何一个环节均属于危机识别的范围,这是系统理论在项目管理中的具体体现。如会展活动从策划、立项、招展到开幕举办,涉及方方面面的人员和事件,需要对会展项目周期所涉及的所有过程和环节进行较为系统的识别,以确定该项目活动可能面临的全部危机,任何一个环节均不可疏忽,这是一个复杂的系统工程。

(3) 动态性。危机识别必须贯穿于项目全过程。根据项目内部条件、外部环境以及项目范围的变化情况,适时、定期地进行项目危机识别是非常有必要和重要的。

(4) 信息性。信息的全面性、及时性、准确性和动态性决定了项目危机识别工作的质量高低和结果的可靠性、精确性,项目危机识别具有对信息的依赖性。如知名参展商的确定参加可增加展会的吸引力,专业观众的参与率直接影响到参展商的成交率,所以展览会专业观众数据库的建立和及时更新显得非常重要。

(5) 综合性。危机识别是一项综合性较强的工作,除了在人员参与、信息收集和涉及范围等方面具有综合性特点外,还需要综合应用各种危机识别的技术和工具,如德尔菲法、头脑风暴法、情景分析法、检查表等。

三、会展项目危机识别的来源分布

项目管理有九大知识领域,会展项目包括启动、规划、执行、控制、结尾等运作阶段。每个知识领域均存在危机需要识别。

(1) 范围管理:可能出现目标不明确、范围不清、工作不全面、范围控制不恰当等危机。
(2) 进度管理:可能出现错误估算时间、浮动时间的管理失误、进度安排不合理等危机。
(3) 成本管理:可能出现成本估算错误、资源短缺、成本预算不合理等危机。
(4) 质量管理:可能出现设计、材料和工艺不符合标准,质量控制不当等危机。
(5) 采购管理:可能出现没有实施的条件或合同条款、物料的单价变高等危机。
(6) 风险管理:可能出现忽略了风险、风险评估错误、风险管理不完善等危机。
(7) 沟通和冲突管理:可能出现沟通计划编制不合理、缺乏与重要干系人的协商、冲突管理不完善等危机。
(8) 人力资源管理:可能出现项目组织责任不明确、没有高层管理者支持等危机。
(9) 整体管理:可能出现整体计划不合理,进度、成本、质量的协调不当等危机。

四、会展项目危机识别的技术和方法

危机的识别是一项复杂的工作,需要做大量细致的工作,要对各种可能导致危机的因素去伪存真,反复比较;要对各种倾向、趋势进行推测,做出判断;还要对项目的各种内外因素及其变量进行评估。因此,危机识别工作并非一朝一夕、一蹴而就,而必须通过科学系统的方法来完成。危机识别阶段的主要任务是找出各种潜在的危险并做出对其后果的定性估量,不要求作定量的估计。有些危险很难在短时间内用统计的方法、实验分析的方法或因果关系论证得到证实(如市场需求的变化对会展项目经济效益的影响,同类展览项目对本项目的竞争影响等)。具体识别时主要采用以下方法:

(一) 德尔菲法

德尔菲法又称专家调查法,是美国著名咨询机构兰德公司于20世纪50年代初发明的一种反馈匿名函询法。它主要依靠专家的直观能力对危机进行识别,即通过匿名征求专家意见,逐步归纳、统计,再匿名反馈,再归纳、统计,直至在某种程度上达成一致才停止,故又叫专家意见集中法。其基本步骤为:

(1) 挑选企业内部、外部的专家组成小组,专家们不会面,彼此互不了解;
(2) 由项目危机管理人员提出危机问题调查方案,制定专家调查表;
(3) 请若干专家阅读有关背景资料和项目方案设计资料,并匿名回答有关问题,填写调查表;
(4) 危机管理人员收集整理专家意见,并把汇总结果反馈给各位专家;
(5) 请专家进行下一轮咨询填表,直至专家意见趋于集中。

(二) 头脑风暴法

头脑风暴法又称集思广益法,是以专家的创造性思维来索取未来信息的一种直观预测和识别方法。此法由美国人奥斯本于1939年首创,从20世纪50年代起就得到了广泛应用。头脑风暴法一般通过营造一个无批评的自由的会议环境,以"宏观智能结构"为基础,通过专家会议,来使与会者畅所欲言,充分交流,互相启迪,产生出大量创造性意见。这就要求主持专家会议的人在会议开始时的发言中能激起专家们的思维"灵感",促使专家们感到急需回答会议提出的问题,通过专家之间的信息交流和相互启发,从而诱发他们产生"思维共振",以实现互相补充并产生"组合效应",获取更多的未来信息,使预测和识别的结果更准确。我国从20世纪70年代末开始引入头脑风暴法,这一方法很快就受到有关方面的重视和采用。

头脑风暴法包括收集意见和对意见进行评价的环节,具体过程如下:

(1) 人员选择。参加头脑风暴会议的人员主要由风险分析专家、危机管理专家、相关专业领域的专家以及具有较强逻辑思维能力和总结分析能力的主持人组成。参加的人数不要太多,一般为五六个人,多则十来人。在参加人员的选择上,应注意使参加者不感到有什么压力和拘束,例如不要有直接领导人参加等。通过主持人的引导、启发有助于调动每位与会者的经验和智慧火花。主持人要善于创造一个和谐开放的会议气氛,鼓励组员积极参与,这要求主持人反应灵敏,具有较高的归纳能力和综合能力。

(2) 明确会议中心议题。各位专家在会议中应集中讨论的议题主要有:如果开发一个新的会展项目将存在哪些风险?通过从国外移植已成熟的知名展览项目方式举办同类展览项目会存在哪些风险?这些风险的危害程度如何等。议题可以请两位组员复述,以确保参会者都能正确理解议题的含义。

(3) 轮流发言并记录。无条件接纳任何意见而不加以评论。在轮流发言中,任何一个成员都可以先不发表意见而跳过。应尽量原话记录每条意见,与发言者核对表述是否正确。当每个人都曾经在发言中跳过(暂时想不出意见)时,发言即可终止。

(4) 对意见进行评价。组员在轮流发言停止之后,共同评价每一条意见。最后由主持人总结出几条重要结论。

项目危机管理中,头脑风暴法适用于探讨的问题比较单纯,目标比较明确、单一的情况。如果问题牵涉面太广,包含因素太多,那就要首先进行分析和分解,然后再采用此法分步进行讨论。对头脑风暴的结论还要进行详细的分析,既不能轻视,也不能盲目接受。一般说来,只要有少数几条意见能得到实际应用,就已是很有成绩了。有时一条意见就可能带来很大的社会经济效益。即使除原有分析结果外,所有头脑风暴产生的新思想都被证明不适用,头脑风暴法作为对原有分析结果的一种讨论和论证,给领导决策也会带来益处。应用头脑风暴法要遵循一个原则,即在发言过程中没有讨论,不进行判断性评论。

(三) 检查表法

检查表是危机管理中用来记录和整理数据的常用工具。用它进行危机识别时,将项目可能发生的许多潜在危机列于一个表上,供识别人员检查核对,用来判断某项目是否存在表中所列或类似的危机。检查表中所列的都是历史上类似项目曾经发生过的危机,是项目危机管理经验的结晶,对项目管理人员具有开阔思路、启发联想、抛砖引玉的作用。一个成熟的项目公司或项目组织要掌握丰富的危机识别检查表工具。检查表可以包括多种内容,如:项目成功或失败的原因;项目其他方面规划的结果(范围、融资、成本、质量、进度、采购与合同、人力资源与沟通等计划成果);项目产品或服务的说明书;项目组成员的技能;项目可用的资源等。

制定检查表的过程如下:

(1) 对问题有个准确的描述,确保达到意见统一。

(2) 确定资料搜集者和资料来源。资料搜集人员由具体项目而定,要有一定的耐心、时间和专业知识以保证资料的真实可靠。资料来源可以是个体样本或总体样本。搜集时间要足够长,以保证搜集的数据能够体现项目危机规律。

(3) 设计一个方便实用的检查表。经过系统地搜集资料,并进行初步的整理、分类和分析后,就可着手制作检查表。在复杂项目危机管理过程中,为避免出现重复或遗漏,可以采取工作核对表,每完成一项任务就在核对表上标出记号,表示任务已经完成。

(四) 情景分析法

情景分析法是由美国 SHELL 公司的科研人员于 1972 年提出的。它是通过有关数字、图表和曲线等,对项目未来的某个状态或某种情况进行详细的描绘和分析,从而识别引起项目危机的关键因素及其影响程度的一种危机识别方法。

情景分析法可以通过筛选、监测和诊断,给出某些关键因素对于项目危机的影响。筛选即按一定的程序将具有潜在危机的过程、事件、现象和人员进行分类选择;监测即在危机出现后对事件、过程、现象、后果进行观测、记录和分析;诊断即对项目危机及损失的前兆、危机后果与各种起因进行评价与判断,找出主要原因并进行仔细检查。情景分析法是一种适用于对可变因素较多的项目进行危机预测和识别的系统技术,它在假定关键影响因素有可能发生的基础上,构造出多种情景,提出多种未来的可能结果,以便采取适当措施防患于未然。

当一个项目持续的时间较长时,往往要考虑各种技术、经济和社会因素的影响,可用情景分析法来预测和识别其中的关键危机因素及其影响程度。

(五) 项目工作分解结构法

工作分解结构图是将项目按照其内在结构或实施过程的顺序进行逐层分解而形成的结构示意图。WBS 按所处的层次划分级别,从顶层开始,依次分为 1 级、2 级、3 级,一般可分为 6 级或更多级别。危机识别要减少项目的结构不确定性,就要弄清项目的组成、各个组成部分的性质、它们之间的关系、项目不同环境之间的关系等,而 WBS 是完成这项任务的有力工具。

危机工程师和危机管理工作组依据 WBS 和计划流程图,使用预先编制好的项目危机核检表去识别 WBS 中每一项任务是否存在进度、质量、成本等危机,填写危机识别单(项目危机检查表),汇总形成项目危机清单。这种方法系统性强,结构化程度高,对于识别项目的系统危机和各种危机要素是非常有用的。可以在各个不同层次和不同阶段利用相应层次和相应阶段的 WBS 和计划流程。项目危机管理的其他方面，例如范围、进度和成本危机管理，也要使用 WBS。因此，危机识别中利用这个已有的现成工具并不会给项目班子增加额外工作量。

上海进博会的风险管理方案

在 2018 年上海进博会期间，来自 130 多个国家和地区的 3 000 多家企业携展品同场竞技。作为全球性的大规模展会，从会展场馆建筑工程风险、财产损失风险、公众责任风险，到进口展品货运风险、参会人员的人身意外风险，会展行业的风险隐患存在于各个环节。针对进博会的空间封闭性、时间积累性、风险类别复杂性，作为进博会城市保障领导小组成员单位，上海银保监局组织了一批在举办国际大型展会方面具备丰富经验的中外资保险公司、经纪公司开展专题研究，提出了一系列风险管理和保险保障工作建议。

基于国际上通行的展会风险管理标准，此次进博会保险服务方案由财产险和人身险组成。太平洋产险为进博会提供从筹备期、布展期、展览期到撤展期全过程一揽子风险解决方案，涵盖人、财、责等三类风险，总保额 350 亿元。中国人寿将在进博会期间，为所有参展商、参展观众、媒体人员、现场工作人员和志愿者免费提供国家会展中心场馆内的人身意外保险保障，总保额超过 1 500 亿元。

除了覆盖传统会展相关风险，如举办场馆的财产险、机损险、营业中断险、公众责任险、雇主责任险和职业责任险，以及为进博会主办方、承办方、参展商等提供工程险、财产险、责任险外，此次还亮相一批为进博会"量身定制"的如知识产权保险、网络安全责任保险、关税保证保险等创新型特殊保险。

资源来源：http://xw.cbimc.cn/index.htm

（六）故障树法

故障树法就是利用图解的形式将大的危机分解成各种小的危机，或对各种引起危机的原因进行分解，这是危机识别的有利工具。该方法是利用树状图将项目危机由粗到细，由大到小，分层排列，这样容易找出所有的危机因素，关系明确。与故障树相似的还有概率树、决策树等。

此外，危机识别方法还包括 SWOT 分析法、流程图分析法（flow-chart method）、财务报表分析法（financials statement method）、保险调查法（the insurance approach）、保单对照法（the insurance policy-checklist approach）、现场视察法等，可以根据项目的具体情况选择应用以进行危机识别。

第三节　会展项目危机评价

怎样评价会展项目危机？

一、会展项目危机评价的概念

在会展项目生命周期的过程中,会出现各种不确定性,这些不确定性将对会展项目目标的实现产生积极或消极的影响。会展项目危机评价就是对将会出现的各种不确定性及其可能造成的各种影响和影响程度进行恰如其分的分析和评估。通过危机评价,项目决策更加科学,工作组可以在比较充分地了解项目危机的前提下,主动及时做出安排,尽量减少或避免危机损失。

二、会展项目危机评价的内容

会展项目危机评价的具体内容包括三个方面:首先要确定危机事件在一定时间内发生的可能性,即概率的大小,并且估计可能造成的损失的严重程度;其次,根据危机事件的概率及损失的严重程度估计总体损失的大小;最后,根据以上结果,预测这些危机事件的发生次数及后果,为决策者的决策提供依据。

三、会展项目危机评价的基本原则

（一）全面周详原则

必须全面地了解各种危机事件存在和可能发生的概率以及损失的严重程度,了解危机因素以及因危机的出现而导致的其他问题。损失发生的概率及其结果直接影响人们对损失危害的衡量,最终决定危机管理工具的选择和管理效果的优劣。因此,必须全面了解各种危机损失的发生及后果的详细状况,及时而清晰地为决策者提供比较完备的决策信息。

（二）综合考察原则

会展项目面临的危机是复杂的,其中包括不同类型、不同性质、损失程度不等的各种危机。复杂危机系统的存在,使独立的分析方法难以对全部危机奏效,因此必须综合使用多种方法。危机清单列举的会展项目危机损失一般分为三类:一是直接损失,识别直接财产损失的方法有很多,如访问经验丰富的经营人员、查看财务报表、分析流程等。二是间接损失,指会展项目受损后、修复前因无法提供服务和获取利润所致之损失。有的间接损失在量上大于直接损失,间接损失的识别可以采用投入产出、分解分析等方法。三是责任损失,责任损失是由受害方对过失方的胜诉而产生的。识别和衡量责任损失,既需要熟练的业务知识,又需要充分的法律知识。

(三) 量力而行原则

会展项目危机评价的目的在于为会展项目危机管理提供前提,以保证会展项目组织者以最小的支出来获得最大的安全保障,减少危机损失。因此,在经费有限的条件下组织危机识别必须根据实际情况和自身承受财务能力,选择效果最佳、经费最少的识别和评价方法。会展项目组织者在危机评价的同时,应将该项目活动所造成的成本列入会展项目的财务账目来作综合考察,以保证以较小的支出换取较大的收益。如果危机识别和评价的成本超出对危机管理的收益,这项工作就没意义了。

(四) 科学计算原则

危机评价的过程是对会展项目经营状况及其所处的环境进行量化核算的过程。危机评价以严格的数学理论为基础,在普遍估计的基础上,进行统计和运算,以得出比较科学和合理的分析结果。危机评价过程中的财务状况分析、投入产出分析、分解分析以及概率分析和损失后果的测量,都有相应的数学方法。

(五) 系统化、制度化、经常化原则

危机评价是危机管理的前提和基础,评价是否准确将决定管理效果的好坏。为保证最初分析的准确度,就必须作周密系统的调查分析,将危机进行综合归类,揭示各种危机的性质及后果。如果没有科学系统的方法来评价危机,就不可能对危机有一个总体的、综合的认识,难以确定哪种危机是可能发生的,不可能较合理地选择控制和处置危机的方法。危机评价对危机管理的意义是重大的,不论在危机管理的其他方面做得多么完备,只要在评价方面失去系统性和准确性,就无法对危机作出正确的判断,不能有效地实现管理目标。此外,由于危机是随时存在的,因此,危机评价也必须是一个连续的和动态的过程。

案例 8-2

四大展会扎堆火拼

××市的会展行业,目前题材重复的现象愈发严重,往年主要表现在"同年有若干个类似展览",而今年不同展览公司竟然在同一月份开展"同题材展会"互相抢客,此种现象在全国都是罕见的。

首届××国际品牌化妆品展览会落下帷幕没几日,3月18日—21日,××又即将举行"第20届××国际美容美发化妆用品博览会"。而更夸张的是,3月25日—28日举行的"第八届××国际广告展"和3月26日—29日举行的"2004××国际广告展"在时间上几乎完全重叠。

业内人士指出,由于时间重叠及题材重复,这四大展会都不可避免地采取了"价格战"的方式吸引客户,这不仅给参展方及展览公司带来了不便,也影响了××市会展业的正常发展。

资源来源:http://news.xinhuanet.com/

四、会展项目危机评价的方法

衡量危机概率的相对比较法由美国危机管理专家提出,表示如下:

(1) "几乎是0":这种危机事件可认为不会发生。

(2) "很小的":这种危机事件虽有可能发生,但现在没有发生并且将来发生的可能性也不大。

(3) "中等的":这种危机事件偶尔会发生,并且能预期将来有时会发生。

(4) "一定的":这种危机事件一直在有规律地发生,并且能够预期未来也是有规律地发生。在这种情况下,可以认为危机事件发生的概率较大。

危机评估常采用两种方法估价每种危机。一种是估计危机发生的可能性或概率,另一种是估计危机发生时所产生的后果。一般来讲,危机管理者要与会展项目策划人员、技术人员及其他管理人员一起执行四种危机评估活动:

(1) 建立一个标准(尺度),以反映危机发生的可能性;

(2) 描述危机的后果;

(3) 估计危机对会展项目和产品的影响;

(4) 确定危机的精确度,以免产生误解。

另外,要对每个危机的表现、范围、时间做出尽量准确的判断。对不同类型的危机采取不同的分析办法。

1. 确定型危机评估

① 盈亏平衡分析。盈亏平衡分析通常又称为量本利分析或损益平衡分析。它是计算和分析成本和盈利之间的关系,从中找出它们的规律,并确定会展项目成本和收益相等时的盈亏平衡点的一种分析方法。在盈亏平衡点上,会展项目既无盈利,也无亏损。通过盈亏平衡分析可以看出会展项目对市场需求变化的适应能力。

② 敏感性分析。敏感性分析的目的是考察与会展项目有关的一个或多个主要因素发生变化时,对该会展项目投资价值指标的影响程度。通过敏感性分析,我们可以了解和掌握在会展项目经济分析中,由于某些参数估算的错误或是使用的资料不太可靠而可能造成的对投资价值指标的影响程度,这有助于我们确定在会展项目投资决策过程中需要重点调查研究和分析测算的因素。

③ 概率分析。是运用概率论及数理统计方法,来预测和研究各种不确定因素对会展项目投资价值指标的影响的一种定量分析。通过概率分析可以对会展项目的危机情况做出比较准确的判断。它主要包括解析法和类比法两种。

2. 不确定型危机评估

主要有小中取大原则、大中取小原则、遗憾原则、最大数学期望原则、最大可能原则等。

3. 随机型危机评估

主要有最大可能原则、最大数学期望原则、最大效用数学期望原则、贝叶斯概率法等。

危机评估侧重于分析潜在威胁及其后果,其意义在于:

① 通过对危机的估计，人们可以对该危机的损失给予及时的关注，该损失一经得到比较准确的估计，就可使一些后果较严重的危机更容易被识别；

② 对危机损失的估计可以减少有关损失发生的不确定性；

③ 危机管理者可以在估计和衡量的基础上较合理地制定和选择恰当的危机管理手段和危机管理方案。

危机清单是关键的危机预测管理工具，清单上列出了在任何时候可能碰到的危机名称、类别、概率及该危机所产生的影响。其中整体影响值是对四个危机因素（性能、支援、成本及进度）的影响类别求平均值（有时也采用加权平均值）的结果。美国危机管理与保险协会于1977年制定了一份比较规范的危机损失清单模型，其具体内容包括直接损失和间接损失。危机清单的内容必须包括企业所有的全部资产，即有形资产和无形资产，还必须列出企业活动所处的自然、经济、政治和社会环境。这能够帮助企业在生产经营过程中及时清晰地发现自身所面临的各种已存在的危机，却容易使人忽视对潜在危机的研究。所以在分析危机清单的同时，应密切注意其他潜在危机的威胁。

潜在威胁分析指编制企业某一经营活动中可能构成威胁事件的一览表，通过对企业经营活动和所处环境的全面调查，发现潜在的威胁企业正常生产经营的各种因素，从而发现潜在危机，完成危机识别过程。

完成了危机表的内容后，就可以根据概率及影响来进行综合考虑，从危机管理的角度来看，危机影响和出现概率各自起着不同的作用。一个具有高影响但低概率的危机因素不应当占用太多的危机管理时间，而对于具有中到高概率、高影响的危机和具有高概率及低影响的危机，就应该进行危机分析。

对危机进行评估时可以建立一个如下的四元阵列

$$[r_i, l_i, x_i, y_i]$$

其中，r_i 是风险，l_i 为风险出现的概率，x_i 则表示风险损失大小，y_i 则表示期望风险。

定义危机的参展水准是一种危机评价的常用技术，对绝大多数会展项目来讲，危机因素——成本、性能、支援和进度就是典型的危机参照系。也就是说对成本超支、性能下降、支援困难、进度延迟来说，都有一个导致会展项目终止的水平值。如果危机的组合所产生的问题超出了一个或多个参照水平值，就终止该会展项目的工作。在会展项目分析中，危机水平参考值是由一系列的点构成的，每一个单独的点常被称为参照点或临界点，如果某危机落在临界点上，可以利用性能分析、成本分析、质量分析等来判断该会展项目是否继续。

但在实际工作中，参照点很少能构成一条光滑的曲线，大多数情况下，它是一个区域，而且是一个易变的区域。因而在做危机评价时，尽量按以下步骤执行：

① 定义会展项目的水平参照值；

② 找出每组 $[r_i, l_i, x_i, y_i]$ 与每个水平参照值间的关系；

③ 估计一组临界点以定义会展项目的终止区域；

④ 估计危机组合将如何影响危机水平参照值。

第四节 会展项目危机应对

会展项目危机应对措施有哪些？

一、会展项目危机避免

危机避免指有意识地回避某种特定危机的行为。危机避免是最彻底的危机管理措施，它使得危机几乎降低为零。避免危机的方法主要有两种，一种是放弃或终止某项活动的实施，另一种是虽然继续该活动，但改变该活动的性质。

危机避免虽然去除了后顾之忧，但这种措施的实施有许多的局限性。首先，有些危机是无法回避的，比如公司面临的财产损毁危机。其次，如果是投机危机，那么回避了危机，也就会失去这些危机可能带来的收益。最后，回避一种危机，可能产生另一种新危机或加强已有的其他危机。由此可见，规避危机并非总是可行的，有时即使可行，人们也不会采用。

危机避免主要适用于以下情况：

(1) 损失频率和损失幅度都比较大的特定危机；

(2) 频率虽然不大，但是后果严重且无法得到补偿的危机；

(3) 采用其他的危机管理措施的经济成本超过了进行该项活动的预期收益。

案例 8-3

2020 年世界移动通信大会取消

2020 年世界移动通信大会（MWC）原定于 2 月 24 日在巴塞罗那举办，是全世界智能手机和移动通信领域最重要的年度盛会。但由于对全球范围内新型冠状病毒疫情爆发的担忧，多家参展商和公司退出大会，令会议组织陷入混乱。最终举办方不得不宣布取消，这也是 MWC 三十多年历史上首次因不可抵抗力取消。

MWC2020 的取消充满了波折，在 2 月 5 日，韩国厂商 LG 打响退出 MWC 2020 的第一枪之后，亚马逊、索尼、英特尔、vivo、TCL 等多个大牌厂商纷纷退出了今年的 MWC。即便是预定要留下来参展的三星、OPPO、小米、华为、中兴等厂商也采取了各种防控措施，如会缩小参展规模，或者是取消了 MWC 新闻发布会等等。与此同时，展会方对中国游客的限制，也为大会取消埋下了伏笔。

> 最终,2020年2月13日,MWC会议主办方GSMA还是宣布了取消2020 MWC大会。展会取消后,参展商投入的巨额费用,包括参展费,广告费,赞助费等面临着无法退款的尴尬。
>
> MWC的取消打乱了厂商原计划的产品节奏,尤其是几大厂商都准备推出旗舰产品。很多原本想要在此次大会上发布新品手机的厂商,如华为、索尼等公司,只能改为线上发布原本应该在MWC推出的新品。
>
> 此次世界移动大会的取消,对巴塞罗那也是一个沉重的打击。据当地媒体预计,大会将为城市创造4.92亿欧元的收入,创造14 000个临时工作岗位。目前尚不清楚大会是否需要承担取消会议的巨大成本,能否收回花费的投入。
>
> 资源来源:https://www.thepaper.cn/

二、会展损失预防

损失预防在实践中被广泛运用,它对危机链的前一个环节进行干扰,即:①改变危机因素;②改变危机因素所处的环境;③改变危机因素和其所处环境的相互作用。

例如,定期对飞机进行检修是一种损失预防措施,它通过改变危机因素——飞机的一些安全隐患来降低飞机失事的概率。又如,在某工厂的车间里,储油罐渗漏出来的油使得地面非常滑,工人容易摔倒。这里,危机因素是油,我们可在地面铺上吸油垫和防滑垫,通过改变危机因素所处的环境来控制危机。再如,某个设备的加热可能使周围环境过热,对此,可以采取改变危机因素和其所处环境的相互作用的方法,如加设水降温系统,隔断热量向周围的传递。

在实践中,为了防范火灾,会展主办方会在参展商手册里注明防火要求。在参展者入住的时候,所在酒店应当发放防火小册子;如果酒店没有给,会展危机管理者可以安排将防火小册子夹入观展者登记时发放的礼包,这能够提高参展者的防范意识和防范能力,从而减小火灾事故发生的可能性。

值得注意的是,由于损失控制需要资源(时间、努力或者资金)的投入,因而就需要考虑增加损失控制行为的收益(降低的期望损失)和减少成本,从中找出最优的损失控制水平。损失控制决策是在损失控制的收益和损失控制的成本之间进行权衡的过程。

例如,一个家庭在院子周围建造篱笆来减小他们的孩子被汽车撞伤或在邻居的游泳池内溺水的可能性。建造篱笆就是通过降低损失频率来降低期望损失的。防损的成本就是建造篱笆的成本、花在建造篱笆上的时间,以及对景色美观的影响。收益是减少了孩子伤亡的可能性。如果家庭成员要依据成本和收益来作出是否建造篱笆的决策,那么拥有小孩、家庭收入较高、邻居有游泳池以及居住在繁华街道的家庭将更倾向于建造篱笆。

案例 8-4

危机预防——参展商合同

国际会展管理协会(IAEM)为会展制定了展示标准,会展管理者可以据此为自己的会展制定展示规章制度。参展商合同中最常见的准则是对潜在危机的预防。大多数准则可以归为两大类:一是针对会展场所;二是针对会展本身。

场馆专有危机指的是那些直接和会展设施和会展类型相关的危机。如参展商被要求遵守当地的消防条例,不能使用易燃的产品和材料;明火、液压灌、便携式加热设备、液化石油气等,或者被全部禁止,或者要经过消防局或合格的设施代表的检测;消防通道和消防设备要清晰标出、随时可见;会展现场不能封堵这类消防设施。另外,观展者在场时,不能将消防通道锁住。

有些城市,如经常举办汽车博览会的底特律,依据自身举办会展的特点制定有具体的安全标准。例如,每个罐里装有限的汽油;每辆车里配备灭火器;断开电池;不能在会展现场补给燃料;如果汽车在现场启动,要安全地排除废气;对每次展览要有专门的一笔责任保险金。这些措施可以有效地预防危机的发生。

在大多数会展规章制度中,搭建标准是不可或缺的。IAEM编撰的《展示规章指导方针》应附在参展商手册中,以确保展位的搭建和展品的展示都符合行业标准。尤其是对那些两层的展台和有悬挂品的展台,要参照IAEM的《展示规章指导方针》制定展台搭建标准。搭建要有搭建计划,搭建计划要通过注册专业工程师和所在展馆的工程技术人员的认可。参展商必须遵守合同所述标准,通常,会展管理方会在标准末尾加上一点说明,即此标准的解释权归会展管理方所有。

会展专有危机是指发生在管理方和参展方,或者参展方和参展方之间的纠纷,主要是针对规则标准的解释问题或销售合同问题。例如,一些展台的报价可能根据净场地的价格,而有些展台则以打包的方式报价。净场地,就是没有任何服务的场地,而一个打包单元通常会包括挂有帷幔的后墙和两侧的栏杆、地毯、公司标志和电源插口。打包应当明确是否任何种类的家具都包括在内,搬运板条箱、清扫或其他服务是否都包括在内。

对于隐藏成本,转租,噪声管制,在展台分发食品和饮料,运用图画、辩论和抽奖来激发观展者兴趣和增加观展者人数的,会展管理者需要做深入调查并且有相应的规章来控制可能的滥用。

对于在会展中发生的偷窃、损坏、遗失和破坏等情况,会展管理方是否负有限责任还是不负任何责任,都要在参展合同中清楚地说明。

为了避免被参展方误解以及随后可能发生的纠纷和诉讼,合同中应以某种形式包括不承担责任条款,亦即注明作为会展管理方,保留修正和解释合同中的条款、条件和限制的权利,因为这有利于保障会展的成功和推进主办方的意图。

资源来源:桑德拉·莫罗. 会展艺术:展会管理实务. 上海:上海远东出版社,2009.

三、会展损失抑制

(一) 减损

通过降低损失发生时损失的规模而减少期望损失的行为称为减损,损失减少的目的是减少损失的潜在严重程度。在汽车上安装安全气囊就是一种损失减少措施。气囊不能阻止损失发生,但是如果事故真的发生了,它能减少驾驶员可能遭受的伤害。值得注意的是,虽然很多损失减少措施是我们事先设计好的,但是这些措施的作用和实施都是在损失发生以后,从这一点讲,减损是一种事后措施。对于会展项目来说,损失减少非常重要,一方面,损失预防不可能万无一失,另一方面,融资型的危机管理措施只能弥补事故发生后的经济损失,有些结果是无法挽回的。因此,损失减少在危机管理中的地位不言而喻。

减损可以发生在损失前或者损失后。损失前行为发生在损失发生前;如果损失发生,它可以降低损失发生的数额。例如,投资于像灭火器这样的灭火设施,可以降低发生火灾时的损失数额,但是这项投资并不能阻止火灾的发生。损失后行为发生在损失发生后。例如通过对在暴风雨中损坏的玻璃订夹板来减少后续的损坏以及被偷窃的可能。

常用的损失减少措施包括如下几种:

(1) 抢救。比如会展现场可能发生紧急医疗事故,预先制定计划能在很大程度上减轻其总体影响,应该确保每个会展现场都有合格的员工在场来处理紧急医疗事件。

(2) 灾难计划和紧急事件计划。这类计划也称预案,即事先想象出来事故发生后的情况,然后对所有的行动进行部署。预案一般在事先都要进行培训或演练,以便真正实施时能够迅速到位。编制巨灾计划是一种重要的事前减损方式。为减少自然灾害(飓风、地震等)和人为灾祸(核泄露、飞机失事、化学药品或恐怖分子袭击等)造成的损失规模,中央政府、地方政府以及很多公司,都制定了针对撤退、医疗救助、动力恢复等方面的详细计划。这些计划可以显著降低巨灾损失的规模。在会展全面应急计划中,应当有处理食物中毒的对策。如果确有食物中毒的可疑情况,应当收集证据并妥善保存,直至全面调查开始。

值得注意的是,一些措施同时具有损失预防和损失减少两种功能。如对员工进行安全与救助的培训,既会从人为因素方面减少事故发生的频率,也能使员工懂得一些救助的方法,事故发生时,可以有效地降低损失程度。

(二) 隔离

将危机分散化可以通过使直接期望损失不变,但降低损失的方差的方式来改变损失的概率分布,并且分散化还降低了发生高额损失的概率,因为分散化并不能改变直接期望损失,却可以降低间接期望损失。我们用一个公司通过将危机暴露分为小的危机暴露单位的方式分散危机的例子来说明这一点。这种分散化的方式一般称为隔离或分离暴露单位。

假如一个公司可以选择将现有的工厂规模扩大一倍,或者是在另一个地点建一个同样的工厂。假设每个工厂的价值都是5 000万元,一个两倍规模的工厂的价值是1亿元。再假设这两个地点都面临着飓风带来损失的风险。假设任何一个地点遭受飓风风险的概率都是 5%，风险是相互独立的，并且飓风灾害将导致工厂全损。

如果公司将现有工厂的规模加倍，则有 5% 的可能性损失 1 亿元，它的直接期望损失为 500 万元。如果公司建造两个工厂，飓风损失的分布为

$$\text{直接损失} = \begin{cases} 1\text{亿元}, & \text{概率 } 0.05 \times 0.05 = 0.002\ 5 \\ 5\ 000\ \text{万元}, & \text{概率 } 2 \times 0.05 \times 0.95 = 0.095 \\ 0\ \text{元}, & \text{概率 } 0.95 \times 0.95 = 0.902\ 5 \end{cases}$$

将危机单位隔离的结果是，期望损失概率由 0.05 增加到了 0.097 5（0.002 5＋0.095），但却降低了期望损失程度。高概率和低严重程度互相中和，结果直接期望损失 500 万元并没有改变。但是，如果大额直接损失会带来相应的间接损失的话，隔离资产（以及其他分散化方法）代表的是一种间接损失控制。例如，如果一个 1 亿元的财产损失将导致公司陷入财务困境，那么通过隔离资产就可以降低期望间接损失。应当注意到，考虑到关联成本时，隔离资产并非总是最优，将工厂分离很明显会增加运输成本、提高总协调成本、降低劳动生产率。

本章小结

会展项目危机是指影响参展商、专业观众、相关媒体等利益相关主体对会展的信心或扰乱会展组织者继续正常经营的非预期性事件。它具有必然性、突发性、破坏性、紧迫性、恐慌性、信息不充分、资源缺乏等特征。会展项目危机管理包括三个步骤。首先是危机的识别，即对可能发生的各种危机进行系统的归类和全面的分析。然后在此基础上，对危机进行评价，就是对危机存在及发生的可能性以及危机损失的范围与程度进行估计和衡量。面对会展项目危机，可以采取的应对措施包括危机的避免、损失的预防，以及损失的抑制。

复习与思考

1. 简述会展项目危机的概念及特征。
2. 简述会展项目危机的类型。
3. 会展项目危机识别的来源有哪些？
4. 会展项目危机评价的内容包括哪些？
5. 当危机发生时，控制损失的方法有哪些？

案例分析

新冠疫情之下，会展业如何应对危机？

在新冠疫情蔓延的当前，因人流聚集会展业活动，取消或暂停是唯一的解决办法。在网

上搜索"展会取消"字样,会弹出各行各业的新闻,"世界移动通信大会取消"、"巴黎动漫展取消"、"巴塞尔表展取消"、"Facebook 和 Twitter 取消参加 SXSW 展会(世界规模最大的音乐电影文化艺术节)"。除去展会本身,包括举办地、会展公司、展商、供应商、买家,甚至是相关的餐饮住宿行业在内,会展业的各个环节无一幸免。

疫情之下,没有一个行业能保全自身,和其他产业相比,会展业的情况尤为特殊,作为一个平台产业,它的生死存亡很大程度上取决于它所服务的领域。中国会展经济研究会常务理事李中闯先生在一篇署名文章中表示:"会展活动的特殊性,与其他产业的多重交叉性决定了其没办法'独善其身'……作为会展活动主要客户来源的'内容产业'的波动,才是决定会展产业'复工重启'的关键。"当基础行业还在如履薄冰地"复工"时,会展业想谈重启,时机尚早。

当全球会展业按下暂停键,平日里"星途璀璨"的各个 MICE 目的地也接连被波及影响。为此,各地的政府和行业协会正在紧锣密鼓地制定计划,通过优惠政策、资金支持,帮助会展业度过这个略显漫长的寒冬。

香港

香港特区行政长官林郑月娥表示,将向特区立法会申请不少于 250 亿港元疫情拨款以更好地应对疫情,并为因疫情受影响的行业和员工提供支持。其中受影响的行业和员工包括了会展业参展商和会议主办机构。

香港会议展览中心的管理团队、香港会议展览中心(管理)有限公司发言人日前接受媒体采访时表明,尽管大部分活动已经取消,对于已确定按计划举行的活动,公司还是会继续提供专业服务,并加强卫生及预防措施。该发言人还透露,公司将投放 10 亿港元进行"会展中心五年设施提升工程"。

厦门

依靠其地理位置和旅游城市的基础,近年来厦门发展成为新兴会展目的地之一,正在建设"国际会展名城"。疫情发生后,为支持厦门市会展企业发展,厦门市政府近日发布《关于应对新型冠状病毒肺炎疫情 支持会展企业发展的实施方案》。方案在会展项目上加大了奖补金额,对今年延期举办的展会,提供合作媒体资源进行重点宣传推广,并且为疫情过后来厦门参加由厦门市会展促进中心组织的境内会展营销推介活动的各家企业,准备了 2 000 元/人的定额补助。

杭州

杭州本就是经济发达的旅游名城,这几年在会奖旅游的舞台上更是频频现身。根据杭州市会议与奖励旅游业协会近期发起的一项调查显示,受到疫情影响,当地受访的 116 家企业在 2020 年全年共取消了大大小小 136 个会议会展项目。目前,政府发布了多项文旅行业惠企政策,其中包括降本减负、减免税费房租、优化审批服务等等,这在创业氛围浓厚的浙江省将会惠及大量的小微企业。

泰国

为加快泰国入境 MICE 业务的复苏,泰国国家会议展览局(TCEB)制订了会奖业复苏计划。措施包括开发在线和融合 MICE 活动,鼓励企业家通过虚拟会议空间进行商务活动,还为泰国潜水博览会、清迈设计周、孔敬国际汽车博览会、全球跑步峰会等八项活动提供支持,这些活动将一并举办在线研讨会和线上 O2O 活动。TCEB 计划建立一站式服务,透过数字技术整合服务、促进合规性,并为 MICE 访客提供 MICE 通关、VIP 快速通关、落地签证和相关医疗保健等服务。

会展业数字化发展趋势

和旅游等其他板块一样,疫情也把整个会展行业推向了数字化发展的轨道。在线会议和课程让会展界体会到线上阵地开发的重要性。在线下关停,线上开花的现状下,"科技赋能展会"将从专家口中的趋势正式转变为日常形势,传统展会中利用大数据、在线导览工具已经成为常态,而未来的 VR、AI、全媒体矩阵等新元素将为展会的线上端增添不少光彩。"数字化"发展是会展业不可多得的新机遇,如何利用好线上平台的红利,又如何将线上线下的工作顺利结合,还需要行业各方认真思考并携手努力。

资料来源:http://www.travellinkdaily.com/tld/

讨论题

1. 疫情给会展业带来了哪些危机和影响?
2. 运用本章所学理论,说明在新冠疫情爆发后,政府和企业管理者应该采取哪些措施应对会展业发生的危机?

第九章

会展项目评估

学习目标

学完本章,你应该能够:
1. 掌握会展评估概念与内容
2. 了解会展项目评估的过程
3. 掌握会展评估的报告撰写要求及应用

基本概念

会展项目　会展项目评估

第一节　会展项目评估概述

什么是会展项目评估?它有哪些特点?

一、会展项目评估的基本含义

随着会展业的品牌化建设的进一步发展,越来越多的会展项目主办者或承办者重视和实施会展项目的评估工作。会展项目评估是展会工作的重要组成部分,是整个项目工程的最后一个环节,对评价和判断展会组织与管理工作的效果和效率起到积极的作用,也为进一步办好会展项目提供依据和经验。实践表明开展会展项目评估是提升展会质量,发展品牌展会的一个重要途径。

"评估",是指依据某种目标、标准、技术或手段,对收到的信息,按照一定的程序进行分析、研究,判断其效果和价值的一种活动,或曰是对某一事物的价值或状态进行定性定量的分析说明和评价的过程。评估报告则是在此基础上形成的书面材料。评估的结论是对评估对象的价值或所处状态的一种意见和判断。而这种意见和判断，则是建立在对评估对象的技术可能性、经济合理性的充分的、客观的和科学的分析过程基础上的，因而能给相关部门或单位提供可靠的参考依据。

会展项目评估则是运用科学合理的技术手段，对会展活动的目的、实施过程、展览（会议）环境、工作效果等方面，进行系统、客观、真实、深入的分析和评价，并做出对其价值和效果的判断。它是会展活动系统管理中的一个重要环节，为主办方、参展商、会展主管部门提供有价值的信息，以利于总结经验，修正不足，提升水平，也为观众提供相关信息。

二、会展评估的意义及现实性

会展评估在世界会展经济发达国家已经相当成熟，他们也非常重视会展项目评估。在这些国家，通常是全国性统一的行业机构从事展会的评估、认证工作，对各类数据进行审核认证，定期公布认证结果，为会展业内和其他相关机构提供比较分析。德国、法国等国的会展评估比较成熟和规范。如素有世界展览强国之称的德国，其会展业的成功发展过程中，权威的会展评估中介机构功不可没。作为第三方评估机构，他们对每个展会所做的评估，都秉承着公开公正的原则，着力打造规范的会展市场，使参展商避开骗展陷阱，使优良展会树立起自己的品牌。国外会展评估包括对会展项目、展览公司的评估，同时包括对会展城市的评估。会展评估的过程和结果已经成为参展商参展的重要依据。

国际上比较权威的展会认证机构有德国的审计权威机构"博览会和展览会相关数据自愿控制协会"（FKM），法国的评估权威机构"数据评估事务所"（OJS）等。其中，最为著名和最为被业界认同的是国际展览联盟（UFI）。

UFI成立于1925年，总部设在法国巴黎，是世界博览会/展览会行业中享有盛誉的国际性组织，目前在五大洲的71个国家、143个城市中有185个会员及34个协作成员。UFI的成员在本国的博览会/展览会行业中均占据领先地位。经UFI认证的展会是高品质贸易展览会的标志。目前全球获得UFI认证的国际性展览会或贸易博览会共有629个，其中中国占有39个（内地21个，香港15个，台北3个）。

UFI认证具有以下几个基本特点：①认证指标比较少，仅包含包括展览面积、参展商数量、参展商国籍和观众数量，易于操作和推广；②侧重于量化分析和横向对比；③认证特别重视展会的国际性，外国参展商数量和展出净面积均不少于20%，外国观众数量不少于4%；④认证重视展会的连续性，展会最少定期举办过三届；⑤特别重视对观众的结构分析，严格将出席人次、参观人次、观众人数、参观频率、观众来源地等各个指标区分开来并进行细化分析；⑥特别重视统计数据的真实性，统计数据须经过审计认可，特别强调对观众的统计应该通过登记系统来完成，如果不具备观众登记条件，组展商应征得UFI授权同意，对UFI认证的国际展览进行抽样调查，这种调查须由市场研究公司等独立的第三者来完成，而且其统计数据还须由独立的审计公司证明，同时对展会抽样方法和统计方法进行审计确认说明；⑦认证体系的建立和认证过程完全是由市场来完成，UFI是一个非政府组织，是由世界大型展会机构和世界著名展览会自愿加盟组成的，具有会展经济主体联盟的性质。建立在市场化、自愿性基础上的UFI联盟,所形成的权威性和影响力,更具公信力和可持续性。

UFI认证为我国开展展会评估工作提供了很好的借鉴,UFI认证模式也为我国会展业界所广泛认同,以至于业界出现了一股加入UFI的热潮,短短几年时间,我国加入UFI的会员数量就超过了德国、法国、意大利、英国等欧洲老牌的会展大国,成为加入UFI会员数量最多的成员国。我国的展会机构及展览会,经UFI认证后,提高了国际认可度和知名度,扩大了影响力,促进了国际间的交往和交流,无论是对促进我国会展业的发展,还是促进我国会展业的评估体系的建立,都具有积极意义。

积极借鉴其历经近百年发展所形成的促进世界会展业发展的成果,以及形成的一整套认证评估体系,加强与UFI合作的广度和深度,有利于我们汲取人类在会展领域形成的历史成果,缩短我们在会展领域制度建设方面的差距,借鉴其几十年来积累的丰富经验,加快我国会展业制度建设步伐。

在借鉴UFI的过程中,我们也应看到UFI认证模式在我国存在着一定程度的局限性,完全套用或照搬UFI的认证模式是不可取的。比如,UFI认证标准不可能全面概括我国会展业的实际情况和需求,UFI标准针对的是专业展会活动,而对我国"广交会""北京科博会"这样具有很高名气和影响力的综合性品牌展会来说,则不能达到UFI的认证标准。又比如UFI认证模式侧重于"认证","认证"与"评估"之间是存在差异性的。而我国会展业目前不仅要开展好认证工作,更要开展好评估工作。

认证具有评估的性质和属性,评估也具有认证的性质和属性。认证与评估两者具有相通性和一致性。如两者都有一致的目的追求;两者都要依据特定的标准来作为开展工作的基础;两者都需要通过第三者来完成任务等。

但是,两者也有着差别。认证所依据的标准、开展认证工作的步骤和程序要简单些、确定性更强些,而评估则要复杂的多、不确定性更多些;认证侧重于"资格性"审查,评估则侧重于"成长性"审查;认证更关注"信任"确证,评估更关注"信心"确证;认证的量化评价更多些,评估的非量化评价更多些;认证的结论公开性更强,评估的结论有些则属于被评估对象的商业秘密,不宜完全公开。作为新兴的、迅速发展中的会展大国,对展会的评估比对展会的认证更为重要。

三、会展评估的目的

会展项目评估的目的可以概括为:

(1) 对所开展的会展项目的运作质量,通过数据采集、整理、分析后作出客观真实的评价,向会展项目主办方提供客观公正的评估报告;

(2) 客观分析所采集的样本数据,通过对参展商、观众,特别是专业观众的调查,对会展项目的优势和不足做出定量与定性分析,为会展项目的可持续发展提供支撑;

(3) 进行纵、横向分析跟踪对比,发现规律性的特点与特征,不断提高项目运作水平,建设和发展品牌会展项目;

(4) 评估报告除有利于主办方和承办者不断创新发展项目外,还可以达到传播和宣传的目的。

四、会展评估的特点

会展项目评估呈现以下几个特点。

(一) 现实性

会展项目的评估是以所开展的会展实际活动为评估主体,以所发生的基本情况和产生的实际数据为基础进行的科学评价,因而具有现实性。

(二) 客观性

实施会展项目评估,所有数据均来自项目一线,在样本符合统计方法要求的基础上,采用数量分析统计方法得出的结果是客观的。

(三) 公正性

必须保证会展项目评估的过程与结果的公正性。评估的实施者应该是除主办方和参展商以外的第三方。第三方应本着实事求是,认真负责,遵循职业道德规范的原则,客观公正地对项目进行分析与评价。公正性标志着评估方的信誉必须贯穿于会展项目评估的全过程,包括从项目方委托开始到项目评估计划、实施方案和方法、数据采集、数据录入、数据分析整理、撰写评估报告、研讨、反馈等一系列过程。北京国际科技产业博览会自 2006 年开始就委托北京联合大学会展研究所对项目开展评估,所完成的客观公正的评估工作对完善与促进科博会更好地发展起到了积极的作用。

(四) 全面性

会展项目评估是对项目活动开展的全方位评价与考察,从会展项目主题的设立,各项活动的策划,参展商的邀请与组织,项目现场管理水平,观众特别是专业观众的组织,项目服务质量,项目的忠诚度、满意度,项目的社会效益及经济效益,项目可持续发展的条件等等出发,涉及项目的各个阶段,方方面面。因此它是一个系统和全面的技术经济活动。

(五) 针对性

除了常规性的评估,有时还要针对需求方做出针对强,特别需求方面的评估。如仅对观众组织工作的评估,或展会中各项活动内容设立的效果评估。

中国北京国际科技产业博览会评估

中国北京国际科技产业博览会(简称科博会)是经国务院批准,每年 5 月定期在北京举办的国家级大型科技博览会。科博会由国家科学技术部、商务部、教育部、工业和信息化部、中国国际贸易促进委员会、国家知识产权局和北京市人民政府主办,中国国际贸易促进委员会北京市分会承办,中国科学院、中国工程院、中国企业联合会、中国科学技术协会作为顾问单位。从第九届开始,北京联合大学会展研究所受组委会委托,对每届科博会开展评估。

科博会创办于1998年,初期定名为"中国北京高新技术产业国际周",按照组委会"打造国际品牌博览会"目标,从2002年第五届起正式更名为"中国北京国际科技产业博览会",并经国务院批准每年5月在北京定期举行,其宗旨是促进高新技术产业的商品化、市场化和国际化。科博会的创办符合国家经济发展方向,集中体现了北京的优势和特色。它既是我国政府实施"科教兴国"、"科技兴贸"战略的具体举措,又体现了大力发展以高新技术为核心的首都经济的战略要求。

北京科博会经过二十余年的积累和培育发展,搭平台、聚商机、论发展、促合作的综合效应日益显现,凝聚了一大批参展商、采购商和观众。科博会定位不断清晰,涉及领域不断拓宽,服务功能不断深化,国内外参与日益广泛,成为我国开展国际科技经贸交流的重要活动之一,并逐步发展成为国内外展示最新科技成果、传播前沿思想理念、发布产业政策信息、促进国际经济技术合作的专业化、国际化水平较高的标志性品牌活动,显示出充足的创新活力和旺盛的生命力,产生了广泛的影响。科博会已成为国内外高新技术产业及相关业界展示前沿科技、获取最新思想、传递产业信息、链接产业合作的国际化、标志性活动平台。

经过二十多年的发展,北京科博会展览、论坛、洽谈三位一体、联动互动的综合性博览会模式基本成熟。其中展览会展出的内容主要突出国家重点发展的高新技术相关产业,形成了以电子通讯技术、电脑网络、能源与环保、生物医药、汽车科技等为主题展示内容的集成。论坛会议则依托北京的资源优势,集中体现思想性、前瞻性、国际性和权威性,形成了以自主创新、能源战略、创新型服务业、新技术与文化创意产业、循环经济等为主要内容的品牌活动。洽谈推介会注重将请进来和走出去有机结合,注重做好项目需求方的组织,注重突出洽谈推介的专业性,形成以国际投资项目、中国企业海外投资、省市代表团和区县系列推介活动为重点的品牌活动。科博会所创建的这一新型会展模式正在运用于国内诸多会展活动中。

对北京科博会的主题定位、活动组织、现场管理、参展商满意度、观众满意度和分项项目等全方面的评估,为科博会组委会办好新一届科博会提供了有价值的数据信息资料和参考建议。

参考资源来源:http://www.chitec.cn

第二节 会展项目评估的内容

会展项目分类评估的内容有哪些?

一、会展项目整体评估的内容

(一) 会展项目的目标评估

任何会展项目的策划与组织都有明确的目标,会展项目的目标评估包括评估项目实施后是否与原定目标相吻合,评判完成指标的实际情况和差距并分析和寻找原因,对原定目标的正确性、合理性和科学性进行分析,以期对项目的发展产生促进作用。

(二) 会展项目实施中的组织与管理评估

会展项目实施中的组织与管理评估是指对项目执行中各方落实的组织与管理工作的质量和水平进行评估,如会展项目的组织落实、宣传组织、招商状况和对参展商的服务承诺、项目实施地的安全和交通状况等配套设施及服务条件、项目的管理与运行机制、知识产权保护等等。

(三) 会展项目的实施效益评估

会展项目效益评估是以会展项目实施后实际取得的经济效益、社会效益等为基础,测算会展项目所发生的各项经济数据,并与前期预测指标相对比,分析并评估存在的偏差及产生偏差的原因。分析的主要指标是资金收益率、成本核算、净现值等反映会展项目盈利水平的指标。

(四) 会展项目的影响评估

会展是对国民经济产生较大连带作用的新兴产业,因此,关注会展项目实施后产生的影响是会展评估的重要方面,这种连带或曰影响主要包括经济影响、社会影响和环境影响。

经济影响评估主要分析评估会展项目对所在国家、区域、相关行业以及本属行业所产生的经济影响。社会影响评估主要是对会展项目在经济、社会和环境方面产生的有形或无形的效益和结果做出的评估,通过评估项目的影响力、可持续性等要素,分析会展项目对地方经济发展和行业发展的贡献度。如在北京 2008 年启用新国际展览中心后,北京顺义区委托商务部研究院和北京联合大学会展研究所对新国展展览项目对本区经济的影响进行了课题研究,得出了符合客观实际的评估结论。环境影响评估则主要是对项目的环境保护、生态平衡以及其对能源再生的影响与促进的评估分析。

(五) 会展项目的商誉评估

随着会展经济在我国的快速发展,对会展项目的评估开始起步,但是关于会展商誉的评估却是空白。商誉在现代市场经济条件下,是会展组织者良好信誉的体现,意味着无限的商机和丰富的市场回报,它既是会展组织者的财富和荣誉,也是会展组织者立足市场进行竞争的无形资本,对会展项目,尤其对品牌会展项目的发展起着至关重要的作用。进行会展商誉评估,是对商誉价值内涵的评估,可以保护和提高会展项目竞争力。

随着市场竞争日益加剧,无形资产在现代社会生活中的地位和作用愈来愈重要。而对于在我国蓬勃发展的会展业,在对某个特定会展项目进行评估时,对商誉、品牌等这些无形资产的评估也显得愈来愈重要和必需。

会展商誉是指某个会展由于各种有利条件,或历史悠久积累了良好的市场声誉和公众声誉,或组织得当、服务周到等而形成的无形价值。这种无形价值使该会展在同类会展中处于较为优越的地位,因而在参与者(参会者、参展者、参观者)中享有良好的信誉,从而具有获得超额收益的能力。这种能力的价值便是商誉的价值。

会展商誉具有非实体性、效益性、排他性、动态性等特点。

会展商誉可以分为内在表现形态的商誉和外在表现形态的商誉。前者是指商誉主体的经营规模、经营对象、经营方式和管理水平等;后者是指通过一些外在表现形态所表现出来的,可以为社会公众所感知的内容,也即商誉的表现形式。前者是后者的基础和前提,后者是前者的反映和表现。商誉的表现形式体现在以下几方面:会展的名称;参会者、参展者、专业参观者;主办者、承办者的权威性和办会、办展水平;特定会展项目优越的地理位置;会展内容构成和实现程度、实现效果;会展声誉等。

(六) 会展项目可持续发展评估

如前所述,UFI对展会的认证规则是要求该项目必须已办3届以上,这表明优质的会展项目必须要有可持续发展的能力。一方面是资金投入所带来的持续效益,另一方面是会展项目的社会、参展商和公众认可度,因此需要评估项目的客户忠诚度。

二、会展项目分类评估的内容

会展项目分类评估是指对会展所涵盖的会议、展览和大型活动的评估。三种会展形式各具特点,采用的评估指标体系及评估内容是有差异的。

(一) 展览会项目评估

一个完整的展览会必然包含以下三者间的关系:主办者(或博览公司)、参展商和参观者(如图9-1所示),因此展览项目的评估内容包含了三要素的评估。

1. 对展览工作的评估

展览工作的评估内容较广泛,包括前期的筹备工作和展览工作两大方面,此项评估既有定性评估,又有定量评估,评估的目的在于了解展览工作的质量、效率和成本效益。

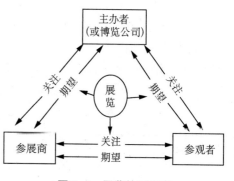

图 9-1 展览的三要素

(1) 展览会目标评估。

根据展会的总体情况,评估目标是否适宜。

(2) 展览效率评估。

展览效率是展览整体管理工作的评估指标。评估的方法包括:一是展览人员实际接待参观者的数量占参观人员总数的百分比;二是接触潜在客户的平均成本,即参展总开支除以实际接待的参观客户数之商。只要有充裕的开支,就能接触到所有的潜在客户。这是一个很有价值的评估指标。且这一指标可以用货币值直接表示,如接待一个潜在客户的支出为 150 元。

(3) 展览人员评估。

在项目实施过程中,判别展览服务与质量的最直接的因素就是参展人员的工作表现,包括工作态度、工作效果、团队精神等方面。测评时采取调查观众对展览人员的评价的方法,一般在设定该项选项时,划分为很好、好、一般和差 4 个评判等级。通常数据显示如果表现差的比率大于 6%,则公司人员出现"危险"信号,须对人员加强培训。此外可以采取数量计算办法,即计算出展览人员每小时接待观众的平均数。

(4) 设计工作评估。

对项目设计工作的评估有定性和定量两个方面的评估:定性的评估主要考察公司形象设计、展台突出程度、展会资料制作水平等;定量的评估主要考量展台的成本效率、展览和设施的功能效率等。

(5) 展品工作评估。

展品评估的主要内容有:展品选择如何、市场效果如何、展品运输是否顺畅、展品的增加或减少等等。对展品工作的评估,将发挥产品宣传和产品市场调研的功效,及时地了解某一产品的关注度,对发掘潜在市场需求起到积极的作用。

(6) 宣传工作评估。

一个运作成功的会展项目与其成功的宣传是分不开的,因此对项目宣传工作的评估主要在于对项目宣传的效率和效果、项目宣传所产生的比竞争对手更大的吸引力、资料散发数量和涵盖范围、媒体对项目的反应及关注程度、媒体对项目的报道效果等方面。

(7) 管理工作评估。

包括展览筹备工作和展览管理的质量和效率,工作流程是否顺畅和无疏漏。会展项目质量评估将在后文作专门阐述。

(8) 展览费用评估。

展览的费用评估是必不可少的内容,这项费用是参展企业市场营销过程的一个重要环节,评估的目的是为计算参展成本奠定基础。通常参展成本如表 9-1 所示。

表 9-1 参展成本

展 览 目 标——包括成交、接待客户等:
• 接触潜在客户的平均成本
• 与潜在客户建立联系的平均成本
• 签订合同的平均成本

(续表)

非展览目标——包括扩大影响、提升形象、市场调研等 • 散发资料或用品的平均成本 • 音像放映、表演的平均成本 • 新闻报道平均成本（按字数或按次数） • 广告平均成本 • 研讨会出席人员的平均成本 • 调研竞争对手情况的平均成本 • 参加研讨会的平均成本 • 调研报告的平均成本

（9）展览记忆率评估。

展览记忆率是反映参展效果的专业评估指数，该指数所反映的是参观者在参观某一展览8—10周后，仍能记住展览情况者所占的比例。展览记忆率与展出效率成正比，反映出参展企业留给参观者的印象和影响。诚然，记忆率高，表明展览由于出色组织和管理等原因给参观者留下了深刻印象；记忆率低，则表明展览工作尚有差距。

2. 对展览质量的评估

一般从两方面进行质量评估，一方面是关于展览的有形质量评估，另一方面是对展览的无形质量即服务的评估。

对展览有形质量评估的主要内容包括：参展企业数量；参展企业质量；总展出面积；平均参观时间；观众和专业观众的数量与质量。

对展览无形质量——服务的评估可以引入国际上的先进理念和方法。首先界定几个基本概念：

• 展览服务的质量是指展览会的服务质量，是主办方（或博览公司）提供的服务本身所具有的无形能力，它依赖于对客户关系的良好维护对客户要求的满足程度。服务质量取决于展览服务能够满足预期要求的多少。

• 从客户观点来看，相关客户的质量概念包括几个维面，其中三个维面在客户感受决定的众多服务中最为重要（见表9-2），分别是潜在维面、过程维面和结果维面。

表9-2 管理的展览质量特征（实例）

	潜在维面	过程维面	结果维面
主办方（博览公司）与参展商之间的关系	—市场支持 —展览空间的可使用性 —翻译服务 —技术支持的可使用性	—技术支持的质量 —广告宣传支持 —展前及展时通讯安全 —布展空间的灵活性 —投诉反馈	—支持的可靠性 —参观者的数量和质量 —博览评估 —销售
主办方（博览公司）与参观者之间的关系	—展厅布局结构 —入口区域 —停车场 —展台设计 —餐饮服务 —提供的文化节目	—展览人员的专业知识 —展览人员的亲和力 —展览人员的信誉度 —展览的周边环境	—解决参展商与观众之间的问题 —深层次的信息 —架构全新的可持续发展的合作关系

潜在维面,强调的是客户对于展览公司组织结构和潜力的看法;

过程维面,涉及的是客户在服务供应中给出的评估;

结果维面,即客户针对提供服务的过程的绩效判断。

• "客户晴雨表"是控制展览服务质量的综合性工具(见图9-2)。展览晴雨表可描述为:关于参展商和参观者满意度以及它们的决定因素(质量特性)和效果(客户维系)的完整测量体系,一般而言,是由一个中立机构(第三方)来实施。使用展览晴雨表的目的在于使展览成果可控并不断提升。展览公司高效利用资源和获得投资回报,通过确认质量的重要性——"客户满意度驱动因素"来改进客户定位。如展览晴雨表所示,经济成果源于把展览会质量和客户维系高度紧密结合。

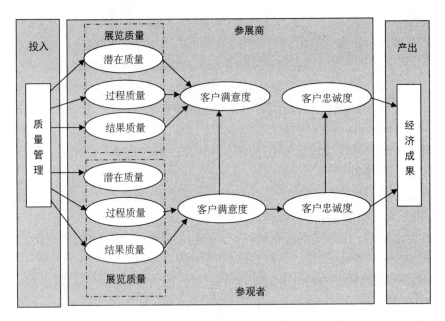

图9-2 展览晴雨表结构样本

(二) 会议项目的评估

伦纳德·纳德勒和泽西·纳德勒在《成功的会议管理:从策划到评估》一书中,提出了开展会议评估的相关要素,如表9-3所示。

表9-3 进行会议评估的相关要素

• 承办者	• 相关活动	• 展览
• 策划委员会	• 会议地点	• 注册
• 指导委员会	• 市场宣传	• 与会者手册
• 秘书处	• 公共关系	• 娱乐活动
• 主题相关性	• 预算	• 休息
• 目标明确性	• 发言人	• 招待会
• 整体策划	• 交通	• 陪同人员

(1) 对承办者评估:是否达到会议的要求,承办者是否发挥了领导作用,承办者与其他项目关系人合作情况如何等。

(2) 对策划委员会的评估：委员会是否清楚自己的职能，是否有效地发挥了作用，工作的结果是否令人满意。

(3) 对指导委员会的评估：指导委员会是否明晰自己的职责，和承办者合作的如何等。

(4) 对秘书处的评估：评估的重点是考察整个团队的表现，看他们是否安排足够的工作人员，哪些需求未被满足，所提供的服务是否齐全等。

(5) 对主题相关性的评估：评估会议主题是否和与会者紧密相关，会议主题在会议策划中是如何体现的等。

(6) 对目标明确性的评估：评估与会者对会议的理解程度如何，会议目的向与会者传达得如何等。

(7) 对整体策划的评估：评估策划案中所涉及的会议举办时间是否适宜，会议的长短是否合适，会议的流程是否合理等。

(8) 对相关活动的评估：评估活动安排的合理性及适宜性。

(9) 对会议地点的评估：评估会议地点选择是否恰当，会议地点的住宿调价、餐饮水平如何，会议地点工作人员对与会人员是否有所帮助，会议地点是否适宜开展旅游活动等。

(10) 对市场宣传的评估：评估与会者的数量如何，宣传材料的质量如何，效果如何等。

(11) 对公共关系的评估：评估媒体人员是否参加了会议，媒体对会议的接受程度如何，公关活动中是否有发言人和与会者参加。

(12) 对预算的评估：评估实际支出与预算间差距如何，预算编制的完整性如何。

(13) 对发言人的评估：评估发言人是由与会者在会议结束后进行。

(14) 对交通的评估：评估会议往返的交通便利程度及会务所提供的服务情况，包括会议的交通安排是否合理，交通服务的质量如何，交通服务安排与会议议程是否紧密衔接，短途交通服务是否令人满意等。

(15) 对展览的评估：对以会带展的展览，要评估展览主题与会议是否符合，展览的时间、地点是否合理，展览与会议的整体策划联系度如何，与会者对展览的关注度与参与度如何。

(16) 对注册的评估：评估注册报到的时间、地点选择是否合理，报到注册程序是否有序、简化、快捷等。

(17) 对与会者手册的评估：评估手册信息的完整性，手册质量如何等。

(18) 对娱乐活动的评估：主要看安排的内容是否适宜，次数是否得当等。

(19) 对休息的评估：评估休息的时间、次数是否适宜，提供的茶歇是否令与会者满意。

(20) 对招待会的评估：主要评估招待会的时间、地点是否有效地通知到与会者，招待会的效果、作用如何等。

(21) 对陪同人员的评估：主要看所提供的安排是否周到。

(三) 大型活动项目的评估

在大会展的概念中，大型活动是重要的组成部分，因此，对于大型会展活动也应进行评估，以求获得更好的组织与发展。澳大利亚的约翰·艾伦在其所著的《大型活动项目管理》一书中，提出了表 9-4 中所列的进行大型项目活动的 21 个评估内容。

表 9-4　大型会展活动项目评估内容

评估内容	满意程度	需注意的问题	评价
活动的时间选择			
会议地点			
票务和入场			
筹备			
性能标准			
工作人员水平和职务表现			
人群控制			
安全			
通信			
信息和信号			
运输			
停车			
饮食设施			
旅馆			
急救			
小孩失踪			
感谢资助者			
集会安排			
广告			
宣传			
媒体联络			

大型活动的特点是人员多,因此在评估时应特别注意对其安全、急救方面的评估,特别评估对应急事件的快速反应和处理能力。

第三节　会展项目评估程序及评估报告

会展项目评估的基本过程是什么?评估报告的主要内容是什么?

一、会展项目评估的基本程序

在开展会展项目评估时,应遵循一定的程序。会展项目评估的基本程序是指会展项目评估机构(或受托方)及其评估人员,从会展评估项目委托洽谈起至完成会展项目评估、建立会展项目档案为止的全部工作过程和步骤。

会展项目评估的基本程序如图 9-3 所示。

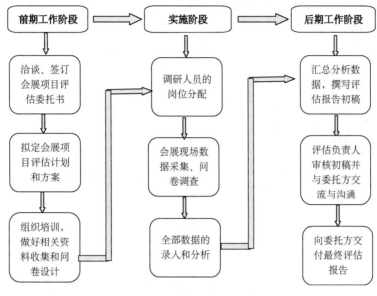

图 9-3　会展项目评估程序

(一) 会展项目评估前期工作阶段

在此前段的主要工作包括：

(1) 洽谈会展项目评估事宜，接受委托方的委托。明确项目评估的目的，确定评估的范围、内容和评估的对象，确定评估实施的时间范围以及开展评估的能力评价；

(2) 签订委托书(合同)。委托书(合同)中要明确会展项目的委托与受托关系，确定评估的范围、时间、实施步骤和评估方法，载明委托方和受托方的权利和义务、提交评估报告的时间与相关要求，明确会展项目评估的费用约定和付款方式，要包含双方代表签字、盖章。

(3) 做好实施评估的人员的培训以及相关数据的收集。做好参与会展项目评估有关人员的培训是很重要的，要使所有人了解委托方的目的，掌握数据采集和调研的基本方法和手段，以求高质量完成数据采集这一重要的基础工作，确保问卷回收率和有效率。

(二) 会展项目评估实施阶段

该阶段是核心阶段，评估报告的质量如何完全取决于该阶段工作的质量。本阶段主要进行如下工作：

(1) 调研人员的岗位分配。会展活动有时是很繁杂和细致的活动，大多数会展项目评估是全方位的，因此要收集所有方面的数据就必须进行严密的人员组织安排，确保每一环节都能做到人员落实到位。

(2) 现场数据采集，通常采用观察法、访谈法和问卷调查法进行采集。会展经济是体验经济，大量数据来自活动现场，因此问卷的设计是至关重要的，要通过问卷充分收集到足够量的信息，同时为保证数据的科学、合理和真实，样本数也要足够的大，比如北京联合大学会展研究所对北京科博会的评估问卷发放数量在 5 000 份左右。

(3) 在收集大量数据基础上,将数据录入系统,根据目标要求进行统计分析,得出反映客观现实的数据结果,为撰写评估报告奠定良好的基础。

(三) 会展项目评估后期工作阶段

(1) 以调查数据为基础,结合专家访谈、文献资料及媒体信息,汇总分析,撰写评估报告初稿。

(2) 会展项目评估负责人进行评估报告的统审,并与委托方反复沟通交流,以达到双方约定的目标要求。

(3) 向委托方交付会展项目评估报告,完成委托。

案例 9-2

"中国北京科技产业博览会"评估计划(部分)

第一部分:总计划

(略)

第二部分:项目组人员组成及其分工

....

表1 项目组工作日程表

时间	内　容	负责人	参与人员	备注
5.5	与委托方签订委托协议			
5.8	所有成员交照片、办理工作证			
5.10	预备会			
5.10	第一次全体人员动员会			
5.12	系统软件查证			
5.14	与组委会联系落实会议详尽安排;收集参展商情况			
5.16—5.20	调查问卷设计、定稿、印刷、打码;统计表印刷			
5.16	人员的具体安排			
5.16	论坛数据采集表格设计及初步数据收集			
5.17	第二次有关人员会议,检查并部署工作			
5.17	全体人员培训			
5.17	分小组工作计划的制定			
5.20	落实设备,软件安装调试			
5.20	系统试运行			
5.22	各项目组长开会			
5.22	参展商基本情况录入练习			
5.22—27	论坛数据收集			
5.23—27	数据录入			
5.22	展览项目现场走场			
5.23	全体人员到位			
5.30	分组总结,大会交流			

表 2　展场及校内部分工作安排(5 月 23 日—5 月 27 日)

时间		地点	人员	内容	组别	现场联系人及电话
5.23	8:00—17:00	中国国际展览中心	(略)	1. 组织人员进行现场观众数据的收集； 2. 组织人员进行《观众及参展商满意度问卷》的发放与回收； 3. 组织人员进行《成交情况统计表》的发放与回收。	展览现场组	(略)
	15:30—21:00			组织人员进行数据的审核、录入、输出	数据组	
5.24				…………		
5.25				…………		
5.26				…………		
5.27				…………		

表 3　现场组人员具体工作安排

时间：5 月 23 日—5 月 27 日　　　　　　地点：中国国际展览中心

序号	馆号	人员	备注
1	一号馆 1A 馆		电脑网络与电子通讯技术展
2	一号馆 1B 馆		电脑网络与电子通讯技术展
3	一号馆 2A 馆		巴西展
4	一号馆 2B 馆		巴西展
5	二号馆		外国国家展团
6	三号馆		科技与文化创意产业展
7	四号馆		中关村创造展
8	五号馆		汽车科技展
9	六号馆		金融与投资、科技产业园
10	七号馆		循环经济展、电子技术与乐器展团
11	八号馆 8A 馆		地区科技成果展
12	八号馆 8B 馆		科技与文化创意产业展
13	九号馆		电子技术与乐器展

资料来源：北京联合大学会展研究所. 第十届中国北京国际科技产业博览会调研评估报告

二、会展评估报告的编写

(一) 会展评估报告的撰写要求

会展项目评估报告是开展评估的最终成果,受托方要能够拿出一份高质量的评估报告,客观揭示所评估的会展项目的现状,评判项目的价值,为委托方提出项目可持续发展的对策建议。

评估报告的撰写应满足以下几点要求:

(1) 报告结构清晰、完整;
(2) 报告使用的数据清晰、准确;
(3) 报告要充分显示调查的客观结果;
(4) 报告对存在问题的分析要客观;
(5) 报告的结论及对项目的建议的针对性要强。

(二) 会展评估报告的主要内容

会展项目评估报告通常包含如下主要内容:

(1) 概要。主要描述项目的背景、项目评估的主要目标,委托方和受托方,评估计划的实施过程,调研和调查问卷的发放与回收情况等。

(2) 项目的效果评价。通过充分的数据分析,对会展项目的实施结果进行评价。评估的对象如果涵盖内容比较多,应该显示分项评估的结果。项目的效果评价是报告的核心部分。

(3) 项目的结论及建议与对策。

本章小结

会展项目评估是会展企业可持续发展的必然要求,开展会展项目对促进会展业水平,建品牌,具有重要的意义和作用。会展项目评估具有现实性、客观性、公正性、全面性和针对性。在对会展项目进行评估时,对不同的被评估主体,评估的要素不同,应有针对性地对展览项目、会议项目和大型活动开展评估。

相关客户的质量概念有三个维面,它们在由客户感受所决定的众多服务中最为重要。三个维面分别是潜在维面、过程维面和结果维面。潜在维面,强调的是客户对于展览公司组织结构和潜力的看法;过程维面,涉及的是客户在服务供应中给出的评估;结果维面,即客户针对提供的服务过程的绩效判断。评估报告是会展项目评估的最终成果,在评估报告撰写的,必须遵循客观、公正和实事求是的原则,以便为委托方提供真实和有价值的报告。

复习与思考

1. 简述项目管理的含义、特点。
2. 进行会展项目评估具有什么重要意义和目的。
3. 展览评估的主要内容有哪些,选择其中的5个方面进行分析。
4. 简述展览晴雨表的内涵,并试分析运用它的目的与作用。
5. 展览服务质量特征有哪些?
6. 会议评估的主要内容有哪些?
7. 开展会展项目评估的基本程序是什么?
8. 依托某一展会活动撰写评估报告。

案例分析

第十届中国北京科技产业博览会的总体评价

一、科博会有优势,有特色,有亮点

科博会经过多年的举办,已经形成了自身独有的优势、特色和亮点。对此,广大与会者都给予了高度认同。

(一)优势明显

1. 规格层次高,权威性强,影响力大

科博会是由科技部、商务部、教育部、信息产业部、中国贸促会、国家知识产权局六部委局和北京市政府联合举办,由中国科学院、中国工程院、中国科协、中国企业联合会、中央电视台作为顾问和支持单位,由北京贸促会具体承办的博览会,党和国家领导人多次参加科博会的活动,国家部委局高层领导每届都要亲自参加科博会的展览、论坛活动。如此高规格、高层次的博览会,在国内很难有其他博览会能与之比拟,这就决定了科博会的权威性和影响力。本届科博会有348位国内外知名专家、学者,包括诺贝尔奖获得者、前沿学科带头人、世界知名跨国公司和金融投资机构首脑、政府权威人士,他们就国家"十一五"规划、自主创新和建设创新型国家、区域经济、循环经济、能源战略、金融改革和资本市场、知识产权战略、环境保护与可持续发展等热点问题进行新思想、新理念的对撞与交流。

2. 区位优势明显,科技资源丰富,辐射面大

首都北京具有丰富的科技资源,北京又是个国际化程度很高的特大型城市,北京本身又处在环渤海经济圈的中心,因此,科博会区位优势明显,具有很强的资源组合能力和辐射能力,吸引了范围广泛的各届、各业与会。

(二)特色鲜明

1. 论坛、展览、洽谈三足鼎立的模式基本成熟

论坛、展览、洽谈可以说是科博会最有特色的地方。论坛使科博会更具思想性,洽谈会是展览的延伸,经过九届科博会的运作,论坛、展览、洽谈三足鼎立的模式基本成熟。

2. 综合性与专业性巧妙平衡和融合

科博会是一个覆盖面非常广泛的科技盛宴。然而,科博会却巧妙的把综合性与专业性平衡和融合起来,实现门类广泛与专业细化相结合,科技盛会与经贸舞台相结合,成为很有特色的科技产业经贸合作盛会。

(三) 亮点频现

营造科博会的亮点,这已经成为主承办方策划每届科博会的重要内容,也是科博会成败的关键所在。第十届科博会上,尖端科技成果在中国甚至世界范围内首次亮相,中国自主创新、科技与文化创意产业首次走进科博会,本届科博会首次举办了"航天技术应用于农业与航天育种项目推介会"和"农业扶植政策推介会",在提高论坛的品质和档次、提高洽谈会的有效性等等方面,都有诸多亮点,带给人们诸多的惊喜。

二、科博会搭平台,聚商机,论发展,促合作的聚合效应愈发显现

科博会已经起到了汇聚国内外高科技发展新成果,展现高科技领域前沿发展态势,直面经济社会和科技领域发展的热点、焦点问题,使各种新思想、新观念、新理念相互交流、交换、交峰,促进开展经济技术的广泛交流合作的作用。

随着科博会日渐成熟,影响力日益扩大,越来越多的世界顶级企业集团把科博会作为自己尖端科技产品在中国乃至亚洲范围内的首发平台;参展商、参会者通过科博会获得的的受益越来越大;科博会对北京以及环渤海地区科技经济发展影响力越来越大;科博会对于促进公众科技意识、生态环境保护意识的提高也产生积极的作用。

总之,历经九年的耕耘,科博会"搭平台,聚商机,论发展,促合作"的聚合效应愈来愈显现出来。

三、科博会日益成为全国各省市技术经济合作的一个重要平台

科博会"平台效应"初显,外省市对参加科博会的兴趣越来越高,本届科博会国内展团为历届最多,全国有31个省、自治区、直辖市连续四年齐聚科博会,全面参与科博会活动,沿海省市山东、厦门、大连为第一次参展科博会。情势显示,外省市日益将科博会作为其年度常规参展的重要项目,以期以此为平台,获取更多的科技经济合作的商机(见表Ⅱ-1)。

表Ⅱ-1 外省市参加北京科博会的情况调查

	普通观众	洽谈会参会者	论坛参会者
北京	83.6%	56%	83.7%
外省市	16%	42%	16%
外国	0.4%	2%	0.3%

四、科博会已经具有了很高的吸附力,凝聚了相当数量规模的且忠诚度很高的与会者

四至五成的被访者已经是多次参加科博会,九成以上的被访者表示有意愿参加下一届科博会,表明科博会已经具有了很高的吸附力,凝聚起了忠诚度很高的与会者(见表Ⅱ-2)。

表Ⅱ-2 科博会吸附力情况调查

项目 \ 参会者	普通观众	展览会参展者	洽谈会参会者	论坛参会者
多次参会的比例	49.4%	50.6%	37.4%	40.1%
有意愿参加下一届科博会的比例	97.8%	91.2%	96.2%	96.4%

五、组织管理坚强有力

在组织管理方面,本届科博会是历届科博会中组织管理最坚强有力的一届,受到各方的广泛赞誉。这表明科博会组织管理体系已经基本健全,运转顺畅,展会服务水准日益提高,已经可以满足与会者的需要,甚至还可以提供特殊服务需求,与会者的满意度明显提高(见表Ⅱ-3)。

表Ⅱ-3 对科博会组织管理满意度调查

项目 \ 参会者	普通观众	展览会参展者	洽谈会参会者	论坛参会者
对场馆设施及布局满意或比较满意的比例	66%	52%	72%	77%
对现场组织和服务满意或比较满意的比例	59%	67%	70%	66%

六、会展知识产权保护日益受到重视

近年来,随着我国各种展会的蓬勃兴起,展会的知识产权保护越来越引起各界的广泛关注和重视。由于展会的特点,在知识产权保护上,除了参展物品的商标、专利、著作等方面的保护外,还涉及展会项目创意、展台设计等方面的知识产权保护。由于展会一般时间比较短,参展企业和产品比较集中而流动性又比较强,进而所产生的知识产权侵权现象也比较多。今年以来我国政府加大了知识产权的立法力度,参展企业也开始重视知识产权保护,本届科博会的调查显示,近八成展商认为保护知识产权是重要或很重要的。但令人担忧的是仍有近二成展商并没有认识到这一问题的重要性(见图Ⅱ-1)。

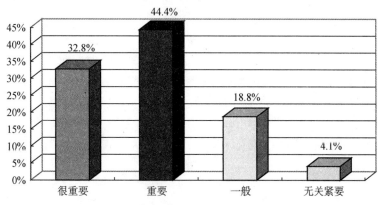

图Ⅱ-1 展商对知识产权重要性认识

七、科博会的展会效果越来越好,日益成为专业化、国际化水平很高的品牌展会

1. 科博会的展会效果越来越好,多数与会者都认为实现或部分实现了与会目的

科博会的展会效果越来越好,二至三成的与会者认为达到了参会目的,五至七成的与会者认为部分达到了参会目的(见表Ⅱ-4)。

表Ⅱ-4 对与会者实现与会目的的情况调查

项目 \ 参会者	普通观众	洽谈会参会者	论坛参会者
达到目的	23%	32%	20%
部分达到目的	69%	52%	71%
合计	92%	84%	91%

2. 本届科博会达到国际展览联盟规定的注册标准

国际展览联盟规定的注册标准为:展览面积超过 2 万平方米,国外参展商占到 20%,海外观众占到 4%,展览会主办机构收入费用的 20% 要用于海外推广和组织宣传活动。

第九届科博会展览面积达 6 多万平方米,三分之一为国外参展商,境外观众占本次展会观众的 4% 以上,展览会主办机构收入费用的 20% 以上要用于海外推广和组织宣传活动。因此,第九届科博会已经达到国际展览联盟规定的注册标准。

综上所述,本届科博会取得了很大的成功,科博会已经成为一个有特色,有优势,有亮点,有风格,有吸附力,有执行力,有辐射力,有较高品质的专业化、国际化的品牌展会。

资料来源:北京联合大学会展研究所.第十届中国北京国际科技产业博览会调研评估报告

主要参考文献

1. 卢向南.项目计划与控制(第3版).机械工业出版社,2018
2. 阮继清.展览管理实务.华中科技大学出版社,2012
3. 龚维刚,杨顺勇.上海会展业发展报告(2014).经济日报出版社,2015
4. 龚维刚.会展实务.华东师范大学出版社,2007
5. 马勇.会展管理概论.华中科技大学出版社,2019
6. 许传宏.会展策划与管理.华中科技大学出版社,2019
7. 杨顺勇.中国会展:创新与发展.化学工业出版社,2009
8. 施谊.会展项目管理.北京大学出版社,2015
9. 胡平.会展运营管理.旅游教育出版社,2007
10. 罗松涛.会展管理实务.对外经济贸易大学出版社,2007
11. 丁义军,郭华.新合同纠纷案件判解研究(第二版).人民法院出版社,2005
12. [美]詹姆斯·P.克莱门斯,[美]杰克·吉多.成功的项目管理(原著第五版).电子工业出版社,2012
13. [美]乔·戈德布拉特.国际性大型活动管理.机械工业出版社,2003
14. [美]伦纳德·纳德勒,[美]泽西·纳德勒.成功的会议管理:从策划到评估.机械工业出版社,2003
15. [澳]约翰·艾伦等.大型活动项目管理.机械工业出版社,2002
16. [美]桑德拉·L.莫罗.会展艺术:展会管理实务.上海远东出版社,2005
17. 曼弗雷德·基希盖奥格,维尔纳·M.多恩夏特,威廉·基泽,诺伯特·斯多克.博览管理:博览、会议和活动的策划、执行与控制.上海财经大学出版社,2008
18. 王起静.会展项目管理.中国商务出版社,2011
19. 卢有杰.现代项目管理学(第四版).首都经济贸易大学出版社,2014
20. 白思俊.项目管理案例教程(第三版).机械工业出版社,2018
21. [美]马斯特曼·G.体育赛事的组织管理与营销.辽宁科学技术出版社,2006
22. 刘大可,陈刚,王起静.会展经济理论与实务(第四版).首都经济贸易大学出版社,2019
23. 程爱学,徐文锋.会展全程策划宝典.北京大学出版社,2008
24. 刘松萍,李晓莉.会展营销与策划(第三版).首都经济贸易大学出版社,2015
25. 杨朝晖.会展政策与法规.重庆大学出版社,2007
26. 施昌奎.会展经济:运营·管理·模式.中国经济出版社,2006

图书在版编目(CIP)数据

会展项目管理/杨顺勇,邓逊主编. —上海:复旦大学出版社,2023.9
(复旦卓越. 应用型经管核心课系列)
ISBN 978-7-309-16994-2

Ⅰ.①会… Ⅱ.①杨…②邓… Ⅲ.①展览会-项目管理-高等学校-教材 Ⅳ.①G245

中国国家版本馆 CIP 数据核字(2023)第 168865 号

会展项目管理
HUIZHAN XIANGMU GUANLI
杨顺勇　邓　逊　主编
责任编辑/郭　峰

复旦大学出版社有限公司出版发行
上海市国权路 579 号　邮编:200433
网址:fupnet@fudanpress.com　http://www.fudanpress.com
门市零售:86-21-65102580　　团体订购:86-21-65104505
出版部电话:86-21-65642845
上海新艺印刷有限公司

开本 787×1092　1/16　印张 13.25　字数 314 千
2023 年 9 月第 1 版第 1 次印刷

ISBN 978-7-309-16994-2/G·2524
定价:59.00 元

如有印装质量问题,请向复旦大学出版社有限公司出版部调换。
版权所有　侵权必究